天下文化
BELIEVE IN READING

精實影響力

非營利組織的創新

LEAN IMPACT

How to Innovate for
Radically Greater Social Good

社會創新專家、美國國際開發署前創新長
張安梅 Ann Mei Chang——著
陳重亨——譯

獻給我引為模範、尊為導師

並在這趟旅程中激勵且啟發我的諸位女士

佛蘿倫絲（Florence）、伊麗莎白（Elizabeth）、安瑪麗（Anne-Marie）、米蘭妮（Melanne）、珊娜（Sonal）、海莉葉達（Henrietta）、蘿娜（Lona）

目次 Contents

第二部　驗證

第三部　改造

推薦序

非營利組織的創新實驗

趨勢科技及明怡基金會創辦人 張明正（Steve）
明怡基金會執行長 鄭柏琦（Peggy）

兩年前，我們邀請有著一顆赤子之心的Peggy加入明怡基金會。相信她帶著頂尖企管顧問公司的知識及多年的企業管理經驗，一定可以輕鬆駕馭慈善這個領域，創造影響力。

「慈善界缺乏西方發展成熟的解決問題方式（Problem Solving Solution）及有經驗的管理人才，在Steve你的支持下，我一定很快能夠找到切入點，發揮影響力。聰明的做好事，應該不難！」她信心十足的對我說。

不到一年的時間，我們體認到這個領域的特殊性與挑戰性。這是一個與商業非常不同的領域。成功的商業解決模式「也許」可以應用在慈善界，但若是樣樣都照本宣科的複製，非常容易造成「意料不到的反效果」（Unintended Consequence）。因為在慈善領域的許多基本思考邏輯與商業界是很不同的。比如，慈善工作很難測量結果，受益者不同於消費者，只能接受，沒什麼選擇，也不善給予回饋，沒有批評指教，也沒有競爭淘汰，社會工作者往往不知道是否已經將資源最佳化，也無法好好判別成效是否可以持續優化。

此外，不同於商業界之錙銖必較，慈善界以助人優先，容易熱情導向，忽視以系統性及科學性的調查研究分析做為策略建立與判斷的基礎，容易陷入救難就急，忽略了問題根本長遠的解決方式。再加上大部分的捐款者並不了解社會問題的根本，傾向協助現有成功模式的快速複製，非營利機構為了募得更多資金，只能不斷擴充執行，難以停下腳步思考如何創新突破。基於以上種種因素，社會工作者面臨的挑戰比商業界更複雜，整個產業不容易有整體性的跳躍式進步。

社會創新已經不是一個新鮮的名詞，許多人不斷的提倡社會創新，並希望能應用創新的概念在社會工作領域，以協助慈善界進步。但是反觀現況，社會創新的學習還是多停留在看看資料、上上課，社會工作者每天還是得面對救不完的弱勢、快用完的資金，以及不斷改變的政策等。此外，現有的資料偏重理論，紙上談兵，很難真正應用。

在花了許多時間了解國內外的做法後，張安梅的這本《精實影響力》（*Lean Impact*）是我們非常推薦的一本經典，她根據「精實創業」（Lean Startup）的精神，結合社會工作領域的特殊性做出歸納。張安梅根據她在矽谷科技業工作的多年經驗，再加上花了許多的時間與非營利事業的工作者一起研究討論，將社會創新的概念具體化、方法化，使其成為一個易於理解又可執行的工具。明怡基金會的同仁非常榮幸參與張安梅的工作坊，她將精實創業的精華，用深入淺出的非營利機構案例，一一去拆解分析，同仁們都受益匪淺。為了讓更多人受惠，我們找到天下文化來合作，決定催生中文版。

社會創新不是一個高調的名詞，也不是一個神奇的解方，許多社會工作夥伴已在每日的辛勤耕耘中體認出自己的一種做法，不斷努力向前，我們希望藉由這本書中文版的誕生，協助提供社會工作者一個非常切實且有條理的參考資料，能夠藉此反思現行的做法，不斷精益求精。

此外，我們也希望藉由此書，讓大家更了解社會創新所面對的挑戰及社會工作者需要的勇氣與支援，讓政府與贊助方更願意提供時間、空間與「創新資金」，支持社會工作單位的創新突破，讓產業能夠跳躍式的進步。

最後，我們想用上善若水的精神與大家共勉。

慈善的作為不是居高臨下，用自己覺得對的模式去改變他人，而是處人之所惡之低下之處，順勢而為，依照不同的需求協助他人成為更好的自己。精實影響力的方法不是「最對的模式」，而是能提出不同的看法，協助社會工作者參考，引導大家用系統性的思維及做法持續創新優化，並給予社會工作者更多的創新支持與支援。

推薦序

將精實創業應用在社會創新

暢銷書《精實創業》與《精實新創之道》作者
艾瑞克・萊斯（Eric Ries）

二十一世紀已然結束第二個十年的現在，我們清楚看到「創新」（innovation）不再只是矽谷的流行語，也幾乎沒人會認為這算得上成就。創新甚至也不再只是科技產業的行話，如今從商業、政治、教育、文化以至慈善事業等各種領域，人們面臨的選擇是：不創新就等著滅亡。全球以社會公益為使命的團體在世界各地進行許多重要工作，分頭努力，希望做得更多、更好；他們知道創新正是實現目標的關鍵。這些年來，我和許多渴望創新的組織對話交流。他們很清楚眼前的任務刻不容緩，而創新會讓這些任務更明確、更有效率，同時全神貫注在真正需要解決的問題上。他們也知道，遵循精實創業（Lean Startup）的試驗過程中會發現一些可能遭受忽略，但需要關注的領域，這是一種當我們關注貧窮、飢餓、健康、安全和許許多多需要認真專注其上的問題時，足以警醒我們的寶貴工具。這個世界需要人們去做的好事是做不完的，而那些獻身投入、渴望發揮社會影響力的人比誰都了解這一點。

可是這些人大多不知道該怎麼開始「創新」，這也是這本《精實影響力》如此重要的原因。大多數討論創新的文章都是針對商業界，但商業界完全是以不同的規則和政治角力運作；《精實影響力》則是直接深入社會公益的諸多面向，逐步探討社會機構所面對的各種挑戰和機會，並且說明在這之中怎麼創新。書中也舉出許多精采的案例，清晰完整的描述許多相關從業人員的創新過程。我和作者張安梅（Ann Mei Chang）認識多年，她正是執筆這本書最完美的人選。她擁有在矽谷工作二十年的經驗，深入理解並掌握科技產業的創新過程，也因此帶給非營利組織和政府機構許多激勵和啟發。張安梅是美國國際開發署（United States Agency for International Development, USAID）創新長、全球發展實驗室（US Global Development Lab）執行主任，出色的帶領實驗室進行多項對公眾生活極具意義與影響力的突破性創新，引入許多當代科技方法和工具，在世界各地幫助發展工作著手改革。一如她所說，在那樣的轉換過程中她學到很多事，而且學得很好！於是她決定將自己學到的知識和經驗，透過這本書分享給所有人。

這本《精實影響力》收錄許多振奮人心的故事，描述非營利組織為了滿足來自世界各地需求的諸多努力，對象遍布全球，包括印尼、賴比瑞亞、烏干達、肯亞、薩爾瓦多、印度、孟加拉、英國，還有美國。投身其中的組織也是包羅萬象，包括根據需求幫助客戶學習英語的個別企業；也有到目前為止為六十二個國家地區提供一千兩百萬盞太陽能燈具的公司，他們未來打算為更多國家提供更多照明燈具。書中有個案例描寫組織赴印尼保護紅毛猩猩、最後在當地建立醫療院所的經過。這個案例正足以說明：若非採用「精實影響力」的各種技術，不可能發現真正的問題點在於當地的醫療資源匱乏，而這也是導致保育目標無法實現的根本原因。書裡還有很多這樣的故事：某段創新經歷源自一場單純的足球比賽；某家公司原本只是捐贈免費的公益眼鏡，最後卻凝聚出推動政治參與和政策調整的力量；在南非解決青年失業問題，以及簡化美國加州發放糧食券流程的寶貴經驗；還有為長期無家可歸人士提供住居與服務網絡的過程。

除了以上現實生活中的案例，《精實影響力》也提供許多實用資訊，包括因應當前制度體系的工作方法、多種資金籌措的新模式，甚至是鼓勵非營利組織由內而外展開改革的各種方法。書中討論到非營利組織如何兼顧兩種截然不同卻同樣重要的客戶——贊助者和受益者——的服務及需求，這是在這個領域取得成功的關鍵技能。本書當然也密切關注贊助者，包括各種基金會、政府機構、慈善家、影響力投資人如何引導援助以支持相關的公益計畫。能夠清楚且令人信服的說明這一切，實在是本書極為重要的貢獻。

我曾經和許多贊助者對話，他們都想知道自己的捐獻如何能變得更有用。但是每當我對他們說要根據金援實際成效來調整捐款和援助方式，不能只是丟一大筆錢給公益團體，然後等著年底（也可能為期兩年或更久）看報告，他們通常就不太會再打電話來問我。直到現在，這樣的想法和任何形式的改變似乎都過於激進，畢竟這和過去的工作方式相距甚遠。然而經由《精實影響力》的描述和探討，這些調整和改變不但看來可行，甚至是更應該去做的事。我很高興看到《精實影響力》討論並採用《精實創業》（*The Lean Startup*）中極富價值的新方法和各種想法；作者也發展出許多社會創新方法以滿足各種特殊需求。價值和成長是精實創業的主要面向，但現在又增加第三個：發揮影響力。

說到社會創新，影響力的概念非常重要，通常也是衡量種種社會干預措施是否真正取得成效的標準。從概念上來說，很接近評估企業迎向真正獲利前的執行能力。這正是精實方法如此適合這類工作的根本原因。唯一不同的是，《精實影響力》探討的是如何將社會影響力極大化，而非股東價值極大化。包括書中提到的幾位先驅者，許多人正在努力嘗試這樣的做法，但我們需要更多團隊投入。這本書也是號召更多人參與的途徑。

然而，《精實影響力》探討的不只是社會部門的變革。我希望各領域企業和組織人士都能對此有所了解，並在閱讀作者筆下這些擬出明確策略並奉獻投入的故事之後，也能思考他們建立的機構、生產的產品究竟如何影響整個世界。我們所有人都必須學習發揮更大的影響力，共同邁向新時代。

在地好評推薦

公部門、私部門與第三部門（The third sector）三足鼎立的組織型態，經過時間的淬鍊，功能早已迭代調整。公部門開始攜手私部門展開公私協力（public-private partnership）推動公共治理；私部門也不再只是追求股東利益最大化，反而將關心公益與環境的企業社會責任（CSR）視為公司發展的重要願景。在聯合國永續發展指標（Sustainable Development Goal, SDGs）的指導方針下，私人企業不再唯利是圖，近幾年來，社會企業、B型企業與影響力投資都成為私部門發展的主流趨勢。而為了調和公私部門，並且避免讓兩個部門之間極端拉扯而存在的第三部門——非政府組織（NGO）與非營利組織（NPO）組織，至今不僅已有穩固的根基，其經營模式也更加靈活、開放與多元。

台灣走過限制集會結社的威權時代，在邁向民主之路後，各式各樣的協會與基金會如雨後春筍般的大鳴大放。唯受限於法規的僵固、缺乏彈性與目的事業主管機關的複雜分歧，NGO與NPO組織功能一直很難發揮，規模自然有所局限。因此，在台灣，外表看似蓬勃發展的第三部門，其所發揮的綜效其實是非常有限的。

「精實影響力」的提出，讓我眼睛為之一亮，作者張安梅用科技人的專業與經驗，透過實證的案例解析與觀察，勾勒出第三部門經營的痛點與解方，非常值得學習與討論。做為一個基金會初試啼聲的經營者，我努力學習也推薦大家，期待透過本書的啟發，讓台灣第三部門的發展更契合國家發展的需要。

——台灣地方創生基金會董事長、國家發展委員會前主任委員

陳美伶

價值、成長與影響力，是公益創新的三大支柱，全書以滿滿的實際案例來說明：讓世界更好的創新社會公益並不是天方夜譚。

營利組織也可以在日常營運的每一刻，從事創新社會公益，追求以ESG為核心的永續發展。

筆者所服務的公司投入社區與地方創生將近二十年，做法正是書中所說——融入背景脈絡、與使用者一起設計的做法，藉以展現社會公益的最大價值、擴充成長規模，並發揮具體影響力。

誠摯歡迎所有人與我們一起並肩努力、改變世界！

——信義企業集團創辦人　周俊吉

國際名人齊聲讚譽

作者強調社會影響力需要更好的解決方案，才能達到更大規模。這本引人入勝的《精實影響力》展示如何橫跨企業、非營利組織及政府機關，透過整合資源、專業知識與實務做法來實現目標。本書將改變你對社會影響力的看法。

——海瑞特．福爾（Henrietta Holsman Fore），聯合國兒童基金會（UNICEF）執行長

《精實影響力》提倡仔細聆聽、嚴格實驗和不斷改進的方法，幫助我們讓世界變得更美好。

——艾瑞克．施密特（Eric Schmidt），Alphabet 前常務董事長

非營利組織領導者面對各種營利型策略時經常顯得無所適從，因為這些方法並不

適用於截然不同的領域。這本《精實影響力》不一樣！書中的經驗和教訓令我受益匪淺。衷心推薦給所有有志於實現大規模社會變革的讀者。

——安—瑪麗．史洛特（Anne-Marie Slaughter），
新美國（New America）基金會總裁兼執行長

作者以工程師的思維來因應挑戰，發揮正向的社會影響力。這本暢銷書為推動變革帶來有用的方法。她的方法不局限於孤立個別的項目，而是像環保人士保護大自然，採用大規模的方法。

——馬克．特塞克（Mark R. Tercek），
美國自然保育協會（Nature Conservancy）
總裁兼執行長，《自然財富》（*Nature's Fortune*）作者

我們生活在科學、技術與創新快速進步的關鍵時刻，人們比起過去任何時候都更有可能擁有美好的生活。作者致力推動創新、拓展社會公益，賦予我們對抗全球不平等現象的新思維。

——拉吉夫．沙赫（Dr. Rajiv J. Shah），洛克菲勒基金會總裁

作者兼具熱情、務實和獨一無二的特質，以其社會轉型議題上廣泛且深刻的經驗，提醒人們出色的工作和不容否認的影響力之間最容易錯失的重要環節。對於慈善工作者或渴望善用每一塊錢救助弱勢族群的人來說，絕對是不可錯過的一本書。

——吳幼仁博士，天主教救濟服務機構前行政總裁

作者知道如何擴大社會影響力的規模。她在書中提供有效的解決方案來應對人類最大的挑戰，包括遲遲難以撲滅的極端貧窮，而最重要的是確保這些方法可以幫助數百萬人。

——法茲勒．哈桑．阿貝德（Sir Fazle Hasan Abed），
國際發展組織BRAC創辦人兼主席

各位要是對創新感興趣，或是想要找對方法解決當前世界的問題，請趕快來買這本書，千萬別再拖了。《精實影響力》一書睿智且思慮周詳，是大腦與心靈的結合，實用又充滿希望。作者的智慧引領我們如何思考，更重要的是指導我們如何行動。

——賈桂琳．諾薇格拉茲（Jacqueline Novogratz），
阿克曼（Acumen）創始人兼首席執行長

本書從科技產業、非政府組織和商業領域的成功創新汲取經驗，為世界性的貧窮議題帶來光明的未來。這是關心世界、渴望改變的人應該閱讀且牢記在心的一本書。我相信從創新和失敗中快速學習，下一個十年至少可以挽救千萬名孩童的寶貴生命，甚至更多。

——卡洛琳・麥爾絲（Carolyn Miles），
兒童救助協會（Save the Children）總裁兼執行長

創新和規模是現在社會部門最熱門的兩個話題，只是還沒出現足夠的突破力量，產生廣泛影響。這本《精實影響力》闡釋影響力礙於當前的方法難以發揮，並提出解決方案。對於創新以至於擴大影響規模的路徑，作者以其跨領域的深刻工作經驗向領導者提出全新見解。尋求變革的各位，無論你身處美國或世界各地，這都是一本非常值得你參考的重要書籍。

——傑佛瑞・布蘭德（Jeffrey L. Bradach），
布利吉斯潘集團（Bridgespan Group）聯合創辦人兼合夥管理人

這是專業發展人士和政策制定者的必讀之書，也是有志於解決貧困問題的人不能錯過的好書。作者將她在矽谷多年累積的「顛覆性」敏感度，帶進國際發展與扶窮助貧的全球挑戰之中。國際發展領域長期以來極需注入創意的活水，這本好讀又實用的新書來得正是時候。

——大衛．高登（David Gordon），
歐亞集團（Eurasia Group）前主席、資深顧問；
美國國務院政策規畫處前主任

成功的社會企業會持續迭代改良，追求轉型變革。《精實影響力》揭開社會創新過程的神祕面紗，企業家和贊助者都能透過這本書學會運用這套技術。

——克麗絲蒂．奇恩（Christy Chin），
DRK基金會合夥管理人

作者將社會創新的精髓提煉成簡單易讀的書籍，裡頭滿滿寶貴的實際案例。這套設計、測試、迭代和擴展規模的方法可以提升我們集體的力量，為最需要的人帶來突破性解決方案。

——蜜雪兒．娜恩（Michelle Nunn），
CARE USA總裁兼執行長

必讀的一本！作者提出幾道尖銳的質問：你知道自己的努力帶來多大成效？你做出哪些改善來回應需求者的回饋？這世界和我們都更需要改變，當今的社會企業家、非營利組織、慈善機構和政府必須以使用者為中心，針對各種假設進行測試與實驗。作者也在書中分享許多引人入勝又鼓舞人心的故事，提醒人們拋開偏見與臆測，針對實際需求設計解決方案。

——維克多·雷諾索（Victor Reinoso），
獨立部門聯盟（Independent Sector）組織營運長

這一代專業發展人員的重要參考書。書中分享許多激勵人心且令人警醒的案例，清楚流暢的說明獨立部門如何發展、擴大矽谷的創新技術，建立高靈活度的二十一世紀社會企業，致力創造公正、包容和繁榮的社區。

——派崔克·費恩（Patrick Fine），
美國家庭健康國際組織（FHI 360）執行長

要解決當今世界面臨的棘手問題，我們需要有效的創新方法。本書提出引人注目的工具和技術，開發具正面影響力的解決方案，恰恰契合人本設計的精神。

——喬絲琳・華特（Jocelyn Wyatt），IDEO.org執行長

從矽谷到華府特區的官僚體系，再遠赴開發中國家的貧困鄉村，這是作者獨特的冒險之旅，將她在科技產業學到的創新技術運用在提升發展的合作挑戰。有心耕耘社會發展和關心脫貧事業的有志之士都該仔細研讀這本書。

——布萊恩・艾特伍（Brian Atwood），布朗大學華森研究院資深院士、美國國際開發署前署長

想對社區和世界帶來真正的影響力，絕對要讀這本書。書裡提供許多定義結果、衡量影響力和展示變化的實用建議。作者同時鼓勵組織領導者要端出成果。

——桑娜・夏（Sonal Shah），喬治城大學貝克社會影響與創新中心執行主任

社會部門的創新進展多年來停滯不前，現在雖然已經開始改變，但改變的速度還不夠快。這本書是及時的警鐘，呼籲各地社會企業家和改革者正視這套實用方法。渴

望在迎向艱巨挑戰時提出更睿智、更具影響力方案的贊助者及從業人員，務必仔細研讀這本書！

——尼爾・肯尼－蓋爾（Neal Keny-Guyer），美慈組織執行長

創新和聰明冒險是矽谷的常態，在社會部門則不然。因為這牽涉到我們如何贊助、核算成本與說個好故事。作者跨足兩大領域，因此能告訴我們這兩套做法有何不同。本書是她的觀點見解，是慈善家與非營利組織領導人必讀之書，也是和各方深入對話的祕訣。

——艾莉絲・慈文（Alix Zwane），全球創新基金（Global Innovation Fund）執行長

前言

我躺在小船頂，順著緬甸偉河（Ywe River）漂流而下，穿過兩岸茂密叢林，偶爾會看到佛塔金光燦爛，真是令我大開眼界。前天晚上我抵達伊洛瓦底江三角洲地區，不久前我才搭飛機飛過半個地球，又在大多沒鋪柏油的泥土路上顛簸八小時。我住的旅館雖號稱當地一流，但是房間薄薄的牆壁頂端距離天花板竟然還留有一英尺高的空隙。儘管前一晚聽著隔壁房客乾咳不得安眠，我還是熱切展開個人的第一次實地考察，見證全球脫貧的崇高工作如何開展。

當時的緬甸正處於關鍵時刻。二〇〇八年的納吉斯超級颱風（Cyclone Nargis）造成將近十萬人死亡，鄰近地區直到現在才漸漸恢復正常；推動民主的領導人翁山蘇姬（Aung San Suu Kyi）解除軟禁，數十年來國會首次舉行公開選舉，這些發展都讓緬甸人民日益期盼好日子趕快到來。但是這個國家還有很多極度貧困的人，他們在自家薄田辛勤耕作，平均收入每天不到兩美元。我在這裡探訪的專案就是和三角洲地區一些農家合作，提升農作生產，改善收入。

我在那裡的每一天，一大早要搭三小時的船走訪各個農村。當我走進草屋林立的村落，巡視周遭農田，男男女女得意洋洋地向我展示豐盛成長的稻作和蔬菜。我也參觀專案人員週間工作和棲息的窄小木屋，他們在當地提供現代農業技術的培訓和改良種子，幫助農民組織農產團體，擴大農業經營規模。不管是農民或專案人員的奉獻精神都讓人感到振奮和鼓舞，大家不辭辛勞一起努力改善生活。

參觀完農村回到鎮上後，由領導團隊說明專案管理方式。辦事處的牆上掛著大黑板，黑板上的表格列出各個村莊的名字，上面寫滿專案要進行的各種活動和相關目標。每週結束的時候，各地專案人員一起開會檢討活動進度、統計達標人數。整套作業就像是上足油、卯足勁運轉的機器。

不過要打破貧窮循環並不容易，畢竟箇中因素極其複雜，而我們距離解決所有問題還相當遙遠。於是我提出疑問：那麼，我們所做的努力到底效果怎麼樣？這兩年來開展的工作，又需要哪些改進或調整？而且該怎麼做才能幫助到更多的農民？但是我只看到大家的眼中一片茫然。

我很快了解到，整件事不是這樣運作的。就像許多全球發展計畫，整個專案的設計從最早的援助案以來早已規畫多年，主要還是由美國總部的工作人員完成。這些在三角洲地區工作的專案人員只需負責執行計畫，達成每季設定好的目標，他們並不需要再深入理解和做出必要的改進。更糟的是，這個專案雖說有數百萬美元經費，接觸到的農民不過幾千人；而在這個人口多達六百萬的廣大地區，約莫三分之一的農民生活在貧窮線（poverty line）以下。[1]我們能不能做得更好？在預定的四年之後，這個專案就會結束，不管它能否達到成效，以及那個地方或鄰近區域是否還需要更多援助，沒人會在意。我們團隊只能祈求好運，獲得更多捐款，讓更多贊助者有興趣參與。要是找不到經費就打包回家！

我躺在船上晃盪，一月的陽光曬得我暖洋洋的，我想一定還有更好的方法來處理這些事。大家都很努力，希望做出不同的改變，但他們的雙手彷彿被綁住一樣。光是執行這種一次性的僵化專案，並無法為大多數民眾帶來最大的影響。我們可以做的應該還有很多。我後來又遠赴賴比瑞亞、烏干達、辛巴威、瓜地馬拉、印度和蒙古等國家旅行，也一次又一次看到類似的狀況。

於是我決定投入人生職涯的下半場，先深入了解這些不良運作的問題所在，再找出改進制度和體系的方法。

兩個世界的碰撞

我的反應似乎不太尋常。大多數人結束各地的考察後，都懷著滿腔熱血，只想趕快幫助那些民眾或生物棲息地，並不會想到要解決這套運作背後的官僚程序和管理理念。不過我本來就是個工程師嘛！

我曾經在科技產業工作二十幾年，直到七年前才轉換新領域，這是我長期規畫後做出的改變，我準備在人生職涯的下半場致力於改變世界，讓世界變得更美好。這雖然聽來像是陳腔濫調，但我的決心確實就是如此簡單明瞭。我一向熱愛挑戰開發軟體程式，卻也想要做些更有意義的事情。問題是要做什麼呢？在解決貧窮、醫療衛生、教育、環境保育、人權等重要議題上，我當然都不是專家。況且，很久以前我就從軟體程式工程師轉到管理職，現在我甚至也沒資格再去寫程式。但我還是帶著真誠熱情，希望找到一種值得努力的方法，而非只是照表操課。這次到緬甸參觀訪問就是我早期的學習過程之一。倘若我希望以後能夠有所作為，就要先搞清楚最前線的人們都做了什麼。那時我很幸運，能在美國政府、頂尖國際非營利組織和幾個合作夥伴的工作中，向業界幾個最好的組織和企業學到很多事情。

我在Google工作八年以後，矽谷那種傲慢自大還是在我身上造成一定的影響，不管是好是壞。我那時覺得，好像什麼事情都辦得到，一切都有可能。二〇〇〇年代末期我帶領手機工程團隊，當時Google地圖（Google Map）的街頭導航系統是手機用戶最想要的功能，但是地圖資料供應卻由兩家公司聯合壟斷。雖然我們使用資訊的費率固定，但手機用戶使用導航服務時卻要逐一收費，我們進入導航市場這條路因此受阻。如此一來，我們就無法提供免費的導航產品。後來我們向Google聯合創辦人佩吉（Larry Page）和布林（Sergey Brin）報告這個困擾，於是他們提供一項非凡的服務：派車走遍全世界的大街小巷，自行建立地圖資料庫。而過去每個月向用戶收費五到十美元的衛星導航系統業者，也被迫跟著改變。

我在這當中不只是學會從大局來思考，也逐漸體會到實驗的價值。儘管Google已是業界領導者，但並不因而自滿或裹足不前，每天還是進行好幾百場實驗和試作，測試系統服務的主要和次要功能，增強優勢。雖然網路搜尋並不是Google的發明，但它透過測試、學習和更快速的迭代改良（iterating），超越所有競爭對手。所以Google的各種產品才會持續進步，整個系統也是逐年改良進步。

我就是帶著這種觀點和態度來到伊洛瓦底江三角洲。我總是忍不住想問，這麼做有效嗎？我們能不能做得更好？我們可以幫助更多人嗎？而且能不能永遠改變整個體系？

好吧，我承認我有點天真。我的無限熱情很快就撞牆面對冷酷現實，了解到社會創新——為社會及環保挑戰開發更好的解決方案——要比科技創新還困難許多：經費限制可能嚴重阻礙實驗的進行；受助者的需求與贊助者的優先目標並非總是一致；短期致勝比長期成長還要誘人。衡量社會工作成果可是比計算網站點擊次數來得更艱巨。而且，一旦涉及現實生活，冒險常常帶來更多不可預知的後果。但是我堅定相信，那些推動矽谷快速進步的創新技術，一樣可以成為創新基礎，創造更多社會公益。自從緬甸考察之旅以來，我發現愈來愈多組織率先採取創新方法，也取得令人矚目的成果。創新未必要花很多時間或金錢。事實上透過及早發現問題，還可以**省下**許多時間和金錢。

就像企業有責任將股東價值極大化，想要完成使命的組織也有責任讓社會公益達到最大的成效。我在這兩個領域都有相當的經歷，並且在深受鼓舞後寫出《精實影響力》這本書，向大家分享我的信念：創新是改變世界的重要方法。

精實創業運動

幾乎每個產業的企業都想和矽谷一樣充滿活力，成為創新的溫床。科技的進步不僅顛覆我們生活的各個面向，解決大小問題的各種方法也年年突飛猛進。摩爾定律（Moore's Law）正顯現出這種持續進步、毫不鬆懈的力量多麼驚人，過去五十幾年來，這套定律準確預期晶片上的電晶體集成數量每兩年增加一倍，運算能力也因此出現指數級成長。那麼當我們解決那些世界上最棘手的問題時，為什麼不能像電腦晶片一樣勇猛精進呢？軟體產業從封膜盒裝上市變成雲端販售時，掀起一陣創新大浪。軟體程式的升級或更新，從過去間隔一年以上，縮短到現在往往幾天甚至幾小時就更新一次。而且仰賴線上回饋機制，公司可以立即掌握用戶的反應，軟體程式的開發也因此出現變革。艾瑞克・萊斯於二〇一一年出版的暢銷書《精實創業》[2]即推廣這種不斷創新的新方法。

艾瑞克的目標是「提升全球創新產品的成功率」，並透過《精實創業》成功發起全球運動。現在有成千上萬人參加創新研討會和頂尖高手切磋學習，相關的顧問諮詢和培訓服務產業也隨之興起，世界各地都有同行聚會，相互支援一起學習。艾瑞克的第二本書《精實新創之道》[3]直指核心，大家已經愈來愈清楚，大企業更加需要企業家精神，不然就會落後遭到淘汰。而且愈來愈多使命驅動型組織（Missionary Driven Organization）採用同樣的方法，做為他們未來工作的實務典範。

創新為公益

如果創新是出於某些特殊目的而非為了賺錢，很快會遇上一些障礙，這一點或許並不令人意外。儘管如此，我們面對社會挑戰的時候仍需提升戰力，拿出更好、更快速、也更能創造規模動能的解決方案。我們說的是改善生活、拯救生命，不是發售應用程式（App）或賺更多錢。現在該是我們為二十一世紀重塑實現社會公益方法的時刻了！

人們想要什麼、又樂意接受什麼？我們可以發揮更具改革意義的影響力？能否提升規模滿足龐大的需求？雖然到今天，這些問題還沒有全部獲得解決，但我們有責任全力以赴找到答案。要想在如此複雜的挑戰中，最大限度提高成功的機會，我們需要一種可以管理風險、加速學習的新方法。

社會創新的需求是確實存在的。二〇一七年一項針對一百四十五個非營利組織領導人的調查中，布利吉斯潘集團（Bridgespan Group）發現八〇%的人認為創新是「緊急迫切的任務」，但認為組織已為此做好準備者卻只有四〇%。[4]

這本《精實影響力》就是要讓各位開拓眼界，發掘變革的潛力，挑戰你的思考範疇。說來或許違反直覺，我們還是鼓勵大家從小事做起，進行重大投資之前先驗證你的風險假設以加快學習速度。最重要的是，這本書要幫助大家專注在自己的任務上，這可能會超出原本規畫的解決方案，甚至需要跨機構組織合作。我希望各位能一同參與這趟旅程，開闢出一條擴大影響力和規模的康莊大道。

本書結構

這本書分成三大部分：「啟發」、「驗證」和「改造」。

第一部分「啟發」說明當我們試圖推動社會變革時，設定大膽的目標和努力不懈追求最大影響力，和慈善公益的初衷一樣重要，甚至更重要。要是當前的干預措施還不能解決目標問題，就要進一步尋求更好的辦法。但是重闢新路必定會帶來更多不確定性，因此需要利用符合科學的迭代學習（Iterative Learning）方法來降低風險，並且幫助我們確定有效的方法。我們有責任為社會做得更多。

第二部分「驗證」深入探討精實影響力的核心方法，從社會創新的角度詳細說明持續進行驗證的過程。來自世界各地的實務案例也顯示出我們如何提升賦予受益者的價值，找出加速成長、社會影響力（Social Impact）最大化的關鍵動力。我們還要探索一些有用的技術，運用最精簡可行產品（Minimum Viable Products, MVP；或稱「最小可行產品」）來檢驗假設並加速回饋循環。

第三部分「改造」提出實現社會公益必須上升到生態系統的更高層面，面對許多棘手的問題，需要運用系統性方法來解決市場和政策失靈（market and policy failures）。而社會創新的最大障礙之一，就在於募資的本質雖然有助於實驗，但更常帶來破壞。為了讓精實影響力可以向下扎根，整個組織需要引進包容風險與鼓勵追求目標的文化。這本書最後會探索社會創新的目的如何結合商業實務、投資選項、職業選擇和消費者購買行為。未來也將出現愈來愈多跳脫傳統範疇，能夠真正解決問題的方法。

誰應該閱讀這本書？

不管是贊助者、社會服務提供者、企業家、政策制定者、學術人員或支持社會公益人士，各位會閱讀這本書都是希望社會影響力可以延續下去。但與此同時，我們幫助今日仍身處困境的民眾，期許產生立竿見影的效果、帶來積極而正面的案例，或者只是想留一盞燈持續照亮希望之際，都面臨到巨大的壓力。我們的資源這麼少，卻要跑得這麼快，很難想像我們怎麼做好更多事情。但我們還是要繼續努力。

有意義的社會變革不會孤立發生。我們的工作都是在複雜體系中進行，而整個系統也遠遠超越任何單一組織所能涵括的範疇。要想維持影響力，我們必須部署干預措施、籌集資金、與社區互動、重塑市場以及改變政策等等。所以這本書最適合想要透過專業工作、投入時間或金錢來創造更多社會公益的善心人士。但各位請注意，創新不是只適用於開創企業。雖然我們常將「創新」連結到社會企業的草創與破壞式技術（Disruptive Technologies），但它對於現行計畫和大型機構的不斷更新與提升績效一樣重要。

《精實影響力》可以幫助人們建立社會干預措施，擴大規模，從非營利組織員工、社會企業家到企業專案經理人，都能藉此做出更好的成績；這本書也能幫助贊助者，包括基金會、政府機關、慈善家到影響力投資人（Impact investors），為社會公益創造誘因和鼓勵，讓社會創新得以蓬勃發展。這本書還可以協助地方、國內及國外各政府支持合理的風險承擔，並為公眾利益採取更有效的干預措施。當愈來愈多民眾受到激勵，樂意付出自己的時間、努力和金錢奉獻社會，社會大眾就會認識到擴大自身影響力的方法。

我並不是說自己知道所有問題的答案。事實上剛好相反，我希望藉此幫助人們共同提出一些非常重要的問題，引導我們邁向充滿希望的前進之路。這本書取材自我對美國及全球兩百多個組織的採訪考察，這些組織的結構與肩負的角色各異，得以在面對各式各樣的社會挑戰時發揮不同作用。我從他們的實踐經驗、成功與失敗中學到很多，也得到許多啟發，希望各位讀者也能收穫滿載。

對於我們這趟探索之旅，讀者只需要帶著真正的好奇心和採取行動的準備。即使只是跨出一小步，也能帶來巨大的改變。要是不知道該從何開始，就趕快翻開下一頁吧！

第一部

啟發

第一章

創新是道路，影響是終點

「創新」可能是目前全世界最廣為濫用的流行語。世界的變化愈來愈迅速，我們面對的各種挑戰也愈來愈複雜，人們知道要做點不一樣的事才能跟上腳步，尤其想超前部署時更是如此。而在找到更好的方法來解決人類和地球面臨的緊迫問題上，自然也不例外。過去這些年來，社會公益主導的創新概念如野火燎原般四處延燒，出現在企業使命、訊息傳遞、職務說明或各種提案中。各方追求社會創新的過程中，也衍生出許許多多的競賽、黑客松（Hackathon）以及各種前導活動，儘管大家搞得鬧哄哄，似乎煞有其事，實際成果卻很有限。

所以，我們首先要問：「創新」是什麼？

話題炒作過度的不良後果之一，就是容易將創新和發明（invention）混為一談。

「發明」是靈光一閃的新想法；「創新」則是讓既有的初步突破經由進一步規畫部署，引導出建設性用途的過程。美國發明家愛迪生（Thomas Edison）的名言「天才是一分的靈感和九十九分的努力」，就是這個意思。對我們來說，創新是漫長而艱辛的過程，需要先有一項好發明（一分靈感），才能轉化成有意義的社會影響。社會創新還要反覆測試、不斷改進，精鍊提升商業模式、推動合作夥伴和政策，精密微調後勤支援和更多的實務運作。這些工作並不像提出某個偉大創意那樣令人激動，但回頭來看卻是更重要的過程。

我的同事，「加拿大大挑戰」（Grand Challenges Canada, GCC）執行長彼得・辛格（Peter Singer）仔細觀察後下了一個極佳的結論：「創新是道路，影響是終點。」這提醒我們要專注於我們追求的目標，並企盼為這世界帶來本質上的改變，不管是為了減輕人們的痛苦、消除不公義或是保護環境，我們的「創新」都是為了實現我們的目標。

交出成果

朋友或慈善機構邀請你捐款時，通常會端出什麼樣的說法呢？也許是正遭受苦難的兒童等待援助；需要導正不公義的事件；或是組織正努力解決某個災難，需要你掏腰包大力支持。全世界都讚揚你和慈善機構共襄善舉。但這只是第一步而已。

對於非營利組織肩負使命致力行善、慈善人士慷慨解囊、工作人員及諸多志工犧牲奉獻，我們要給予適度的肯定和讚揚。我們也應該為社會企業、影響力投資人，以及兼顧獲利與公益等三重底線（Triple Bottom Line, TBL）的公司鼓掌叫好。但我們不能就此停步，最後能夠達到何種成果才是至關重要。對於需要我們幫助的人，以及將時間和金錢託付給我們的人，我們都有責任盡己所能交出最好的成果。我們不只是有心行善，也要思考如何做到最好。真正的影響力來自心與腦的交互運作。

精實影響力從《精實創業》和各種現代的創新實踐中汲取靈感，追求社會公益極大化的決心絕不妥協，也絕不動搖。其核心即是科學方法的基本原則：根據假設進行實驗，藉以降低風險並提升學習速度。運用這些技術可以驗證顧客感知價值（Customer Perceived Value），成為促進成長的原動力，確保干預措施有效發揮社會效益，讓我們擴大規模、帶來更大的影響力。

雖有科學基礎，但精實影響力並不是多高深的火箭科學。尤其當考慮到在動態環境下處理複雜問題時諸多的不確定性，這套方法願意接受並非一開始就擁有完美設計的解決方案。因此，與其預先設定複雜的計畫，不如採用彈性更高、學習導向的方法，反而可以獲得更好的結果。並且在最佳途徑尚未明朗之際，避免採用不符需要、起不了成效或無法擴大規模的解決方案。

但就算在矽谷，也未必保證做得到這一點。我加入Google之前，曾在一家創投資金支持的新創企業擔任工程部副總裁，當時的前景教人倍感振奮。我們努力多年，精心打造一流的線上體驗，然後大張旗鼓推出新產品。結果卻不如預期。儘管許多熱情的用戶很喜歡那套產品，其中一些功能看起來也很有前景，然而存在於產品設計和商業模式間的重大差異很快就浮上檯面。更不幸的是，這時我們幾乎已耗盡資金，彈盡援絕。沒過多久，我和半個團隊以及大多數主管都遭到解雇。不過，這段悲慘經驗意外得到一個好結果；《精實創業》的作者艾瑞克．萊斯也曾是那家公司的工程師，而這個經驗對於我們在專業上的養成發揮很大的作用。

那家新創公司的失敗，同樣是使命型組織應引以為鑑的寶貴教訓。在非營利組織，我們也會企圖制定詳盡的計畫，希望一步到位、一舉成功。即使透過專案募資，也會鼓勵甚至要求各專案在特定限制下擬出嚴密的計畫。這些要求相當常見。各大組織為了獲得捐款，往往辯才無礙地提出許多吸引人們的解決方案，部分方案甚至言過其實。這樣的專案當然沒辦法如實執行，到頭來不是成果欠佳，就是全盤失敗，也可能帶來更糟的後果。此外，這些專案通常會有預定的執行時間與預算，這些限制不會隨著時間而持續調整。因此最後就算得以在既定架構之下成功執行，也很少能帶來改革性的影響。

我們來看看這兩種設計汽車的方法。如圖1.1所示，傳統的「計畫－執行」方法是由工程師、產品設計師、工業設計師和行銷人員花上許多時間規畫，最後才進入昂貴的製造和生產過程。等到汽車真正上市也許都要好幾年以後，屆時的環保標準可能已經變更，又或是客戶覺得敞篷車不實用卻來不及改良。基本上我在那家新創企業的經驗就是這麼回事。另一種是從最陽春的原型（Prototype）開始，採用「測試－迭代」的方法，在現實條件下觀察使用者的實際回饋。我們很快發現，三個輪子的設計在轉彎時不太順利，或是環保意識較高的客戶不會買太耗油的車子；反覆測試的過程就是一一處理這些疑難雜症。有時考慮到保護特定元件的需求，某些狀況或許只需再強化

圖1.1 「計畫－執行」與「測試－迭代」設計法

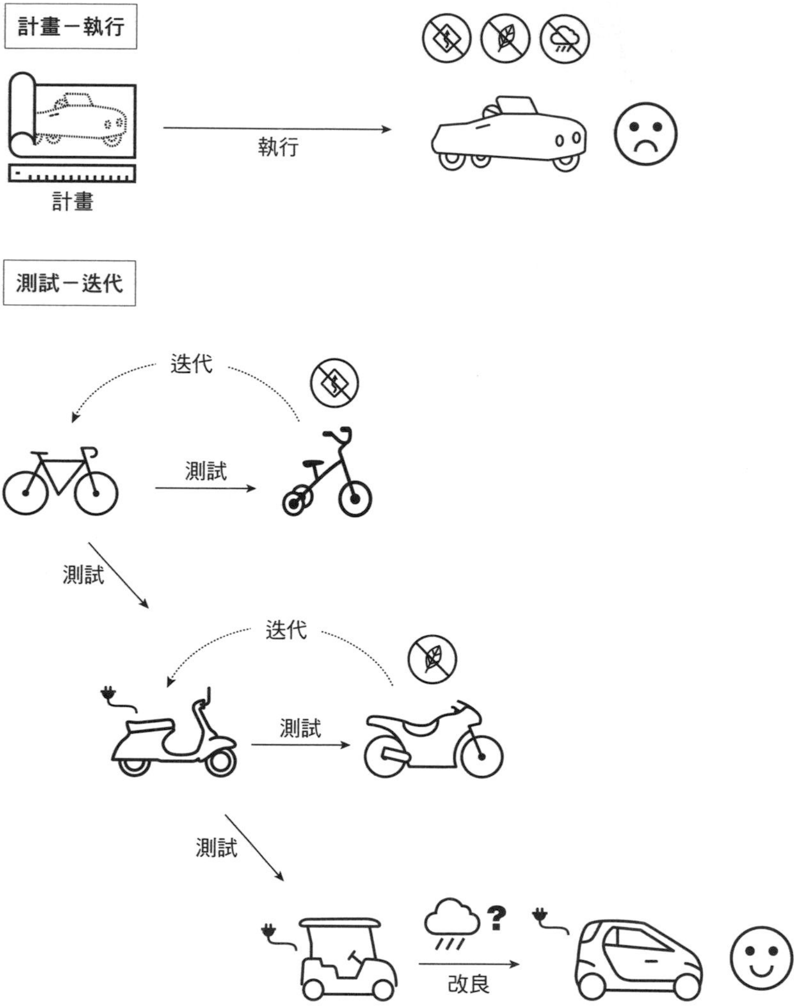

功能，而不用完全改變設計方向。一旦確認走上正確道路，就可以謹慎邁出下一步，投入更多資金做出更精密的版本。盡早發現任何缺陷和不當之處，即可避免浪費時間和金錢，並且博取更多信賴。到頭來，產品也更容易被市場接受。

在此我要先釐清一點，所謂「精實」（lean）並非意味著「低劣」或「廉價」（cheap），各位可以想成是切除脂肪或其他沒有用的東西。倘若我們運用某種工具卻得不到預期的結果，那就是浪費；假使執行半套干預措施也能獲得全套的結果，全套就是浪費；如果可以嘉惠百萬人，那麼只為千人服務的計畫就是浪費。精實影響力的目標就是找到最有效的途徑，實現最大規模的社會公益。

這聽起來實在很吸引人。但現實中又是如何？

不斷學習與改良

運用測試與迭代來提升非營利組織的成果，也許看起來和優化網路業務有些不同，其實原理是一樣的。現在我們來看看一家非營利教育機構如何轉變，成功運用精實影響力。

二〇〇〇年，舊金山灣區的數百位家長和社區人士開會討論如何改善當地高中教育制度。他們試圖找出一套可複製的模式，讓每一個出身背景不同的孩子都能享有高品質的教育。歷經無數討論後，頂峰公立學校聯盟（Summit Public Schools，後文簡稱頂峰公學）在二〇〇三年開設了第一家學校：頂峰預備特許高中（Summit Preparatory Charter High School）。創辦人兼執行長黛安．塔維娜（Diane Tavenner）過去是公立學校教師，對於教育與成就學生未來一向充滿熱情。她立下遠大目標，要讓學生一律讀完大學。

八年後，頂峰公學第一屆學生完成大學教育。學生們的成績都很不錯，明顯比全國平均水準高出許多，但還是沒有達到黛安的目標。很多學生仍需加強課業，而大學教育的成敗往往也取決於學生自身的能力，例如面對困難時能否堅持不懈、克服障礙；但是在頂峰公學高度支援的環境下，學生培養不出這些能力。

從初期成功的基礎上繼續擴大規模，雖讓黛安倍感壓力沉重，但她視為重新思考頂峰教育模式的好機會。然而要是每一屆改革都需等上好幾年才能確認成績，實在緩不濟急。她發現若想達到她期待的改變，必須先改變整套文化、工具和流程，才能加快迭代週期（iteration cycle）。因此，比起預期採用哪一套特定的干預措施，她更專注於建立起一種持續回饋與改進的文化和流程。黛安和她的團隊時時檢討，學習最佳實務案例，反思充實生活所需的能力、知識和習慣。而且他們都拜讀了《精實創業》這本書。

頂峰公學針對四百名學生每天兩小時共五十七週的各類課程，從授課時程、頻率、順序和結構反覆迭代改良，以平衡由教師主導的課程組合，再配合可汗學院（Khan Academy）的線上教學和練習、一對一課業輔導和小組互動等輔助方案。管理團隊每週進行學習評估、學生滿意度調查，以及焦點小組訪談（Focus Group）。將這些資料結合師生的課堂時間、資源的運用和運用順序等背景脈絡，即可揭示豐富的課堂實際狀況，了解哪些授課方式大有助益、哪些又該放棄。透過快速改良原型設計，頂峰公學的個人化學習法逐漸成形，改良範圍小至課程的細部調整，大到重新調整全學期的上課日。

在衡量傳統教育領域的成效上，需要好幾年才會知道成敗，迭代改良因此變得緩慢無比；然而頂峰公學找對方法加速回饋循環，明顯加快學習、迅速進步、擴大影響力。二〇一七年，頂峰公學灣區五所高中的畢業生中九九％順利考取大學；而進入大學就讀的頂峰學生，順利畢業的比例也是其他學生的兩倍。如今頂峰公學的教育模式已獲全美認可，總共三百多家公立學校採用這套方法。

需求

從許多方面來看，這世界從沒像現在這麼美好。人們比過去來得更富有、也更健康。一九九〇年以來，全球的貧窮指數、孕產婦和兒童死亡率以及兒童失學人數，都比以往減少了約莫五成。

然而，新的挑戰也迅速出現。儘管國際貧富不均現象減緩，各國內部的不平等現象卻更形惡化。[1]國際間的衝突降低，部分國家的內戰和恐怖活動卻持續增加。二〇一六年底，全球多達六千五百多萬人因武裝衝突或遭受迫害而流離失所，創下第二次世界大戰以來的新高紀錄。[2]與氣候相關的自然災害數量和強度也明顯增加。二〇一五年爆發的伊波拉（Ebola Virus Disease, EVD）大規模疫情提醒我們，致命病毒散播全球的速度有多快。

美國國內正因全球化和自動化發展而倍感焦慮，經濟轉型速度和過去任何時候相比更是又快又猛，趕不上時代腳步的人們被遠遠拋在後頭。隨著社會階層流動（social mobility）減緩，過去標榜的「美國夢」已然夢碎。種族緊張和反移民情緒高漲，鴉片類藥物氾濫（opioid epidemic）使得吸毒過量成為五十歲以下美國人的主要死亡原因，民眾對政府和政黨的信任度也大幅下降，直逼歷史低點。

為了解決長期以來的社會弊病和新挑戰，二〇一五年全球一百九十三位領導人在聯合國正式通過「永續發展目標」（Sustainable Develpoment Goals, SDGs），期許消滅貧窮、保護地球，促進全人類的繁榮、增進福祉。不幸的是，專家預估開發中國家所需經費還缺少一半以上，每一年的資金缺口仍高達兩、三兆美元。

缺錢乃是家常便飯，我們從來沒有足夠資金來解決問題。但是現況讓人難以接受，我們當然要繼續籌募更多資金。我們也必須認識到，目前採取的干預措施還是不夠。未來前進的道路需要更好的解決方案，長期下來可以創造出更大的公益價值，同時幫助更多人。

社會創新的障礙

讓我們實際一點。社會公益上的創新其實比商業創新還要困難。真的。我可是花了不少時間才發現這一點。包括許多採用精實創業概念的創業者，人們大多樂於應用這套技術，以致於我根本沒想到它也有不適用的領域。於是我嘗試向一家非營利組織分享《精實創業》的方法。起初大家的反應都很好，甚至可以說相當投入。大多數人在工作中原本就會面臨許多不確定性，因此非常歡迎這種可以管理風險、加速實現使命的靈活方法。但是接下來什麼都沒有改變。

大家回到自己的辦公室，發現要寫的資金補助提案還是和過去一樣，然後繼續執行經費已經到位的專案。我發現傳統的經費補助案會要求詳細列出專案規畫，包括各式各樣的活動、預算和人員配置細目，而且還要求執行流程必須如實遵守計畫內容。我將這整套模式稱之為「瀑布模式」（Waterfall Model），那是以前製造、配送、販售封膜盒裝磁碟片或ＣＤ軟體所採用的方法，是規模較大、風險也偏高的執行方法。從設計、製造、測試到運輸配送的每個階段都要提前規畫，按照順序一一執行。如今的線上交易和雲端運算則讓軟體開發完全擺脫這些限制，進而引發一波創新的大浪潮。

不幸的是，要說服你的經理打破這套模式並不簡單；有時甚至連組織執行長都插不了嘴。真正的控制權通常掌握在慷慨解囊的贊助者手裡。各位可以想像，假使軟體工程師發想新功能時，都要先等風險投資人（Venture Capitalist, VC）點頭，創新腳步當然會減緩許多。企業家確實上山下海無所不能，但若凡事都要金主同意才能辦事，等同自縛雙手，毫無用武之處。

就算是資金限制較富彈性的使命型組織，也難以同時滿足受助者與贊助者這兩種完全不同類型的客戶。而個別贊助者和影響力投資人往往各有關注的議題。他們也許會針對不同地區或領域，包括健康、教育、貧窮、氣候等任何議題進行贊助。各位要是獲得贊助來消滅瘧疾，卻發現當地最需要的是地區醫療診所呢？如果你手中的資金是為了提振當地農產以改善貧窮，卻發現鄉民只想移民到城市做工呢？倘若你打算運用補助來提升女孩們的教育程度，但她們最需要的其實是衛生棉之類的衛生用品呢？做為民間企業，反正只要滿足客戶的需求就能提升獲利、讓投資人高興；但在社會領域，民眾的期待、足以產生最大影響力的做法，相對於贊助者的資助目的，未必都會一致。

創新的障礙可不只如此。當我們和彼此經歷截然不同的民眾一起工作時，直覺也可能導致我們誤入歧途。我們可能要在失靈的市場和失敗政策的交互作用下拚搏，腹背受敵。衡量指標（metrics）較容易在有標準可循、權責清晰的體制下運作，但這樣的標準卻不利於決策與學習。比起衡量電子商務交易，衡量社會影響力可要複雜許多。況且一旦承擔風險就表示可能遭遇失敗，同時危及未來的資金流，或讓生活在貧窮邊緣的弱勢群體處境更糟。

倘若各位已經發現《精實創業》中的概念和工具難以現學現用，其實並不是只有你這麼想。然而，儘管這讓過程增添複雜性，許多使命型組織依舊認為它非但可行，甚至深具改革意義，須讓它們加快成長腳步、改進服務品質，並且擴大影響力。

精實影響力的原則

精實影響力是面對社會上複雜的挑戰時，仍然可以實現社會公益極大化的方法。它採用來自《精實創業》與其他領域的創新實務，同時引入許多針對使命型組織量身訂作的新技術。透過嚴謹的科學結合企業家靈活度（entrepreneurial agility），即可顯著擴大影響力的深度與廣度。

精實影響力的本質表現在三個核心指導原則。我在書中也會展示這種新思維的力量，說明如何將其轉化為實際行動，推動社會創新。

- **設定遠大目標**。勇敢做出你想要的改變，根據這世界真正需要的規模來設定目標。不要只著眼於已經做得到的事，就此踩小碎步前進。
- **從小規模做起**。要是一心只想拯救弱勢，又遇上要你盡快端出成績的贊助者，很可能導致大規模干預措施過早投入。從小規模做起，才更容易學習和修正，長期下來發揮更大的影響力。
- **持續不懈追求影響力**。不管是因為受到鼓舞、忠誠度，或是贊助者的條件限制，我們都可能過度依賴現有的干預措施、特定技術或機構組織。但為了發揮最大的影響力，我們重視的是探索問題，而非執著於解決方案。

非線性過程

《精實創業》聚焦於討論測試和驗證過程，《精實影響力》則必定要從更廣泛的角度將這些工具引入社會創新領域。科技新創企業都勇於大膽思考，也受到風險投資生態系統的鼓勵。他們以豐沛的資源來迎接各種挑戰。然而，社會和環保干預通常設有嚴格的條件，受到既有預算、有限人力、時間期限或特定捐款額度等重重限制。正因如此，必須盡早著手擴大規模，以期發揮更大的影響力。

我們將在第五章探討《精實創業》率先提出驗證學習的技術。但在此之前，我們會在第二章為社會影響力設下大膽的目標，將對於資源匱乏的憂心轉為積極尋求轉型。第三章則是透過探索如何深入了解客戶、利害關係人和其他妨礙改革的潛在問題，朝向目標前進。許多社會創新無法站穩腳步，是因為它們還沒打好至關重要的基礎，就過於躁進的尋求解決方案。立定明確目標、了解客戶同時釐清問題之後，我們在第四章要跳脫思考框架，找出足以因應未滿足需求的潛在解決方案。

發揮精實影響力不是線性過程。如圖1.2所示，你設定的目標即是相對固定的目的地。但要實現這個目標，也許必須解決一個或多個阻礙進展的問題。根據那個問題，

圖1.2　精實影響力流程

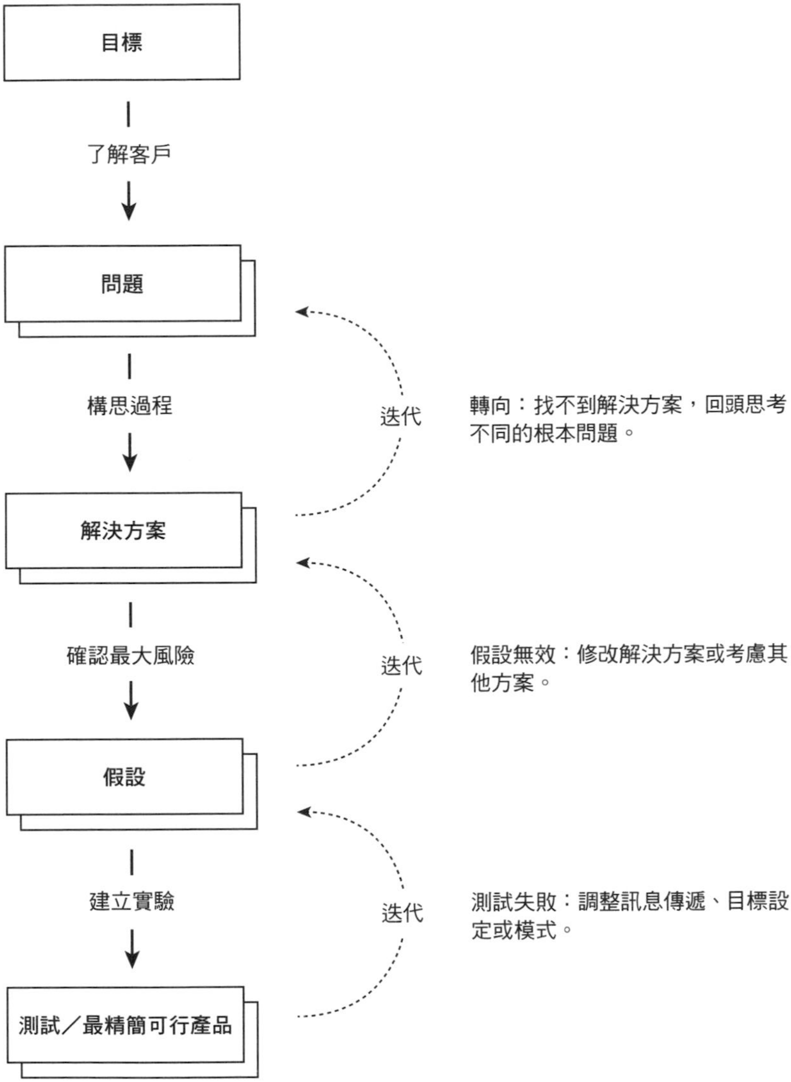
目標
了解客戶
問題
構思過程
迭代
轉向：找不到解決方案，回頭思考不同的根本問題。
解決方案
確認最大風險
迭代
假設無效：修改解決方案或考慮其他方案。
假設
建立實驗
迭代
測試失敗：調整訊息傳遞、目標設定或模式。
測試／最精簡可行產品

我們要考慮幾個可能的解決方案。而每個解決方案能否成功，又取決於諸多假設。透過實驗運作，你可以驗證或否定這些假設，以確定前方為真實可行的路徑。

當然，很多事情都可能出錯。如果測試失敗，可能還需要進行迭代、調整模式，嘗試不同的替代方案，或甚至直接轉向解決完全不同的問題。要是假設驗證成功，我們就有信心繼續前進，可以加強力度、擴大規模，也可能提出更新一層的假設繼續進行測試。在這趟旅程中，最優秀的社會企業家一定要謙虛、靈活，同時大膽堅定的向前走。

不斷成長的運動

創新始終存在阻礙，但非營利組織、社會企業、公司、基金會、慈善家、政府和影響力投資人還是採用《精實創業》的許多概念開闢新的道路，來解決我們這個時代最緊迫的社會與環境問題。他們都從小規模做起，傾聽客戶的意見，迅速迭代找尋解決方案，設計可以持續擴展的商業模式。《精實影響力》將分享這些先驅者的成功經驗，為努力實踐更大社會公益價值的人們提供指引。

現在我們來看看該怎麼做。

第二章

你設定什麼大膽目標？

二〇〇〇年，全球一百九十一位領導人在紐約的千禧年高峰會議通過「千禧年發展目標」（Millennium Development Goals, MDGs），針對全球發展最關鍵的挑戰，大膽設定要在二〇一五年前完成八項目標。這也是國際政治舞臺上首度認可發展的量化標準，預示未來會有更多數據資料做為指導策略。其中第二項目標是「實現全球普及初等教育」。接下來十五年間，全球兒童淨入學率從八三％大幅提升至九一％，比起全球普及教育的目標雖然仍有一段距離，但全球兒童失學人數已經顯著下降（減少將近五〇％）。

設定目標才會讓我們集中焦點，但這樣的優先順位未必正確。很多國家的兒童就學人數雖明顯提升，教育品質反而走下坡。截至二〇一五年，全球仍有超過一億名青少年缺乏基本識字能力。從「千禧年發展目標」持續學習經驗，並迎向二十一世紀的新挑戰。下一世代將於二〇三〇年設定的「永續發展目標」中努力提升教育品質，其中第四大目標是：「確保全球普及包容的優質教育，推廣終身學習。」

確立目標似乎應該簡單明確，例如商業界的目標通常是提升獲利；而使命型組織不就是要提升社會效益？是沒錯，但也沒這麼簡單。

我在Google領導手機工程團隊時，我們的目標很明確：建立十億美元的業務。當時蘋果剛推出iPhone，而我們團隊的營收每年只有五千萬美元。我們距離目標可真是遙遠啊！儘管如此，這個遠大目標讓整個團隊振奮不已，工程師天天想著開發新功能來提升使用率，業務開發人員忙著尋找合作夥伴以增加流量，銷售人員也致力發掘新客戶下廣告。我們在每週的主管會議上檢討各項指標，並針對突發的成長或衰退一一追查原因。之後隨著iPhone和安卓（Android）手機的普及，我們在短短三年內達成十億美元的目標，營收增加二十倍。

相較於前述的明確目標，使命型組織的目標諸如「減少貧窮」、「解決社會不公義」或「對抗氣候變遷」往往措辭含糊。這些抱負和期許當然很有價值，但是在沒有明確的時間表或成功衡量標準的情況下，我們要怎麼知道自己的進展？我們是否訂定足夠高的目標？要承擔多大的風險層級才恰當？以我們在Google的經驗，比起含糊其辭的「增加營收」，明確擬定「十億美元」目標更讓我們專心一志提升戰力。

後來我進入美國國際開發署，以及在全球發展實驗室擔任第一位執行董事，亦首當其衝感受到這樣的趨勢。那時全球發展實驗室才剛成立，主要任務是透過科學、技術、創新與夥伴加快合作腳步，解決全球貧窮問題。但是當我問到該如何衡量我們努力取得的成效，我只被簡單告知：「看得見的突破型創新」（identify breakthrough innovations）。經過幾番驅策激勵之後，團隊最後達成結論，並且設定目標：要在五年內確定十項突破型創新，每項創新至少要改善一百萬人的生活，證明具備重大影響力，並且在財務上足以支持穩定運作。這個做法很快就展現效果。事實上，實驗室早期已有許多很棒的創新，但真正達到成熟階段的很少。現在我們設定了清晰的目標，調整優先事項的順序，也投入更多資源幫助那些最有希望的創新專案擴大規模。

創新需要明確而遠大的目標才能開展。這是由上往下、尋求變革的視野和願景，而非由下往上的算計，光在目前的路線上找些能力所及的小事進行微調。各位請問問自己，你眼中的「成功」是什麼模樣？離開辦公室去外頭散個步，思考你希望帶給世界什麼樣的影響。和你的指導老師或值得學習的對象談一談。別忘記你從事公益的初衷。你設定的目標就是你的北極星，它是雄心壯志的具體呈現。

我愈來愈相信，不明確又保守的目標正是社會部門停滯不前的根本原因之一。考慮到組織聲譽對個人與機構募款的影響，倘若設定過於高遠的量化目標，自然會讓人擔心是否不利於募款。但若不設定令人振奮的長期目標，日復一日的壓力只會讓我們專注於短期勝利，而非試圖尋找更好的解決方案，以期帶來更大的影響力。

大膽設定目標

就某些方面來說，社會部門的確相當大膽，但某些狀況下又不夠大膽。我們毫不畏懼投入熱情，致力解決社會中長期存在又根深柢固的頑疾沉痾。然而與此同時，資金與運作的現實壓力往往限制我們雄心壯志的規模與視野，以至於遠遠難以滿足實際需求。所以精實影響力的核心原則，就是從大局著眼，大膽設定目標！

班恩・曼根（Ben Mangan）是非營利組織EARN聯合創辦人兼前執行長，這是為美國低收入戶培養儲蓄習慣，幫助人們實現財務目標的公益團體。組織運作十年後，EARN已經成長為美國最大的小額儲蓄機構之一，經營得非常成功也十分受歡迎。雖然開設七千個目標儲蓄帳戶幾乎已是業界最高紀錄，但班恩有一天回頭想想，亟待提升財務安全感的美國民眾多達五千萬到七千萬人，而EARN對如此廣大的民眾來說幾乎幫不上忙。

所以他大膽設定目標。在二〇一二年一場頒獎晚會上，班恩宣布到二〇二二年要幫助一百萬人儲蓄十億美元，在場觀眾皆大吃一驚。要做到這種規模的成績，肯定得採用完全不同的方法。以EARN目前派人拜訪客戶和成本效益考量的運作模式，永遠不可能達成。於是EARN調整策略，建立技術平臺來支援成本更低的自助式服務。之後它推出「儲蓄生活」（SaverLife）新專案，第一年存款戶直接衝上八萬五千人，是過去十五年來存戶總人數的十倍以上。

像班恩這樣的頓悟並不會經常出現。當我們汲汲營營於短期成果，很可能會忽視大局。非營利組織面對捐款條件和經費限制，總是鼓勵人們在有限範圍內進行規畫；也就是運用既有資源，找出可行的解決方案，再相應尋找必要資源，而不是根據需求大膽擬定策略。

所以先退後一步問對問題很重要：難道你打算靠一根湯匙舀光海水？換句話說，

當我們面對的是幫助幾千萬甚至幾億人的議題時，我們是否能在成本結構、資金來源和運作安排上找到可行途徑，幫助大部分群眾？要是做不到，我們投入的資源中是否需要挪出一**部分**來尋找可長可久、走得更遠的解決方案？

曲棍球桿型成長

科技產業的創業過程中，企業都渴望實現曲棍球桿型成長（圖2.1），也就是成長曲線來到某個位置，會從緩慢的線性成長突飛猛進為指數成長。新創企業向創投基金募資時，常雄心萬丈地展示這種曲棍球桿型成長圖，說明他們要怎麼征服世界、又為什麼能夠實現高遠目標。

在社會影響力上，並不常見這種指數成長的預測。為什麼？因為很多使命型組織就算做得再成功，頂多停在線性成長的道路，能繼續走下去就很不錯了。儘管這些組織的規模的確不斷擴展，速度依舊很緩慢，也幾乎追不上時代的需求。但要是我們一開始不設定遠大目標、創造巨大影響力，那麼一切當然辦不到。

圖2.1　曲棍球桿型指數成長

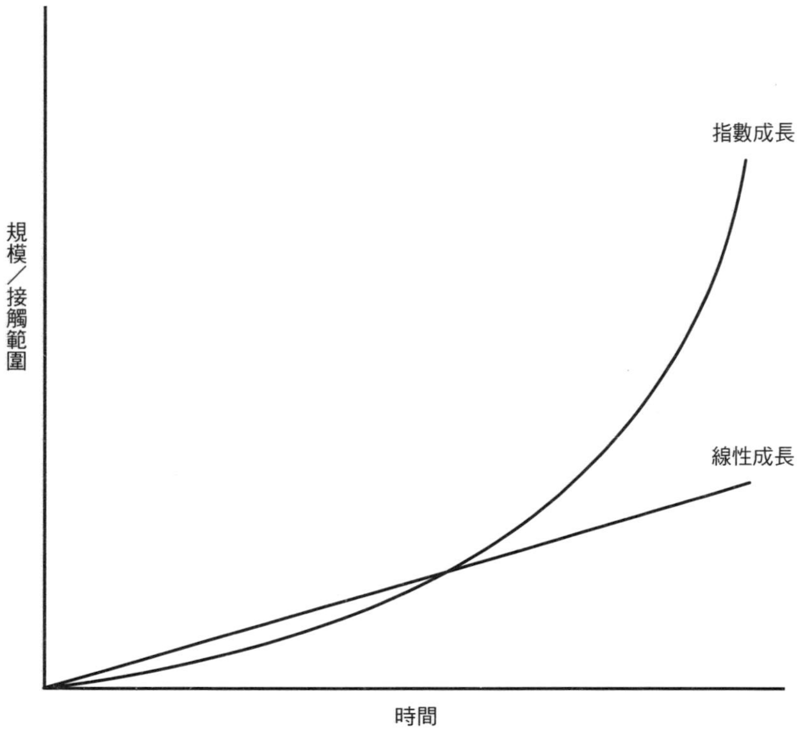

還有一個問題。非營利組織大多習慣於以微薄經費低調運作，每一塊錢捐款應該獲得多少成果，也早有預期。假如獲得一百萬美元捐款來從事人力培訓，每個人補助一百美元，整個專案就會培訓一萬人。一塊錢的成本買到一塊錢的價值，這正是前面提到的線性成長。很少有專案贊助可以提供一小塊迴旋空間，讓組織得以研究與實驗突破性解決方案或創造商業模式，幫助成長曲線脫離線性模式加速上揚。

要擴大社會創新的運作規模，必須將原本線性成長的思考模式轉變為指數成長。首先要大膽改變視野，根據需求規模設定高遠的目標，不能只停留在預期的微小進展。大膽設定目標能讓我們的思考超越個別計畫或機構的局限，找到與時並進且大幅加速成長的業務、政策或可複製模式。我們會在第八章深入探索這些擴展路徑。

但是迥異於商業領域，個別團體擴大規模未必是實現社會使命最好的方式。大多數情況下，必須集結眾人之力採取行動，才能在破碎化的社會生態系中搶救失靈的市場與政策。我們在第十章會繼續探討企業以外的體系改革議題。

為了實現社會公益最大化，我們的思考必須先超越自身與當前組織的限制，為了達成願景而設定大膽的目標，毫不懈怠的尋找方法讓夢想成真。

不確定性策略

我們採取的策略和問題本質常常出現分歧。我們不妨試想，在社區開一家洗衣店和創辦像亞馬遜那樣的公司有什麼不同？對於洗衣店的客戶需求、解決方案和商業模式，各位應該比較能理解。要是社區的洗衣店不敷需求，直接開一家就能填補缺口；而這也迥異於亞馬遜一開始所發下「全世界最大書店」的豪語，因為當時在網路上賣書可是非常冒險的想法。而亞馬遜踏上希望之路前，也必須從產品組合、線上服務到成本效益等各種面向進行許多實驗。

這兩種企業型態的差異在於確定性和發展範圍。在社會部門，我們就像分頭開好幾家洗衣店；但是等待我們解決的問題（想想貧窮世代循環、社會公義和環境退化〔Environmental Degradation〕）都來到一定程度的不確定性和規模，其實更接近亞馬遜的發展。假使我們可以完全理解眼前的問題和解決方案，接下來只要在既定計畫中按表操課即可。然而要是解決方案不明確，我們將難以滿足大多數需求，並且將承擔更大風險，設定更高目標，測試更多替代方案。亞馬遜當初若是像開洗衣店一樣經營，它永遠不會像今天這麼成功。

你可能會想，非營利組織不是應該也可以維持小規模，專注於當地運作？當然可以。但也值得繼續思考幾個問題。你在身處的地理區域能夠接觸到所有需要幫助的人嗎？要是透過自身的成長或與其他組織合作，是否可因提升規模而帶來更大價值或降低成本？你所花費的每一塊錢都能提供最好的成果嗎？如果可以，其他組織、社群或地區是否也能在擴大規模、授權加盟、鼓勵複製或倡導改變的政策下，運用你的解決方案創造更大的公益價值？

指引方向的北極星

倘若你設定的目標是又高又遠的北極星，將不只是你朝向它不斷前進；正因為它的清晰指引，所有和你一起努力的人也會朝著同一方向前進。社會影響力的大小，在於能否結合其深度與廣度；也就是我們能成就多大的範圍，還有足以改變現狀的程度。這其中每一種選擇都會影響運作方向、優先順位、成功的標準和決策執行。要是我們根本不曉得什麼叫「成功」，又如何眾志成城？

Google的祕密實驗室「X」（X, the moonshot factory）負責人雅斯卓．泰勒（Astro Teller）曾指出，將汽車的燃料效率提高一〇％和提高十倍是截然不同的兩碼事。這聽起來有點違反直覺，但他甚至聲稱在某些情況下，提高十倍效率搞不好比一〇％還簡單。事實上很多人試過漸進型改善（Incremental improvements），其餘的可能性也早就消耗殆盡。[1]雖然這兩種情況都試圖提升燃料效率，但是其量化目標因應用的方法與承擔風險程度不同，也就具備完全不同的意義。

在反對設定量化目標的聲浪中，我常聽到的一個理由是：萬一沒達成目標怎麼辦？大家害怕的通常是組織聲譽受損，而且可能會失去贊助者的支持。但是，活動宗旨與理想目標還是有著重要的區別。兌現承諾當然很重要，這關係到建立信任與信譽，絕對需要慎重以對。但是另一方面，設定理想目標也是為了擴展思維和從中獲得鼓勵與啟發。向利害關係人清楚說明差異，目標管理的責任也不再妨礙你撐起大旗，團結眾人的遠大願景。

定義明確的目標至少可以回答諸如**數量**、**程度**與**時程**等基本問題，也就是說達成目標的預定日期、影響的深度與廣度。比如社會企業「小農」（myAgro）設定的目標是「二〇二五年前讓一百萬名小農每天收入增加一．五美元」。經營團隊的目標非常明確，並且持續尋找各種方法來簡化模型、削減成本，因為他們知道財務上的續航力才是達成目標規模的唯一途徑。

對於整個組織或專案，我建議至少以十年為時程來考量，才能聚焦長期目標。著眼大局！朝這個世界需要的規模開始努力；不要受制於眼前的資訊，光挑那些你知道可以完成的事。也許你該問的是：達成你設定的目標後，是否會帶來明顯的改變？幫助社區中的一千人、抑或幫助全國一千萬人的最佳方法，大致來說可能大不相同；然而無論哪一種，都需要從小規模做起。我們稍後在第五章討論**驗證學習（Validated learning）**時，會深入探索衡量目標中期進展的**創新指標（Innovation metrics）**。

我們應該要設定可以衡量的目標，才能做為權衡取捨的基準。這表示衡量影響力與規模都需要明確的數字。你的目標是提升一〇％還是擴增十倍？你希望援助所有人類或動物，或只是針對特定族群、物種或地理區域？不同的選擇將會影響我們如何理解問題和需求、設計解決方案，以及擴展規模的潛在路徑。

有些影響力指標的衡量過程較慢且成本很高，我們在第九章會繼續討論能夠加快回饋循環的方法，避開短期指標誘惑而錯置焦點，例如募款金額，或培訓、服務與其他干預措施的觸及人數。然而金額或人數只能反映出活動是否熱絡，並不等於專案的實質影響力。假使你隸屬的團隊試圖同時解決多種問題，請個別評估每個問題並設定獨立的目標，切忌合併起來考量，反而容易模糊焦點又失去意義。

目的與手段

使命型工作常犯的錯誤，是將目的和手段混為一談。我們可能沉迷在設計和部署，卻忽略企圖達成的最終目標，也並未意識到解決方案的不足。二〇一七年，我在「TEDGlobal」活動主持精實影響力研討會時就遇到這樣的狀況。那場活動中，基於參與者並不太認識彼此，我認為打破距離的好辦法就是讓每張桌子的來賓先自我介紹，分享一些他們最感興趣的問題，再一起找出研討練習的目的。但結果不如預期。

許多小組很快討論起可能的解決方案。其中一組針對野生動物走私販賣議題，反覆討論如何策畫媒體活動進行宣導；另一組則爭辯採用電氣圍欄（Electric fence）技術能否消滅傳播疾病的病媒蚊。我在小組間疲於奔命，不斷提醒大家暫且擱置解決方案，先專注於專案成功、世界更美好的樣貌，於是團隊的目標逐漸明朗。第一個團隊認為應該打擊盜獵，保護瀕危的美洲虎（jaguar；牠的牙齒、爪子、毛皮和虎鞭在亞洲地區可以賣到兩萬美元）；[2]第二個團隊則試圖讓非洲的病媒蚊減少五〇％。我之前實在太低估解決方案的吸引力。

我們容易根據干預措施的進展來描述目標，而非將重點擺在專案的目的上。倘若我們只說「一萬人接受培訓，學習更好的農業技術」，還是不曉得專案是否發揮了成效；但要是說「一萬名農民的收入會增加五〇％」，就清楚地描述出想要達成的結果。後者才能讓我們專注在自己想要做出的改變，迫使我們深入思考原本提出的是不是最好的方法。

為什麼非營利組織常會混淆目的與手段？首先，非營利組織缺乏簡單明瞭的指標。比如商業人士會致力於提升「獲利率」，非營利組織則大多以「解決方案」號召贊助者，大肆推廣行銷活動，最後也是靠它來取得推廣實績。於是解決方案成為組織眾所周知的招牌，也是組織最寶貴的萬靈丹。就算只是單一成功案例，也會讓人產生情感依附（Emotional attachment）；連不重要的干預措施都讓人難以割捨。但我們不應該被解決方案牽著鼻子走，必須靠證據而非信念來驗證成效。

早期最成功的社會企業「照亮」（d.light）創辦人山姆・高德曼（Sam Goldman）

在創業過程中也發現這一點。山姆前往非洲貝南（Benin）擔任和平團志工時，鄰居的十五歲少年使用煤油時不慎嚴重燒傷。山姆因此起心動念，想為當地無電可用的十六億人提供更安全且價格低廉的照明設備。他在二〇〇六年史丹佛大學「超低廉設計」（Design for Extreme Affordability）課程中，帶領團隊研究緬甸和柬埔寨等國家如何達到能源自足。他們發現當時的供電來自汽車用的鉛酸電池，每隔幾天就要派孩子送電池去給發電機充電。於是團隊從這種非正規方式做起，他們的第一個設計是低廉的ＬＥＤ燈「永明」（Forever-Bright），它的電池以柴油發電機充電即可。

山姆很快找到夥伴一起創辦「照亮」，深入研究其他市場，包括印度。這時他發現很多國家不容易找到發電機，所以原先那套解決方案行不通，必須改弦易轍。後來他測試太陽能燈具做為替代品，發現是更好的解決方案。太陽能的神奇令人振奮，人們終於可以一天天不間斷的享用免費照明。於是需求大增。此後又經過多次調整和轉型，「照亮」在六十二個國家及地區銷售近兩千萬套太陽能燈具和電力產品。

精實影響力的核心原則之一是持續不懈的發揮影響力。定義清晰的目標提醒我們應該瞄準多高的位置，而這也是衡量工作進展的標準。我們的解決方案是否帶來顯著的改變？改善的速度夠快嗎？是否達到足夠的規模？能不能幫助到最需要的人？明確的目標可以幫助我們確定是否離願景更進一步，是否還有改進之處，抑或已然偏離方向。

第三章

針對問題，別迷戀答案

普拉西設計公司（Proximity Designs）決定去緬甸和小農一起打拚時，共同創辦人吉姆．泰勒（Jim Taylor）和黛比．翁定（Debbie Aung Din）夫婦也收拾行囊直接搬去當地。他們認為貧窮問題非常複雜，一定要接近問題核心才能了解實際狀況，而深入理解窮人也更能了解當地所面對的現實。

二〇〇四年，吉姆和黛比試圖解決農田灌溉問題，目標是提升農作物產量並減輕每天從遠方取水的繁重勞動。由於現有的汲水設備過於昂貴，於是他們設計出一套價格低廉、使用輕便的腳踏式活動水泵，只要腳踩就可以抽取地下水。所幸他們住在當地，因此裝置設計的每個階段都可以讓真正的使用者參與，也能在每一次迭代改良時徵求農民迅速回饋，甚至天天都能獲得新建議。

普拉西的設計理念是視民眾為客戶，給予選擇和尊嚴。若是免費發送，就要決定誰拿得到、誰沒有，不但讓農民陷入有求於人的尷尬，也徒然在居民之間製造嫌隙。所以他們決定有價出售腳踏水泵。農民購買水泵的決定將明確傳達出他們的顧客感知價值，並提供重要的消費者洞見（Consumer Insight），讓普拉西為客戶負起責任。販售水泵也是企業開闢財務的永續道路，讓它有能力擴大運作範圍和規模。

二〇〇八年納吉斯超級颱風在當地肆虐，普拉西馬上做出回應，迅速了解社區的迫切需求，設計出簡易避難所、儲水罐和生活用品補給包，讓農場工作恢復運轉。雖然國際援助機構和非營利組織紛紛趕赴當地，但一來救援來得太遲，此外外部組織預先規畫的救援方案往往難以配合當地條件。

九年之後，普拉西設計成為緬甸最大的社會企業，其運作範圍覆蓋全國八〇％農業人口，農民收入每年平均增加兩百五十美元，過去五年帶來的經濟效益據估超過五十億美元。

更深入當地

我們在第二章學會建立清晰明確而大膽的目標，再來的問題顯然是如何實現目標。因此執行專案之前，必須先了解需要幫助的民眾和他們身處的困境。

使命型工作的內容通常是服務弱勢群體，例如群體的需求、優先事項、文化和經驗，可能都和前去幫助的人完全不同。因此，我們直覺認定的優先順序以及對群體的理解，很可能反而會誤導我們。從地理、語言以至於社區與方言的不同，都可能進一步引起誤解。除此之外，我們經常得在複雜的制度體系、市場、政府和政策失靈時介入干預，這些意料不到的反效果甚至包括違反當地法律的風險。

說真的，躲在舒適的玻璃隔間辦公室不太可能想出多好的解決方案，畢竟距離問題太遙遠。而那樣的遠距方案多半來自不適當或不切實際的建議，例如為了滿足某群體的需求開發手機應用程式，但其實那群人根本用不起智慧型手機。

相較之下，優秀的社會企業家反而會深入了解客戶以跨出第一步。他們過著什麼樣的生活？生活上遭遇哪些挑戰？有何需求和願望？他們擁有相近或較為一致的生活經驗，還是各自隸屬於不同族群？在直接受益者之外，你的工作可能還會影響哪些人，例如社區成員、政府、贊助者、現有物質供應者和其他利害關係人？他們各自又擁有什麼動機？當你要接觸的客戶背景經歷和你差距愈大，就愈需要投入心力建立信任與理解。這也表示需要有同理心放低姿態，以及更多的傾聽。

如今普拉西研發製造新產品或服務之前，都會預先投入六個星期深入研究。團隊會在典型社區或附近設立臨時工作室，盡可能接近希望服務的對象。工作室的空間則根據服務量身打造，而且一天二十四小時全天候開放，為可能令人驚喜的交流營造出富休閒感的社交場合。團隊能夠藉此融入社區，實際體驗民眾的生活和經驗，更加親近當地民眾。這裡也是啟發和鼓舞人心的工作空間，團隊在此交流創意、激盪想法。

就算你待在家鄉工作，與服務民眾密切互動同樣很重要。社會設計公司「攜手向前」（InWithForward）創辦人莎拉．舒爾曼（Sarah Schulman）博士受加拿大卑詩省政府委託，解決認知障礙成年人在社會遭受孤立的問題。她和團隊直接搬進本拿比（Burnaby）公營國宅，和當地客戶一起生活。他們住在國宅的期間，進行了五十項民族誌與族群研究，發現居民困在過去所謂的「特教計畫」，這些計畫不僅讓受教對象感到乏味，而且更形孤立。

經過團體家屋（group home）的談話與日間課程，團隊催生出一套「庫多滋」

（Kudoz）學習平臺，由一般志工與企業志工提供多項體驗活動。各位可以想像成「優步」（Uber）這類社會服務，而且還是免費的。活動內容包括探索城市發展的歷史、欣賞溫哥華的建築、戶外出遊、抓寶可夢和實務急救課程。庫多滋成為學習和交流的全新平臺，參與者可以自行探索樂趣，活動志工在分享熱忱的同時也能獲得回饋。

空降到新環境，即使只有短短數天或數星期也能產生一些有價值的想法，但這樣通常還是不夠。要想了解你的使用者，不應該只是一次性的投資。當然，最簡單的方式是貼近你的客戶或置身其中，同時整合社區和團隊成員。透過正式與非正式的立即回饋，使用者得以直接參與設計過程，持續提供團隊未曾考量到的看法和意見。

但光是努力傾聽是不夠的，你想聽不代表對方肯說。歐拉羅伯茲大學（Oral Roberts University）教授凱文・史奈德（Kevin Schneider）將幾門阿克曼（Acumen）線上課程和「人本設計」（Human-Centered Design）整合成多學科的綜合訓練方法，讓學生更深入了解貧窮問題。他的學生前往巴西東海岸的卡里荷（Carrilho）執行專案，致力於提升偏遠村落的生活水準。但是初抵達當地評估相關需求時，卻沒人願意和這群陌生的外國人交談。他們很快發現得先和村民建立關係和信任感。於是他們退一步思考，嘗試找當地孩子一起踢足球。之後村民逐漸放下戒心，慢慢的與這群學生熱絡起來。[1]

當我們接觸不同出身經歷的群眾或社區時，**真正**接近問題核心才是良好解決方案的必要前提。各位要是對這個主題感興趣，並想進一步探索，不妨參考一些參與式研究和民族誌研究相關書籍。

考量制度與體系

問題很少單獨存在，而且會受到各領域政策、市場動態和眾多利害關係人等因素影響。雖然解決結構性障礙（structural barrier）、追求改變的想法已經存在一段時間，但到近幾年人們才強調系統思維（Systematic Thinking）的重要性；也就是對問題各要素間複雜的關係進行整體分析。若不先釐清強化現狀的所有互動面向，就不可能帶來持久的變化。「系統圖」（System Map）是個好用的工具，讓我們了解參與者、組織和政策之間的相互作用，以及它們彼此間如何連結、影響和產生關聯。圖3.1是個簡單例子。

圖3.1 「小子搖滾」系統圖（簡略說明）

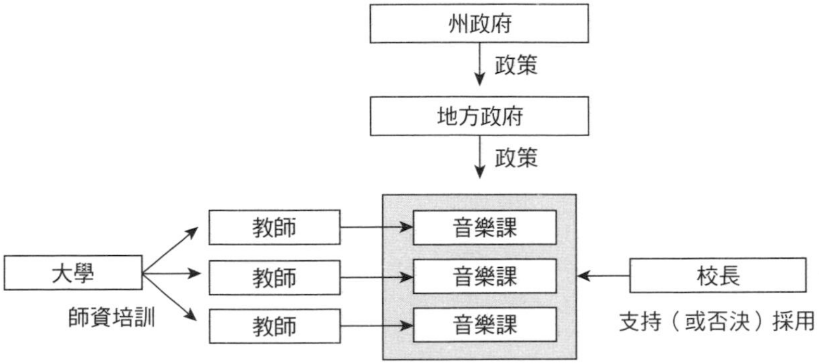

美國紐澤西州郊區非營利組織「小子搖滾」（Little Kids Rock）的發展，正好展現出系統層面上的參與如何產生巨大影響力。「小子搖滾」創辦人大衛・威許（David Wish）的眼神總是閃閃發亮；他熱情洋溢，笑逐顏開，讓你時時感到驚奇。他稱自己是「小學一年級」的專家，因為他讀過兩次，後來還教了十年。他學生時代上音樂課狀況不斷，包括亂唱兒歌而挨罵、無法彈自己喜歡的吉他而被迫演奏小提琴。直到高中時期好友教他彈奏酷到不行的吉他曲，他才再度愛上音樂。

很多孩子對於過去只教樂理、音階、讀譜和聆賞古典樂的傳統教學感到無聊又疏離。然而當年在紅木市教一年級的大衛老師，卻叫學生上臺表演自己喜歡的歌曲。現場反應熱烈！學生、家長甚至幾位老師全搶著上臺大顯身手。

直到此刻，他知道光靠他一名老師無法滿足課堂上激發出的莫大興趣。於是他開始指導其他老師學習他的教學方法。然而學習需求逐漸超出他的能力範圍，他很快知道自己需要一套完全不同的方法。當他將眼光放得更遠，發現如今大學課程即可培養出更多教師，州政府和地方政府透過政策制定課程，各校校長再行支持（或否決）採用新教法。於是他轉而利用現行制度，創辦一套名為「現代樂隊」全新的音樂教程。他不再關注個別教育工作者，而是和大學合作培訓教師，並與政府機關共同推廣「現代樂隊」納入學校課程。現在的「小子搖滾」已是美國公立學校最大的音樂課程提供者，全美四十五州總共兩千四百多所學校的學生參與「現代樂隊」課程。

這種系統圖可以讓我們一目瞭然，深入了解各方利害關係人及其局限、既得利益與影響等關係。我們也能據此辨識潛在的干預點（points of intervention）與參與者，以及我們可以解決哪些問題、又能創造哪些機會。

你的客戶是誰？

我們透過調查、族群研究和系統圖即可蒐集到許多資訊，將目標群眾分類為單一或多個客戶群。每個分類群會表現出一群受益者或利害關係人擁有的共同經驗、願望和挑戰。透過取樣整個組織或社群以避免過度概括化（over-generalization）；因為即便處在大團體中，每個人的反應還是會因背景差異而有很大的不同。藉由取樣的類似經驗或環境，評估這些需求的潛在解決方案，即可了解我們所能提供的價值。

首先設定好主要客群，在專案早期規畫階段即聚焦於這些顧客的「甜蜜點」（Sweet Spot），盡可能滿足其需求。倘若你能夠取悅他們，他們將會是最早採用你服務或產品的人；不僅會給予詳細的回饋，還會幫你宣傳。但假使你打從一開始就想兼顧各方利益，很可能反而無法滿足任何人。先找到熱情的支持者，再由此擴充客群會更容易。各位可以參考臉書的經驗，這個社群平臺起初只是哈佛的學生網站，然後擴展到波士頓各大學、常春藤盟校和其他所大學及高中，最後是只要有電子信箱就能加入。如此循序漸進，讓臉書能夠專注於滿足每個客群的獨特需求。馬克．祖克柏（Mark Zuckerberg）要是一開始就對公眾開放他創建的社群網站，臉書很可能永遠無法抓住一群熱情的粉絲來擴大它的影響力。

亞歷山大・奧斯瓦爾德（Alexander Osterwalder）在其著作《價值主張年代》（*Value Proposition Design*）中介紹了一種精實創業常用的工具：「價值主張圖」（Value Proposition Canvas；見圖3.2）。[2] 圖3.2右半部代表已確定工作、職責及活動的客戶群，知道他們現在面臨的痛苦（障礙和挑戰）和潛在利益（願望與抱負）；左半部則是與之相對應的價值主張，描述我們提出的解決方案如何減輕痛苦、創造利益。

二〇一七年秋季，我在加州柏克萊分校共同指導的「影響力駭客」（Hacking for Impact）課程上就運用這張「價值主張圖」。這個課程根據「精實創業平臺」（Lean LaunchPad®）設計，是企業家兼教育家史蒂芬・布蘭克（Steve Blank）開創的創業體驗教學法。在這套課程中，學生分組測試新創企業的商業主張，每星期至少和十位客戶對談交流以驗證假設，然後在課堂發表體驗和心得以獲得回饋和指導。最近也有「國防駭課」（Hacking for Defense）和「外交駭課」（Hacking for Diplomacy）等類似的軍事、外交主題教學課程。

我們在前導課程將這套教學法帶進第四個領域，也就是社會影響力，討論如何和非營利組織及政府贊助機構合作的主題。學員分組中包括「第一世代」（FirstGen），

圖3.2　價值主張圖

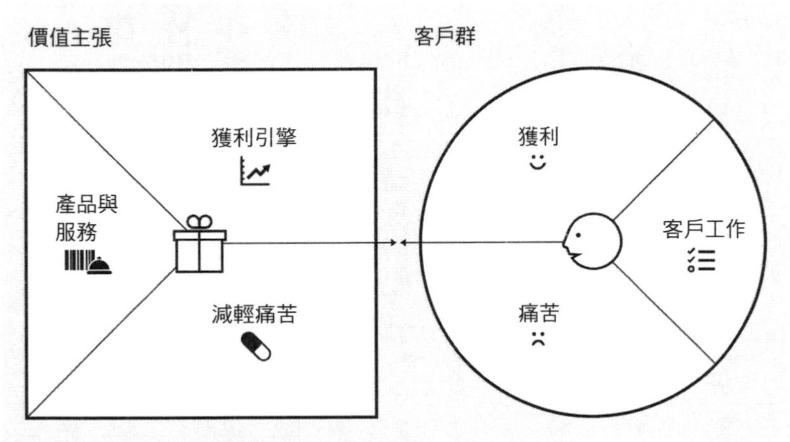

資料來源：Strategyzer AG

這是透過每年舉辦機器人競賽以增進學生廣泛接觸「STEM」（科學、科技、工程和數學）課程的團體。這個團體和弱勢學生深入訪談後發現，目前的「STEM」課程課外活動非常無聊，還會讓他們錯過唯一一班回家的公車；之後從教師們的回饋中也得知工作負荷過重，以至於缺乏時間和資金贊助學生。

針對學生的交通問題和不夠充裕的教師資源，「第一世代」努力提出非常吸引人的價值主張。雖然我並不曉得明確的解決方案，但我還是鼓勵他們投入更大範圍的嘗試，不要固守在原本提出的方法。團隊更深入探索後發現幾個社區中心頗具潛力，這些中心不但更靠近學生住家，而且也不斷推出新的課程。於是團隊調整方向。結果證明，社區中心幾位負責人組成的目標客層（Customer Segments, CS）更適合擔任活動主持人。

在人本設計領域中，訪談和觀察可以大致呈現目標客層樣貌原型或常見的行為模式。透過訪談與觀察獲得的見解，都能在設計過程中激發各種想法，發揮相互檢討、驗證的作用。

社會創新組織「IDEO.org」和貝佐斯家族基金會（Bezos Family Foundation）的合作也採用這種方法，其主要任務是鼓勵親子互動以促進兒童早期發展。第一步是廣泛訪談全國低收入家庭、兒童發展專家和小兒科醫生，並歸納出五大重點，反映許多父母正面臨的獨特挑戰。其中部分父母幼年時期即遭受虐待和情感忽視，因此既沒有育兒上的正面榜樣，也不知道孩子渴望的環境刺激與互動需求；也有些人在同儕間受到孤立，只因為住在危險的社區；有些青少年父母不僅要面對生活上獨特的挑戰，比如繼續完成學業或賺錢養家，同時也因為尚未成年，缺乏足夠的資源來迎接挑戰。這些父母無論在養育孩子或孩子的成長階段，顯然亟需人們關注。

從訪談過程獲得的資訊中，「IDEO.org」團隊找到一些可以提升家長參與的新可能性。有些家庭不習慣一般常見的親子間大聲誦讀方式，團隊會鼓勵父母與孩子多利用日常相處時間，例如在自助洗衣店或購物途中自然輕鬆的對話。一來一往的交談也能促進兒童大腦發育，增進親子關係。貝佐斯家族基金會將這些建議納入「Vroom」的設計和推廣，這是向全美父母介紹兒童腦部發展研究成果的親子教育專案計畫。

要深入了解你希望接觸的客戶或受益者，並沒有唯一的正確方法。重要的是認知到直覺判斷的局限，並且了解那些可能影響客戶採取任何干預措施的動機。而這通常涉及結合定量數據（quantitative data）來描繪實際狀況，以及運用定性技術（qualitative technique）進一步詮釋。

別忘記其他的客戶

當凱特琳・巴隆（Caitlin Baron）被任命為啟明基金（Luminos Fund）首任執行長時，她首先想到的是建立一套創新文化，幫助更多失學兒童重返校園。她馬上買來《精實創業》從頭到尾讀個通透，但是再來她就不知道該怎麼做了。書中介紹的原則雖然很有道理，但她發現多數贊助者還是希望她「在專案執行之前先畫定整個影響路徑」。許多人對於啟明專案推廣到其他國家的計畫很感興趣，但他們也希望「採用嚴格遵照提案的封閉模式」，因此到時就算只是一些適應當地條件的細微調整，比如提供午餐或教科書等肯定難以執行，更不用說尋求援助來嘗試新措施了。很幸運的，啟明基金從列格坦基金會（Legatum Foundation）獲得不受限制的長期資金，為其創業之旅提供所需的運作彈性。

凱特琳的狀況其實很常見。讓社會部門綁手綁腳難以創新的最大原因之一，就是它必須滿足兩種完全不同類型的客戶：一方是使用者（或是受益者），另一方是贊助者。換作在商業界，付錢購買產品或服務的客戶通常也是該項產品或服務的受益者，利益流向一致沒有衝突；而另一方面，企業的投資人或出資者是根據公司的商業規畫、團隊結構和業績表現做出投資判斷，很少干預企業日常支出或產品服務設計等經營細節。

但是在社會部門，常見的資金來源是基金會捐款或政府補助，贊助者通常會要求專案人員提供詳細的活動、成果、人員配置和預算規畫。倘若提案通過，獲得捐助，就按照該計畫執行。在這種強制性的「瀑布模式」之下，要對原始設定做出任何修正都須再次經歷痛苦的協商。我聽過太多面臨同樣情況的組織，它們明知道正在進行的工作根本行不通，卻發現除了繼續下去之外別無選擇。這種狀況當然也阻礙我們運用精實技術來建構最佳解決方案。

贊助者當然有自己的盤算，也很可能與客戶或你的企業的最佳利益相互衝突。例如他們的資助常局限在特定的地理、族群、技術或部門。非營利組織為了順利籌得資金，往往必須做出一些妥協。於是在眾多贊助者及不同的優先事項中委曲求全，到頭來發現組織自縛手腳、原先的理念也早已變得面目全非。

我們會在第十一章深入探討應對籌資挑戰的方法，並在第十二章給予贊助者加強支持創新、擴大規模尋求更大影響力的各項建議。雖說要同時滿足不同的客戶，亦即受益者和贊助者的需求，可能會讓我們在相互衝突的優先事項間左右為難。然而兩者不可偏廢，必須一起考慮。

探索問題

金娜莉・韋伯（Kinari Webb）很喜歡紅毛猩猩，後來前往印尼婆羅洲雨林，熱情地投入保育工作。不過她進行的保育專案和一般人不同，是從她口中的「傾聽基層」開始。她鼓勵當地社區成員找出目前面對的挑戰和需求，詢問大家的想法，再共同執行這些解決方案。而她最想知道的是，人們為什麼要砍伐雨林？又該怎麼阻止？

她發現砍伐森林通常攸關健康問題。當地住民會因為家人生病，而去砍樹籌措昂貴的醫藥費。於是金娜莉深入了解社區狀況，找出了紅毛猩猩棲息地遭到破壞的根本原因，也據此研擬最好的解決方案。成果如何？她創辦的「和諧健康」（Health In Harmony）組織在當地開設醫療診所，並且幫助住民發展替代生計來源。透過不同於傳統的保育方式，如今當地參與伐木的家庭總數已經減少八九％以上。

我們常常在完全理解眼前問題的複雜脈絡之前，就迫不及待跳進某個解決方案。

然而對問題缺乏深入理解，就難以創造正面效應；而且有時任意干預反而會造成意想不到的負面效果。

有一種理解問題的技巧叫「五個為什麼」（5 Whys）。經過反覆探索原因的迭代查詢，我們才能從表面症狀轉向問題的本質。這套方法最初由豐田集團創辦人豐田佐吉（Sakichi Toyoda）提出，豐田汽車生產系統的關鍵技術，即是採取科學態度確定問題的本質。

而金娜莉的思考路徑是這樣進行的：

為什麼紅毛猩猩的數量持續減少？因為牠們的棲息地持續減少。

為什麼牠們的棲息地持續減少？因為人們持續砍伐森林。

為什麼人們持續砍伐森林？因為居民要快速籌錢送家人就醫。

為什麼居民要去昂貴的醫院？因為當地沒有醫療診所。

為什麼當地沒有醫療診所？因為這個地方又窮又偏僻，政府漠視，民間醫療機構也不願意來此地。

像金娜莉那樣和目標客層進行全面深入的互動，是最理想的狀況。就算達不到這樣的程度，簡單的採訪也能幫你更深入且細膩掌握他們的痛苦和願望。我們在柏克萊的課堂上，會要求團隊每週至少做十次訪談，從真正的客戶和利害關係人身上汲取有效資訊。

要想在訪談中驗證問題，最重要的是避免提到你的解決方案。不管你對這項方案感到多麼雀躍。因為一談到解決方案，對話肯定會開始繞著其優缺點、實用性打轉。反而導致真正的問題可能就此藏在水面下，難以浮上檯面。假使金娜莉當初直接帶著一套保育計畫接觸當地社區，可能永遠也不會知道癥結就在於醫療資源的匱乏。因此訪談時必須深入了解客戶真正面對的挑戰、痛苦和挫折；他們現在怎麼解決那些問題？是否獲得任何支援？

探索問題，是為了找出問題的根本原因。無論答案將帶領我們通往何方。要是不先停下腳步深入探索潛在因素，可能會為了修正解決方案而浪費許多時間，最終僅僅解決一些表面症狀，卻無法持續發揮影響力。驗證問題絕非畢其功於一役。我們在修正干預措施的過程中，必須對原始評估不夠完善、問題本質產生變化等各種跡象保持警醒和好奇心。

第四章
尋找「偉大創意」

談到創新，人們就想到一起開動腦會議、工作坊、研討會或黑客松，到處貼滿花花綠綠的便利貼。等到設定目標、找出目標客層，並且了解他們所面臨的問題之後，再開始尋找可能的解決方案。一段好的構思過程可以激發創意、跳脫框架的思考；必須理解客戶來打穩基礎，再注入新觀點，才能真正超越傳統的方法。

大家一起動腦發想、集思廣益的過程可能很有趣，而且令人期待。但假使各位的目標是發揮最大的影響力，也許更好的解決方案已經存在。就像Google和臉書是全世界頂尖的創新企業，但網路搜尋服務並不是Google發明的，社群網站的概念最早也不是來自臉書。它們只是大幅改善演算法、用戶體驗或原始功能。同樣的，當我們太快下結論、宣稱欠缺偉大靈感之前，也許更該質疑我們所欠缺的其實是深入改善做法、適應客觀環境、擴展規模、走入實務面或複製現有的干預措施。

企圖發想出「偉大創意」的謬誤，在於以為一切會就此改變。構思好點子確實很重要，但是不拘泥於特定的解決方案，甚至不限於自己想出來的方法，似乎更容易實現目標。與其只尋找一**個**答案，不如盡可能嘗試每一種可能性，並視實質成效決定。我們會在本書第二部深入探討該怎麼做。

激發靈感，尋找解決方案

當代許多構思技巧來自設計思考（Design Thinking；也稱為「人本設計」，即HCD）。這套方法由設計公司「IDEO」在商業界推廣使用，好的構思過程鼓勵擴散性思惟（divergent thinking），讓各種想法兼容並蓄、相互激盪，甚至是一些稀奇古怪的想法。

我們可以將「構思」過程當做劇場的即興演出，採取「是的，接下來……」這樣的立場態度，而非太快下結論。每一個想法肯定都會有所貢獻，都能繼續延伸擴展，同時將個人好惡、興趣優劣先置諸腦後。畢竟執行長的看法不會比每天直接面對客戶的第一線員工更有價值。典型的動腦會議可以從個人或小組團隊開始，要求成員至少先提供幾個點子，鼓勵團隊跳脫既有框架，一步步提出顯而易見的解決方案之外的想法。因此，動腦會議的初始目標是點子愈多愈好，姑且不論其水準品質。

等新點子陸續到位之後，「收斂」過程隨之展開。可以將之前蒐集的各種點子進一步彙整、分類和延伸。這時便利貼就派上用場。在便利貼上一一寫下每一個點子，再將相關概念的點子貼在一起。這段過程中，某些點子群組可能會再激盪出新的點子，這些點子正是立基於不同解決方案的元素上再次結合。一種篩選點子的方法是限定每個人以便利貼投下複數票，讓所有人共同挑選出他們認為最好的點子。圖4.1即是「和諧健康」組織（見第三章）假設構思的過程。

並不是每個點子都值得繼續探索，但有時候會發現意想不到的寶石。有些點子可能和現狀背道而馳，帶有變革性的潛力；有些也許僅僅比現有的干預措施稍微好一點。但我們要抵抗誘惑，不必太快決定或放棄任何富有潛力的解決方案。對於每個解決方案，我們要從目標客戶的角度來思考價值主張。這個方案可以解決哪些群體的痛點？誰會因此受益？如何受益？同時平衡潛在影響可能帶來的風險。假使可能一舉

圖4.1 「和諧健康」的構思過程（簡略說明）

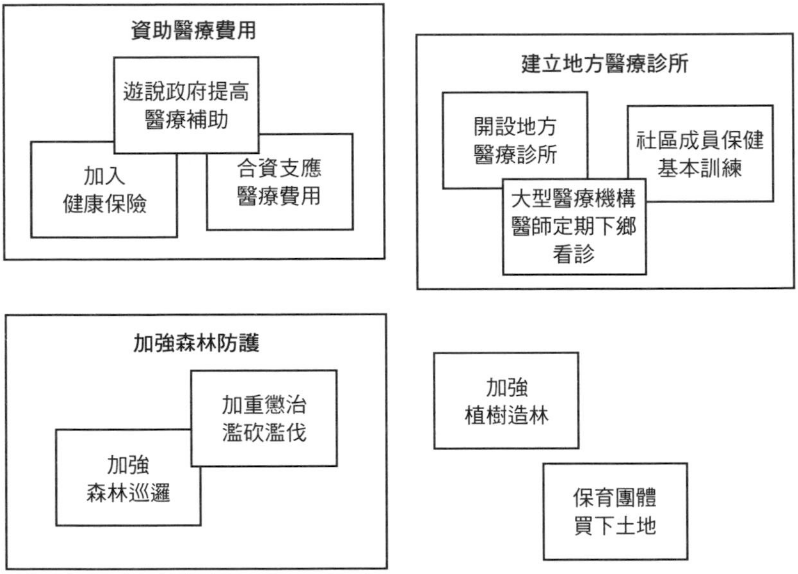

翻轉局勢，就算是非常冒險的想法或許也值得嘗試。最後要考慮大規模採行所需付出的代價。倘若高度個別化的方案只能幫助少數人，是否一般化的大規模做法會更好？這些問題都是我們在真正選定解決方案之前，必須驗證的假設。

參加動腦會議的人甚至比開會本身更重要。偉大的想法通常來自創意與技能的結合。那些最接近問題的人或許無法跳脫現狀與框架的局限，不清楚別人如何解決類似的問題，也可能還不熟悉破壞式創新（Disruptive Innovation）的潛力；另一方面，來自其他領域的專家可能帶來話題噱頭的工具，卻無法完全理解現實動態，這時就需要導入完美合作的協同配方。

從你要服務的當地社區找到寶貴的見解，進一步了解可能的干預措施能否適應當地的現實環境；合作夥伴與政府方面的利害關係人則可以提供關於供應鏈、現有結構和潛在障礙的專業資訊；甚至來自其他地區的競爭對手或專家也能帶來重要觀點。我覺得這有點像古印度寓言中的盲人摸象：大家各自觸摸到不同部位，只能描述自己接觸到的局部情況；要是能夠結合這些經驗，就能形成更全面的圖像。

不過，來自其他專業領域的人可以帶來新工具和新技術。你可以嘗試求助於行為科學家、技術專家、教育家、人類學家、企管專家、政策制定者或藝術家，藉此投入一些新鮮的元素。雖然未必能直接迎來合適的解決方案，但新觀點可以幫助團隊跳脫框架思考。這時就可能出現令人驚訝的好點子。

西非爆發伊波拉病毒感染疫情之際，美國國際開發署發現當時的軟硬體設備均不足以應付這場危機，於是攜手白宮和疾病管制與預防中心（Centers for Disease Control and Prevention, CDC）展開一場變革大挑戰。其中一個很大的問題是，過去個人防護衣的標準配備原是為了具備空調的室內環境所設計；但在西非炎熱而潮溼的氣候中，醫護人員穿上標準防護衣後必須承受攝氏四十六度的高溫，一般人頂多忍受四十分鐘。此外，要安全穿脫防護衣需要兩個人從旁協助，整整花上二、三十分鐘的時間。脫掉防護衣的工作人員簡直連鞋子裡都倒得出汗水來。當時西非的醫療人員就是在這種悲慘條件下與可怕的病毒搏命。

後來這場變革大挑戰的勝利者，是約翰霍普金斯大學和非營利健康組織「傑派果」（Jhpiego）重新設計的醫療防護衣。這個團隊號召動腦黑客松，參與者包括大學新生、機器人專家到運動服製造商，甚至還來了婚紗廠商等各方業者。這些和正統醫療無關的專業人員共同設計出一套連體式防護衣，穿戴時只要一個動作就能像脫繭而出一樣，五分鐘即可安全脫下防護衣。防護衣裡頭還配備一套冷卻系統和更大的防霧透視鏡。這套防護衣後來授權給杜邦公司進行商業化。

我們在構思過程可以尋求許多資源協助，包括書籍、付費輔導員到線上免費內容。當你找到了一個或幾個不錯的解決方案之後，依舊別忘記：持續探索你眼前的問題。

證實可行的解決方案

贊助者和創業者自然想創造出「自己的」東西。但如果擴大影響力是我們的首要任務，那麼採取經過驗證的現有方案、再加以調整，也許可以承受更低的風險，並帶來更高的公益價值。

學術機構和政府單位願意大量投資在相關研究上，但是通常不具備足夠的能力、設備或誘因來推展成功的干預措施。比如美國國家衛生研究院（National Institutes of Health, NIH）和疾病管制與預防中心支付超過兩億美元進行昂貴的大規模研究，研究顯示，經由醫療專業人員進行個別諮商，從各面向改善生活方式，第二類型糖尿病的高危險群發病率即可減少一半。這個研究報告發表於著名的《新英格蘭醫學雜誌》（*New England Journal of Medicine*），豐碩的成果雖令人信服，但受益者除了參與前導研究的受試者之外，並無具體方法足以擴大推行。

後來一位參與研究的國衛院研究員，因緣際會下與印第安納波里斯大都會區基督教男青年會（YMCA）的資深主管碰面。當時他靈機一動。基督教男青年會在當地扎根甚深，工作人員皆富學識，而且增進民眾的健康福祉正是青年會的使命，這些有利條件正是部署慢性疾病預防計畫的堅實基礎。原本由國衛院建構的干預措施，是否可能稍加修改後交由青年會推廣執行呢？於是青年會和印第安納大學展開合作，兩年多來更細緻的改造糖尿病預防計畫。他們發現由訓練有素的員工以小組形式推廣，即可實現類似的成果，而且花費成本比預期更低。試行推廣成功之後，青年會緊接著在全美各地比照推行。現在全美共有兩百多個基督教男青年會持續推動糖尿病預防計畫。而青年會具前瞻性的做法也促使美國聯邦醫療保險（Medicare）做出歷史性決定，二〇一八年起將糖尿病預防計畫納入承保範圍。

學術界和社會服務組織的目標原先並不一致，而且必然存在緊張關係。就算是驗證過的解決方案，還是需要精實實驗確立執行操作程序，以適應不同的背景環境。但學者們幾乎沒有誘因去發展實務工作；而另一方面，非營利組織和社會企業則可能因為這些並非「自己的」構思而加以忽視。畢竟人們只想投資自己想出來的點子。

「證據行動」（Evidence Action）則是其中的例外。這個非營利組織採行許多來自學術界的驗證方案，同時想方設法讓學術界驗證可行的研究轉化為具成本效益且可大規模推行的公共計畫。「證據行動」根據耶魯大學經濟學教授穆巴拉克（Ahmed Mushfiq Mobarak）的研究，在孟加拉測試農民援助措施，提供小額交通津貼鼓勵農民在農閒期去都市或城鎮打工，以解決收入和糧食窘境。該組織幾次實驗下來，不僅將這套計畫的成本減少一半，也讓營運操作流程更加簡便；他們還發現透過左鄰右舍的親身示範，更容易號召農民一同參與。這套「無荒季」（No Lean Season）計畫經過改良、完善之後迅速擴大推行，二〇一七年總共援助達四萬多件，預計二〇二〇年可達到二十萬件以上。

英國政府也在二〇一三年啟動政策指導平臺「有效措施網」（What Works Network, WWN），鼓勵政策制定者和從業人員採行及推廣已獲驗證的解決方案。這個指導平臺由七個獨立機構組成，聚焦在健康、教育、犯罪、高齡化和經濟成長等領域。如今也有不少類似的行動，例如美國教育部和賈梅爾脫貧行動實驗室（J-PAL）合作開設

「有效措施交換所」（What Works Clearinghouse）。各位在投入新點子之前，不妨多看看那些已經有人嘗試、無論結局成功或失敗的做法，然後找出最值得你全力以赴的目標。

使命第一

當企業仰仗人們前來投資時，將財務報酬最大化即是企業的責任。當我們要求民眾信任我們，捐錢或付出時間一起做公益，不是也該負起責任將社會效益最大化做為回報？在這些情況下，我們扮演的是資金管理者的角色。要是不能端出最好的成果，就該讓出位子，換別人來做。

但有時在個人或組織其他優先考量之下，社會效益的回報反而淪為次要任務。儘管合併可以降低成本或擴大服務規模，社會部門仍然極少進行組織合併，畢竟執行團隊和法人董事會都不願放棄自己的職銜、固有文化和控制權。甚至在很多情況下，即使眼前就有現成的解決方案，組織團隊還是會另起爐灶，企圖展現自身影響力。有些人為了爭取捐款，或許會刻意保留有用的資訊做為競爭優勢，不願為了一致的目的而共享資源；有些人則是以政治目的或宣傳為優先，影響力擺在後頭，以致專案執行上雷聲大雨點小，只為一時轟動帶來話題。

長期以來，我和一位社會部門的朋友有著不同的看法。她創辦一家社會企業服飾店，從她的家鄉印度採購手工藝品到美國銷售。她以兼職的方式經營生意，首先去印度鄉下組織當地的女性手工藝者，再回美國聯絡零售管道來銷售這些印度商品。我問她為什麼不將供應方和零售商連結起來，幫助當地手工藝者掌握更多銷售管道，或協助擴大銷售網路讓更多人進入市場。這兩者都可以創造更大的規模經濟，為更多女性從業者帶來利益。而她怎麼回答呢？「我很享受以這樣的方式經營生意，而且是用我的方式。」

要尋求最好的解決方案，或許必須先摒除我們以自我為中心的態度，並且調整組織的優先順序。這也是我將確立目標視為北極星指引的重要原因，如此才能毫不鬆懈的追求影響力。所以，倘若我們設定的目標是幫助幾百萬名婦女提升謀生能力，那麼最好的解決方案是什麼？

再接再勵

抓住一個很棒的解決方案之後，團隊自然會對它產生依戀。畢竟這是他們歷經調查研究，傾注心血、苦思創意，因此而建構出足以產生深遠影響、並且令人們振奮不已的做法。但遺憾的是，創新常常就結束在這樣的「偉大創意」階段。一開始的「偉大創意」構思發想也許很有趣，但是，這只不過是實現社會公益漫長旅程中的一步罷了。

就如同大多數社會創新者的經驗，第一次試行就完美運作的新構想相當少見。即使具備堅實的核心基礎，還是要經過多次磨合、修正，才能全盤解決複雜且多面向的問題，最後通過驗證成為有效可行的方法。然而，客戶也可能受限於成本太高而止步不前，或是在整個生態系統中遭遇其他阻力，無法發揮預期的社會影響力。現實世界就是如此混亂難解，很難原封不動體現來自實驗室的理論。

於是，期待會一次又一次不斷回到原點。還記得精實影響力的原則是「毫不懈怠的發揮影響力」嗎？我們要像科學家一樣思考。一種新藥在研發時或許具備所有成功的條件，但重要的是它臨床實驗上的表現。要是過於依戀、執著於某項方案，可能會因此浪費寶貴的時間和金錢，而忽略另覓其他成功路徑的訊號。創新是一個連續的過程，要跟著證據走，同時緊盯你的目標。

第五章
精實創業的教訓

現在我們已經為問題找到可能的解決方案，但各位請記住，這只是起點。也就是說，這是那一％的靈感；接下來才是創新的核心，九九％的努力，即經由實驗和學習將理論概念轉化為精確且扎實的成果。本書以艾瑞克．萊斯《精實創業》[1]介紹的持續創新過程為基礎，而這樣的過程已經幫助許多企業「長期成長，創造成果」。

「精實創業」的概念最早來自豐田汽車的大野耐一（Taiichi Ohno）和新鄉重夫（Shigeo Shingo）所導入的精實生產（Lean Manufacturing）思惟，藉由授權員工、加速決策週期和即時處理庫存來減少浪費。而艾瑞克的研究成果也深深受到導師史蒂芬．布蘭克的影響，後者在著作《頓悟四步驟》（*The Four Steps to the Epiphany*）中亦介紹其開發客戶的方法。[2]

本書第二部將深入討論，如何運用這些提升利潤的技巧來提升公益社會影響力。但在此之前，讓我們先來回顧「精實創業」的五個基本組成架構，並從使命型組織的角度逐一檢視，後續的討論也將據此開展。

一、**確定假設條件**。你的解決方案必須符合哪些條件才能發揮作用？什麼情況下可能導致出錯？

二、建立**最精簡可行產品**。進行一個或多個實驗，以最快速度和最低成本測試風險最高的假設。

三、採用**驗證學習**。從你的最精簡可行產品蒐集資料數據，和預期的成功標準進行比較，以確定哪些有效、哪些無效。

四、**建構**、**測量和學習**。判定成功與否的最強指標，就是迭代改善週期的速度有多快。

五、**轉向或堅持**。時常退後一步仔細檢視效益消退的狀況，評估是否需要轉向採取新策略；或是大受市場歡迎，可以繼續進行更詳盡的實驗。

基本上，「精實創業」運用嚴謹的科學方法，得以系統性測試產品或服務可能失敗的最大風險因素。有效進行這種測試，即可讓寶貴資源發揮最大的效用。這不僅僅是一段線性過程，而是透過實驗獲取知識，形成一套可供運用的技術。重要的是必須專注在自己的目標上，坦誠面對任何階段知道和不知道的事，不斷學習、不斷改進。

我知道一些使命型組織團隊都在仔細拜讀《精實創業》之後，馬上運用這套方法。這些組織通常是以技術為核心的企業、社會新創企業或營利事業，或是這三者的結合；我也聽過許多人深受這套觀念啟發，卻因資金、文化或關注領域等條件差異，不知道該如何推展。然而這些人都有一個共同點：希望推動公益事業，發揮更大的影響力。

事實上，幾年前由「精實創業」運動分支出來的地方社群「精實影響力」即號召數百位有志一同的從業者。然而當他們的理論遭遇現實的種種挑戰時，還是缺少一個足以回應諸多疑慮的框架規則。假使籌資募款需要規畫預定活動和預期成果，我們要怎麼開展實驗？倘若得經過好幾年才能展現影響力，該如何形成回饋循環？面對弱勢族群時卻還在進行社會實驗，我們這樣算是負責任嗎？要是連員工的薪水都要付不出來了，我們還能到哪裡找資源來進行測試和迭代？

這本《精實影響力》就是要從《精實創業》結束的地方談起，為各位介紹新工具，為這個新脈絡重新建構方法理論，解決社會創新複雜性的獨特障礙。

哈蘭比的故事

要了解「精實創業」的實際行動，讓我們看看哈蘭比青年就業促進會（Harambee Youth Employment Accelerator）的成果。這是位於南非約翰尼斯堡一家傑出的社會企業，我去年曾經前往當地進行為期數週的採訪。當時南非颳起青年失業危機，將近四一％的年輕人（官方定義為十四歲至三十五歲）沒有就業、沒有就學，也並未接受職業培訓。[3]這不僅有損害社會凝聚力、政局穩定，也威脅到整個世代追求豐足生活的能力。為了彌合這道斷層，哈蘭比促進會努力為缺乏正式工作經驗的弱勢青年牽線，引薦他們給尋求人才的雇主。

促進會執行長瑪琳雅娜．依絲坎德（Maryana Iskander）是個嬌小幹練的女性，她熱情活潑，以豁達的胸襟帶領團隊，並且能迅速因應迎面而來的尖銳問題。這般罕見的組合讓她成為令人敬佩的非營利組織領導者，過去她曾在麥肯錫（McKinsey）擔任顧問，也是美國計畫生育聯盟（Planned Parenthood）的營運長。

瑪琳雅娜打從一開始就信奉實驗哲學（Experimental philosophy），要求每個經過測試的點子都要設定量化目標。走在促進會辦公室的走廊上，會發現牆壁上貼滿了姓名、分數和排名的公告。年輕人從踏進大門的那一刻開始，每一項表現和成績都能被量化檢驗。這些數據資料也幫助哈蘭比不斷改進演算法，讓雇主開出的各類工作職缺都能找到最佳人選。

哈蘭比會先和年輕人及雇主進行溝通，了解他們各自的處境與困難。團隊後來發現，許多年輕人不僅缺乏有助於拓展工作機會的社交人脈，待人處事上諸如守時、團隊合作和自我激勵等軟實力也不足；另一方面，缺工的雇主通常傾向雇用第一個來應徵的人，而不是挑選最合適的人選，這也衍生出高離職率的問題。所以兩相配合下，機會來了。哈蘭比的價值主張是對雇主提供更多準備就緒的候選者，日後的留任率也會比較高。於是他們代替雇主進行一些基本考核，測驗應徵者的數學與英語基本能力，卻發現通過的人相當少。這是當地低落的教育水準衍生的可悲現況。

因此哈蘭比轉換方向。它不再考核應徵者的學校知識，而是著重於評估資質能力和學習潛力。團隊運用新評估的資料，選出具備合適的人格特質、富有潛力學習所需技能的年輕人，再經由培訓填補基礎知識。而雇主們只要看到合格的人選就很高興，也雇用了當中的許多人。

哈蘭比繼續緊盯目標、深入了解客戶需求，不斷實驗和改良工作方法。到目前為止，團隊已經幫助五萬多名年輕人找到他們的第一份工作。本章稍後會再談到哈蘭比，以及它如何運用「精實創業」發揮最大影響力的事蹟。

一、確定假設

使命型組織大多是在極端不確定的條件下開展工作。當你看見許多遭遇嚴重苦難、不公義或基本需求難獲滿足的地區時，通常表示市場和政府已雙雙失靈，無力挽救。此刻正是社會部門和慈善團體進場的時機。

對於怎麼做**才**有效，我們會試圖提出各式各樣的解決方案。但我們要如何確定哪些行動**真的**有效？即便面對動態環境的複雜問題和從未測試過的解決方案，我們還是可以系統性的解決相關風險，將成功的可能性最大化。首先，透過建置完備的科學方法進行調查研究，梳理出可能決定方案成敗的關鍵假設。透過預先測試這些潛在的障礙，可以在團隊評估擴大投資時提升信心。

舉例來說，哈蘭比就是在失業青年和潛在雇主之間，即市場的兩端運作，並將雙方的供需串聯在一起。它提出一套名為「橋梁」的培訓計畫，以彌補求職者在軟技能（Soft Skills）與硬技能（Hard Skills）上的落差。這裡的關鍵假設之一是：雇主會對於培訓後的應徵人選感到滿意，進一步雇用為員工。哈蘭比的第一場實驗是針對單一工作群族（金融服務業），找來四十三位求職者和三位願意參與早期試用的雇主。為了限制風險和前期投資，哈蘭比將整個測試過程外包給廠商，由人力資源機構招募潛在員工，再交由廠商進行培訓。結果有效！後來總共三十九位年輕人找到工作，雇用企業也相當滿意。驗證這個基本假設之後，哈蘭比才能夠繼續測試更多假設，提高青年就業後的留任率，降低潛在員工的培訓成本，並於日後和更多產業類型的雇主攜手合作。

哪些事情會出錯？

當我們展開令人期待的解決方案時，自然會對它產生情感依賴。畢竟這可是好不容易找到、足以減輕巨大的苦痛或創造更多機會的管道；另一方面，反對者也會抨擊我們眼中的解方其實並不正統、不切實際，抑或根本是亂來。此時，訣竅就在於從堅信和放棄之間求取平衡，這正是我們所謂的「審慎樂觀」（cautiously optimistic）。

「遊戲抽水機」（PlayPump）水泵系統是全球發展案的經典失敗案例。這個構想當初獲得大筆的捐款和無數獎項，因為它的設計來自一道極富創意的點子：利用孩子玩旋轉木馬產生的能量來抽取地下水進入蓄水塔，取代過去手動式的水泵。這點子實在好到讓人難以置信吧？沒錯，最終這款遊戲抽水機安裝上千座之後，就因批評不斷而畫下句點。二〇一〇年，開發團隊曾誇口裝設四千座遊戲抽水機可為一千萬人提供乾淨的飲用水，然而換算下來，每座抽水機每天需要連續不斷「玩」二十七小時才行。而且「玩」這座機器還頗費力氣，所以孩子們很快就失去興趣，這件沒人想玩的事也淪為村裡婦女的任務。到頭來這個專案浪費掉好幾千萬美元。[4]

就算是最激勵人心的點子，我們要大舉投資之前都必須先確定基本假設是否明智。你當然可以說「我相信」！但最好先回答這些問題：

- 哪些地方可能出錯，最終導致失敗？
- 尚需準備好哪些面向才能發揮效用？
- 大家是否願意支持、採行或選擇？
- 大家是否熱烈支持，而且願意引薦給親朋好友？
- 它是否比現有的方法更具成本效益？
- 它能夠帶來持久的正面變化嗎？

再來就要扮演魔鬼辯護人。也可以將原先參與動腦的團隊成員和利害關係人一起找來確定關鍵假設。邀請那些心存懷疑的人，激發你的思考！這些人才可能看到既有方法的盲點。別以為這只是在搬石頭擋自己的路，事實上這麼做能讓你的方案變得更完備。

但是也別過於吹毛求疵。沒有必要舉出眼前所有可能的阻礙，因為其中大多都可以透過即時修正來加以滿足需求，而我們要找出的是足以決定成敗的最大風險因素或致命假設。從最明顯的地方出發，不斷提出一針見血的問題，並且容許在探索的過程中發現更多問題。

三個假設

《精實創業》指出**價值**假設（value hypothesis）和**成長**假設（growth hypothesis）是最需要企業家驗證的兩個重要假設。但談到社會創新，我們還需要考慮第三個因素：**影響力**假設（impact hypothesis）；也就是第三道問題：「這到底有沒有效？」為了找出產生實質社會效益的解決方案，我們必須同時兼顧這三個假設。明確識別每一個關鍵假設，驗證它們，並且不斷改進以反映在我們追求的成果上。

價值、成長和影響力是社會創新得以成功的三大支柱。我們的解決方案必須為其客戶或受益者提供**價值**，讓他們願意嘗試、接受並推薦給親友。否則，只是一味說服人們使用他們根本沒在使用的產品或服務，不過是緣木求魚。此外，倘若不具備與時俱進的加速成長動力，在缺乏規模經濟的情況下，干預措施很可能逐漸趕不上需求，並且過於昂貴。說到底，我們的終極責任是要產生社會**影響力**！我們不只是要改善人們的生活，而我們真的讓影響力達到最大了嗎？

例如哈蘭比一開始測試雙重價值假設，一方面幫助青年找工作，另一方面讓雇主確定適合的人選。它的成長假設可能包括雇主願意為介紹人力付費的假設；而影響力假設的第一步可能是年輕人錄取後能留任現職的能力，以期進一步降低青年失業率。對於這三個假設，我們會在第二部以一整章來詳加探討，並廣泛提出例證。

一旦明確表達價值、成長和影響力的核心假設，接下來就要進行驗證和學習。當然，需要測試的假設也許非常多，所以從風險最大的開始。如此一來可以找出潛在的問題，在大規模投入資源建構基礎設施、雇用團隊或製造產品之前先改良方法。

那麼，我們應該如何驗證假設？交給**最精簡可行產品**吧！

二、最精簡可行產品

首先找出需要優先驗證的假設，接著建立一道或多道流程來驗證它們是否有效。假設可以是一般信念的表達，比如「我相信消費者願意購買我的產品」；但驗證流程必須可被明確證實或反駁，像是「如果以十美元向二十人兜售，當中六一%的人願意購買」這種「如果－然後」的結構，即可測試假設（「如果」）到預期結果（「然後」）是否準確。假設必須可以客觀衡量，至於結果成功或失敗一看便知，沒有爭辯的餘地。

每個假設都可以運用一個或多個「最精簡可行產品」的對照實驗（controlled experiment）進行測試。不妨將「最精簡可行產品」視為一種最便宜、最快速學習進化的原型。當我們學習得愈快，浪費在無謂事物上的時間和金錢就愈少。每個「最精簡可行產品」都是一種測試，最終比較實驗結果與原始假設以驗證對錯。假使測試後失敗，就根據失敗經驗調整訊息或修正目標再做實驗；在某些情況下，也許需要更加嚴謹的重新設計、或全盤推翻重來才能找到解決方案。

然而在社會部門，許多資源龐大的組織並不想從小規模做起。結果呢？數以百萬計的筆記型電腦、補充食品、爐灶或各類物品被分發到不需要的人手中；那些人可能根本不會使用或不會維護這些物品。也有許多人會接受培訓，但他們同樣不需要那些技能，甚至很快就遺忘。箇中原因或許是出於對日後評估干預措施既昂貴又費時，而且通常最後只發現零星的基本缺陷；而有些解決方案儘管頗具效益，但是成本太高，到頭來僅僅少數人受惠；有的雖耗資設計、運用多面向干預措施，最後卻只發揮很小的影響力，甚至出現意料之外的負面效果。

運用「最精簡可行產品」的目的是為了降低風險。如果能在推廣到千人規模之前，比如十個人使用後就發現或大或小的問題，我們就能節省大筆資金，加快進度，並且避免潛在客戶日後的不滿。我們也可以在投資昂貴的設計、生產和基礎設備之前，為少數群眾量身打造「最精簡可行產品」，並從中探索優缺點，做為值得日後改良的參考。

假設驗證與行為

檢驗假設時，仔細觀察實際行為會比提出假設性問題更準確，也更具啟發性。這也正是「最精簡可行產品」派上用場之處。目的在於創造出簡單的原型或模擬體驗，以快速了解人們的反應：令人困惑？不感興趣？或是希望你趕快推出產品？

事實上，專門建置、應用無線感應器的非營利組織「奈斯利分析」（Nexleaf Analytics）就發現，實際行為和自我回報行為之間存在顯著的差異。該組織早期任務是鼓勵民眾使用生質燃料的爐子（biomass stove），以減少每年導致四百多萬人死亡的有毒排放物。奈斯利在印度一些貧困地區協助民眾裝設堅固耐用的感應器，檢測居民使用爐具的時間與頻率，當地婦女也依照規定回報爐具的使用狀況。然而奈斯利發現，民眾的回答與感應器蒐集到的數據並不一致。真相是當地婦女有時低估、有時又高估了使用量。

最後奈斯利發現，必須將實際使用數據和訪談回饋進行綜合評估，才能獲得最準確的答案。一些印度農村家庭不願使用清潔爐具（Clean Cookstove），組織後來發現這類爐具不受居民青睞的原因其實是設計不良。當地婦女抱怨木柴得劈成更小塊才能塞進爐子，而且一次裝滿的燃料甚至不夠煮一頓飯。

對於使命型組織來說，想要獲得完全坦誠的回饋意見也許格外困難。我們服務的對象通常是存在文化隔閡或權力落差的弱勢群體，有些人可能會過於禮貌或擔心冒犯你，因此只說出他們認為你想聽的話。社會企業「照亮」發現，如果他們只向潛在客戶展示一種太陽能燈具模型，幾乎很少聽到負面的看法；要是同時提供三種燈具供民眾比較，民眾才更願意分享對於不同燈具的喜好。

我們不需要為每個「最精簡可行產品」安裝感應器，然而透過觀察民眾的行為，我們可以更精確的理解真實狀況。

最精簡可行產品的類型

要判斷眼前是否為良好的「最精簡可行產品」，唯一的條件是能快速學習，並沒有其他的硬性規定。那麼，我們該如何設計一個「最精簡可行產品」？各位不妨問問自己，如果你明天要做某件事，怎麼做可以探索你從事該行動的最大風險？換作是下週或下個月要做的事呢？這時若你設計一個「最精簡可行產品」要花上好幾個小時，我得說你太過頭了！「最精簡可行產品」本來就無需完美，覺得不夠好就繼續試錯。儘管可能是個不完美的實驗，各位倘若能為此走出辦公室，親身觀察客戶的行為，也絕對會大開眼界。

重要的是調整心態，從「建構思維」調整為「學習思維」。紙上談兵很容易，做起來並不簡單，因為我們一輩子接受的訓練就是不斷建構。我常看到團隊起初推出簡易的原型（simple prototype），隨著更多客戶支持卻反而快速複雜化，導致團隊很快就專注在產品或服務的運作上，而非持續驗證其他高風險性的假設。

建構「最精簡可行產品」最常見的方法是：創造出最少功能的粗略原型。倘若是軟體程式，可以運用紙製模型或互動式故事板（interactive storyboard）來檢測使用者對功能、界面和流程的回饋；硬體配備的話，以紙板、繩子、膠帶或手邊的物品剪貼組合後也能傳達產品的體驗感。

另一種極端方式是採用較昂貴的現行產品打造「最精簡可行產品」，以測試功能項目、支付意願或不同族群的接受度等問題。使用昂貴的替代產品進行測試，看起來似乎和精實概念背道而馳，但請記住，這麼做的目的是為了避免浪費更多的時間和金錢。一旦能夠深入了解使用者體驗，才能投入更多資金，讓可行方法的成本更低，也更容易成功。

以服務型「最精簡可行產品」來說，可以利用傳單或在網頁上描述服務項目，提供早鳥優惠，嘗試吸引潛在的客戶註冊會員；若想測試服務內容，則可以邀請一小群人參與，提供預定的體驗。也可以像哈蘭比採取外包形式，不必由組織自行建立昂貴的員工和基礎設施。在配銷（Distribution）上，可以提供目錄，手動登記訂單，在建立投資效率化的供應鏈之前先了解產品組合。

我們也可以設計「最精簡可行產品」來測試擴大規模的途徑。舉例來說，當我們想快速發展組織時，也許要張貼招聘廣告，並且確認所需人才的薪資範圍。若想透過組織複製進行擴張，要先成立典型的組織，評估組織在最低培訓程度下能夠複製到何種程度。倘若各位想透過政府協助來擴大規模，就要和現任或前任官員合作，了解政策的動向，掌握發包投標的時間和標準，才能順利進行測試。

這些只是我從各種可能中舉出的幾個例子。一個「最精簡可行產品」通常可以驗證多種假設。大家不妨樂在其中，才能發揮更多創意。無論如何，記得從小規模做起。我們會在本書第二部「驗證」談到更多、更全面的「最精簡可行產品」範例。

三、驗證學習

驗證學習的過程是掌握確實的資料數據以確認假設，排除容易影響決策的情緒和政治操作，只專注在來自經驗的證據。

哈蘭比知道，光是讓年輕人進入職場還不夠。要真正為雇主提供價值，必須解決員工留任率太低的問題。若能做到這一點，企業不但願意付錢讓哈蘭比介紹員工，以後還會繼續回來找它幫忙。所以哈蘭比接下來的任務是：提升各種工作類別的留任率。哈蘭比會在年輕人順利進入職場後，繼續追蹤該員是否留任，並且掌握可能離職的原因。

零售業和休閒服務業是離職率偏高的產業。哈蘭比深入研究後發現，許多年輕人根本不曉得這些工作可能得站上一整天。於是哈蘭比稍微修正職前培訓計畫，盡可能讓應徵者在五天的培訓中站著體驗，學習適應或感受工作的要求。無法適應的應徵者自然會退出，企業雇主才會找到真正做好準備的員工。

部署「最精簡可行產品」之前，要記錄你測試的關鍵假設、預計蒐集哪些資料或數據；最重要的是，設定可衡量的成功指標。在哈蘭比的案例中，提高留任率即是關鍵指標。預先建立衡量標準，可以讓我們保持客觀，防止確認偏誤（Confirmation bias）。緊盯著你設定的標準，引導團隊找到足以證明效果的證據；同樣的，這些標準也是未來說服事業負責人或贊助者擴大投資的扎實根基。

表5.1　虛榮指標與創新指標範例

虛榮指標	創新指標
• 從贊助者籌募五百萬美元	• 價值：九〇%參與者推薦朋友過來
• 培訓一萬名青年工作技能	• 成長：雇主願意支付涵蓋培訓支出的介紹費
• 一百位名雇主同意參加	• 影響：超過八〇%學員獲聘用且工作超過半年

虛榮指標

《精實創業》中提到的虛榮指標（Vanity metrics）、可操作或創新指標（Actionable or innovation metrics），其實沒有嚴格的區別（見表5.1範例）。虛榮指標較偏向累計或加總的參考數值。但由於欠缺成本負擔及後續影響力等數據，光看這類指標並無法得知干預措施是否生效、或者比另一種方法更好。只要時間夠久或大舉砸錢，自然能夠提升影響力。而即使端出再漂亮的數字，有時僅僅意味著有些人很會說故事，也很會籌錢。

創新指標是衡量單位層級提供的價值、成長或影響力。以商業界來說，就等同於衡量單位經濟（Unit economics），例如相對於整體使用者或營收總額的每單位獲利。過去網路泡沫時代，許多創投基金支持的新創企業雖然吸引大量客群，財務上卻持續虧損，最終很快走向倒閉。這是因為支持它們繼續走下去的基本面並不存在。對使命型組織來說，與單位成本一樣重要的指標是單位收益，例如促進社會影響力的採行率、參與度和成功率。這些資料數據可以推動回饋循環，經由實驗進行測試和改良，檢驗解決方案是否順利正確。一旦目標達成，擴展規模上會變得更容易，成本效益也會隨之提高。

虛榮指標就像傳染病一樣蔓延到整個社會部門。各位要是瀏覽你最喜歡的使命型組織網站，保證會在網頁上看到它特別強調曾服務或接觸過多少人次。我在美國國際開發署服務期間，一直承受著公開「接觸」人數的壓力。但我拒絕這種毫無意義的數字。

大多數人力資源發展組織會宣稱曾培訓多少人次，有些甚至會公布曾引介成功的工作職務。然而只要接觸得夠多，自然能找到需要工作的人；只要募到足夠的資金，就可以展開大規模培訓，而一旦來了足夠的參與者，就會有一定數量的人找到工作。但真正的重點在於：我們在每個人身上花了多少錢進行培訓？他們找到工作的比例高低？以及他們能否持續待在這些工作崗位上並且不斷成長？投入最少的錢，在長期任務中發揮最大作用，才能形成有意義的競爭優勢，也才是擴大影響力的真正途徑。

指標是否具有意義，端視你如何運用它們。許多使命型組織蒐集大量資料數據，僅僅是因應贊助者要求，並且主要用於績效評鑑或工作報告上。別將這些按規定蒐集的資料數據，和我們要進行學習與改良的創新指標混為一談。按規矩辦事，並不意味著你正在做對的事。

創新儀表板

除了追蹤學習每個「最精簡可行產品」帶來的啟發之外，還可以將過去只強調虛榮指標的儀表板更新為根據創新指標來追蹤進度。如此一來可以鼓勵利害關係人，確保運作公開透明，也提升人們的參與感。

採用創新儀表板（Innovation dashboard）的重點是，你希望這些指標比過去所採用的更好。如果現在大家都在燒煤，你的價值主張是不是以同樣價格提供更環保的選項？當別的非營利組織推動消弭幫派暴力的計畫，你能否提出更簡便的模式來擴大影響範圍，以更低成本來發揮相同的影響力？若你預計發起一場運動，是否有任何訊息足以號召更多人參與，比其他團體採取更有效的行動？倘若你無法清楚展現自己比別人更好，是否還應該出來爭取原本就極為稀少的資金和社會關注度，請再考慮清楚。

你可以運用創新指標，追蹤讓你的獨特模型發揮效果的成功標準。而這些指標又可以反過來分解成可測試的假設和「最精簡可行產品」，讓你更加靠近目標。

在哈蘭比的案例中，創新指標儀表板可能包括每個求職者的培訓成本、應徵者受聘比例、平均留任率，這些指標都和目標有關。然後進一步做實驗來檢驗假設：比如將培訓課程內容調整為讓學員整天站著服務客戶，這樣的做法是否確實提升留任率。我們可以根據結果適時調整成功標準，但最後都要導向合理路徑，朝整體目標邁進。舉例來說，一旦哈蘭比發現它的價格點（Price point）太高，可能會降低向雇主收取的費用、培訓費用，同時降低預期成功率；但整體策略不變，證明它可以超越替代方案，以同樣成本提供更物超所值的產品。

四、建構、測量與學習

現在我們已經確定假設、建構「最精簡可行產品」，也測量結果、開始學習，接下來該是重來一遍的時候。說穿了，這個「建構－測量－學習」的回饋循環正是「精實創業」模型的核心（見圖5.1）。

圖5.1 「建構－測量－學習」回饋循環

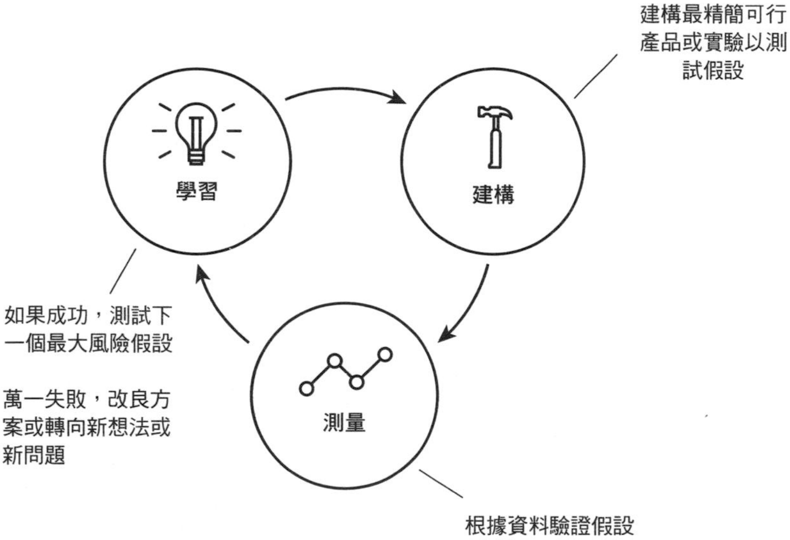

像我這種工程師可能會卡在建構階段，一心一意試圖找出最好的解決方案；科學家則沉醉在蒐集和分析資料數據；蛋頭學者或許就此栽進調查研究深淵執迷不悟。現在我們要拋開心中那個完美主義者，因為創新成功與否最重要的指標，正是迭代改良的**速度**。這整個循環要是能跑得愈快，我們就學習得愈快，進步也愈快。

然而，傳統的贊助模式並不支持這種做法。許多全球發展計畫都是持續運作三到五年後陸續進行期中和期末評估。這表示一整套五年的計畫要等執行兩年半後，才會著手驗證干預措施。而且它們並不會採用「最精簡可行產品」，所以光是評估過程就得花上一整年。等到實際評估結果出爐，也過了三年半！這時，要想進行大幅度的改變都稍嫌晚了。事實上這類評估的作用主要在於防止詐騙和弊端，確認專案執行上是否符合原先規畫，而不是出於學習和改良。

說到快速回饋循環（Fast feedback loop），我們通常比較關注啟動初期。那時我們會快速進行實驗，找尋適合新方案的產品和市場；通常也會採用許多幾乎不影響整體架構的簡化版「最精簡可行產品」。另一方面，建立適當的組織文化和基礎設施，鼓勵「建構－測量－學習」週期循環，同時持續推動創新，讓已然成熟的產品和服務進一步提升性能。

永遠迭代

「加速改變」（Accelerate Change）是輔導社會企業的組織，它也經過「建構－測量－學習」循環的多次迭代，為客戶「公平移民改革運動」（Fair Immigration Reform Movement）開發出一套服務系統。知名企業家維諾妮卡・潔蘿尼莫（Veronika Geronimo）進行了調查，她想知道剛來美國的低收入移民想要什麼、又需要什麼。她發現他們最迫切的需求就是學習英語。

調查也發現，當時現有的語言課程進展緩慢且費用高昂，還未必能有效提升語言技能；一些免費或低價課程則通常得排隊等待，雖有手機應用程式卻不易下載，而且使用之後很容易忘記。維諾妮卡及團隊持續尋找更好的解決方案，提出很多點子，也做過許多快速測試，經歷無數失敗。他們發現光是尋找上課場所就所費不貲，而且多數學生並不容易取得線上內容或進行線上付款。

維諾妮卡團隊認為，學好英語的最佳方式並不是每週上幾堂課就好；而是每天撥出幾個小時在現實生活中使用英語。他們知道免費內容遍布電視、廣播和網路，幾乎無所不在，因此只要給移民一些鼓勵和指導，就能讓練習英語成為日常的習慣。不過團隊若要測試新方法，既有的官方品牌將面臨風險，於是他們打出新名號「革命英語」（Revolution English）推出新服務。

學員可以透過簡訊、臉書和電子郵件，取得共同學習英語的訣竅、提示和沉浸式學習策略（Immersive learning strategies）的資源；團隊會鼓勵學員在日常生活看電視、聽廣播或和親友交談時，一起聽、說英語，同時持續追蹤學員的使用經驗，仔細分析，不斷提升、改良這套方法。這是免費提供學員使用的服務，但可以透過廣告收入獲利，因此得以繼續擴展。

「革命英語」耐心傾聽使用者意見，不斷進行測試，嚴格檢視成果，進而開發商業模式，建立有效又能持續擴大規模的解決方案。一項研究指出，學員採用「革命英語」的「ESL」第二語言課程，每週練習時間增加八小時以上，愈認真上課的學員，期末成績也愈好。「革命英語」的免費服務現在已經超過四十萬人次，預計二〇一八年底將達到一百萬人次。

五、轉向或堅持

幾次「建構－測量－學習」循環下來，要怎麼知道何時可以宣布成功、仍需繼續努力，或是果斷承認失敗？因此我們需要定期檢討。先退後一步，思考我們學到了什麼，再根據實驗做出結論。要是當前的路徑已然走到極限，就要轉向調整，這在創新上非常重要。

我們很容易判斷成功與否。也就是確認你進行測試並改進以後，這套方案是否已經達到成功的標準；包括轉換率、轉介推薦、行為改變和成本結構等項目是否達到目標，以證明該方案可成功運作。若答案是肯定的，就能採取下一步的行動。從小規模做起，可以學習要進行大規模投資前必備的經驗法則。當然風險一直都在。但是千萬別以為實驗已經結束了。正好相反！我們只是做好準備，要進入下一個學習階段，採行更接地氣、更反映現況的解決方案，以及擴大援助規模。

另一方面，就算你並未達標、卻已取得實質的進展，不妨持續透過實驗有效學習，激盪許多新點子進行測試，專心一志，堅持下去。然而，也要小心別成為一廂情願的受害者。大家可能都曾使用微波爐製作爆米花，當爐中嗶嗶啵啵的頻率愈來愈慢，甚至超過兩秒沒有動靜，最好趕快按下停止鍵，否則你的爆米花可能全燒焦了！決定轉向，抑或堅持下去，也必須當機立斷。要是學習和達到目標的進度已經停滯一段時間，就來到重新評估這套方案的時機。比起一切照舊如常，你的學習成果能否帶來新的改良，提升達到目標的可能性？

要是關鍵的假設驗證無效，或整個模式仍然遠遠無法達到目標，那就該轉向了。在《精實創業》中，艾瑞克認為「轉向」的定義是「策略改變，而非願景改變」。各位還記得前面所說的，我們要重視的是問題而不是解決方案，對吧？現在就是身體力行的好機會。我們還是專注在第二章設定的目標，但也到了該考慮新路徑的時候。是否還有足以替代的商業模式、定位、技術或交付成果的解決方案？如果沒有，這個新策略可能需要轉向，透過解決完全不同的潛在問題來達成目標。

一如哈蘭比繼續實驗，想辦法提升留任率。它們首先觀察到一些年輕人即使完成培訓後找到工作，仍不滿一個月就離職。後來發現，原來當中許多人在領第一筆薪水前毫無積蓄，因此負擔不起通勤的交通費用。為了解決這個問題，哈蘭比進一步鼓勵雇主預付薪資，協助新員工暫度難關。

得知交通開銷的重要性之後，哈蘭比又發現員工留任率低落與他們搭巴士上班必須轉車兩、三次大有關係。這些年輕人的薪水原本就不高，倘若還要花費那麼多時間和金錢來上班就更沒意義。因此哈蘭比調整推薦條件，在低薪職務上特別加入交通和地理因素。

但就算各方面都有所改進，對於那些住在奧蘭治農場的人來說還是不夠。那裡從種族隔離時代就是窮鄉僻壤，任何有意義的經濟活動都離他們太過遙遠。哈蘭比針對這些偏鄉年輕人也幾乎束手無策。這時候就需要跳出框架思考轉向。最後團隊靈光一閃：上郵輪工作！反正一次出海就是幾個月待在船上，原本住得再偏僻也無所謂。事實證明，國際郵輪正是最適合這些青年的第一份工作，也是他們得以離開家鄉、在外頭闖蕩一番的好機會。

轉向，成就更大的影響力

如今愈來愈多公司在追求獲利的同時，也將行善放在同等地位。「湯姆鞋」（TOMS Shoes）就是最早這麼做的企業之一。這個品牌強調「買一送一」，顧客要是購買一雙鞋，它就會捐一雙鞋給有需要的婦孺兒童。因此顧客選購流行鞋款的同時，也能感受到自己為對抗貧窮盡了一份心力。

儘管湯姆鞋直至今日送出六千多萬雙鞋子，還是被批評這種慈善模式並未帶來有意義的改變。然而令人讚賞的是，湯姆鞋虛心接受批評，並對「買一送一」的做法進行審慎的研究評估。研究結果顯示，捐贈鞋子的確沒有改善貧窮狀況，甚至沒鞋子穿的兒童也沒有減少。這種做法還衍生出依賴心態，當地製鞋商也因銷量減少而受到威脅。[5]

認清現實之後，湯姆鞋決定轉向。它還是繼續捐贈鞋子，但盡可能在當地製造，建立地方產業以創造就業機會。而且它的捐贈物品更加多樣化，藉以提供更多社區需要的物資，例如眼鏡、乾淨用水和助產士的培訓及相關用品。

能接觸到廣大群眾或是獲利賺錢，並不等同於發揮社會影響力。前面談到的「買一送一」方案的演變，就是凸顯驗證假設重要性的寶貴教訓。我們必須隨時學習，適時轉向。湯姆鞋認真面對影響力課題之後，現在做得更好了。

評估進展

決定轉向或堅持下去，通常得經過激烈的討論，有時會影響個人情緒。因為之前幾週或幾個月以來，你一直灌注心血在原本的解決方案上埋頭苦幹，很難不產生情感上的依賴。這時你可能會猶豫不定，遲遲難以下定決心，這是完全可以理解的心情。在社會部門更是如此，因為我們所做的幾乎都是為了幫助某些群體，如果已經提供援助，如今卻要半途喊停，也許會更加困難。

因此，定期安排會議討論轉向或堅持既有方案，可以確保團隊保持自我檢討反省的習慣，同時紓解日常監督的壓力。就算連續幾次實驗失敗，在整個循環中也是很自然的。建立團隊定期退後一步檢討和反思的紀律感，也許每個月或每季一次，可以帶來一些寶貴的新觀點。各位不妨自問：是否有任何證據顯示，我們眼前這套推定可行的解決方案可以解決問題，而且實現我們的目標？

倫敦人權組織「暫緩執刑」（Reprieve）處理重大問題時，採取的方針是授權幾個小組各自嘗試不同方案。這些自主的團隊會彼此制衡，所有團隊會於每一季共同討論是否需要轉向、抑或繼續進行當前的方案，同時審查各種資料數據，以評估各項工作的成效。透過定期自我檢討、評估的機制，團隊成員將不會過於依賴眼前的措施方案。我們稍後在第九章會更深入討論「暫緩執刑」團隊各種開創性的工作。

追求社會公益的「精實創業」

本章所介紹以實驗和學習為導向的方法，早已被矽谷的新創公司和成熟的企業普遍採用。而且不只是科技產業，各行各業都樂於採用精實方法。艾瑞克・萊斯的第二本書《精實新創之道》也特別介紹全球最大企業之一奇異電子（General Electric Company, GE）的案例，說明大型組織如何整合「創業管理系統」。[6] 現在人們愈發理解到，當前的世界持續快速變化且充滿不確定性，因此迫切渴求新的工具。

透過親身採訪兩百多個組織，以及相關體驗，我也看到這個運動逐漸在社會公益工作中扎根。當然，不管是規模較小的社會企業和慈善家，抑或大型創新團隊，大多數仍只是初步採行罷了。但他們也因此開始提供一些更好的解決方案和實際成果。人們對此保持關注。

這本書將再深入探討採用精實方法實現社會公益、至今所接觸到的獨特挑戰與局限，以及可能在何種背景脈絡下遭受限制。透過先驅者開闢出來的道路，我希望各位可以從中學習，釋放潛力，對社會發揮更大的影響力。

第二部

驗證

大膽設定目標、了解問題，並且確定解決方案，是發揮大規模社會影響力必要的第一步。如同第二章所說，你設定的目標，正是你為美好世界所描繪的理想願景的北極星。我們在第三章也看到了貼近客戶，和他們合作以確認潛在問題的重要性。第四章介紹辨識各種可行方案的技巧。第五章探討《精實創業》驗證解決方案的精實創業方法：識別風險最高的假設，建立可衡量的假設，然後運用一個或多個「最精簡可行產品」進行測試。各位可以參考圖1.2來了解精實影響力工作流程當中，各種元素之間的關係。

第二部要深入探討「驗證」，這是測試、學習和改進的迭代過程，是精實影響力的核心。在創新旅程的這個階段，充滿好奇的探索和謙虛自牧的態度都是必要的。畢竟我們要在複雜的生態系統中，努力解決長期存在且具高度風險的棘手問題。因此很難一開始就構思或找出最好的方法，而一味埋頭苦幹也未必能完成任務。

這麼說不是要讓大家灰心喪志或乾脆認輸放棄，而是必須保持健康的懷疑態度，調整學習心態，每一步都尋求降低風險的方法。畢竟我們必須先會走，才會跑。好消息是，我們擁有歷經時間驗證的科學方法。這就像進行科學調查，確認其中隱含的關鍵因素，制定一套假設，預測結果，再進行實驗、分析實際結果。第六章會解析驗證階段的細節問題，著眼於從小規模做起，並且加快回饋週期。

第六章之後，我們將以三個章節深入探討、驗證干預措施對於社會公益的重要性，並且介紹許多案例。我們需要檢驗哪些類型的假設？如何蒐集數據資料？在使命型組織的背景脈絡中，最精簡可行產品會是什麼樣子？還有一整章專門介紹社會創新的三個關鍵支柱：價值、成長和影響力。第七章聚焦討論我們為客戶和受益者提供的價值。第八章探討各種加速成長和擴大規模的潛在途徑。第九章會處理並解決與社會影響力相關的各類挑戰。在第二部，我們將審視社會創新之路上常見的障礙，以及諸多組織克服障礙獲致成功的策略。

每一次實驗，我們都得冒上尷尬或失望的風險。引進一種明確的成敗衡量標準，原本就會讓自己處於這種風險之中。儘管抱著樂觀的期待、盲目衝撞的態度看似吸引人，然而學習經驗和教訓唯一的方法正是接受失敗。此外，盡可能加快學習才是刺激創新的原動力。

第六章

從小做起，快速迭代

從小規模做起的驗證效果最好。迭代的速度愈快，改良和創新的速度也愈快。早一點學到重要的教訓，才能避免基礎設施、製造和分配上的不當投資，節省寶貴的時間和金錢。也可以將意外的潛在風險降到最低，尤其是與弱勢群體有關的工作。

社會部門的專案通常會在事前仔細規畫，然後一出手就是大規模推廣部署。這種做法等同於一次押注大筆籌碼。我們當然不要這麼做。精實影響力運用科學方法的迭代來取代這種線性流程。設計和執行都結合階段性測試，每一步都踩在前一個經驗和教訓上。你的解決方案要怎麼發展，不是開場會議辯論，而是根據真實客戶與利害關係人的反應及行為等數據資料。「失敗」在這個過程中也是相當重要且自然產生的一環。

本章將介紹從小規模做起的精實影響力原則，討論驗證過程並探索加速學習的方法。一旦確認足以實現社會創新的三大支柱：明確的客戶**價值**、加速**成長**引擎和有意義的社會**影響力**，我們的基礎就更堅實，也能做得更多。一如俗諺有云：「站穩腳跟，才能影響別人。」

從失敗中學習

過去三十年來，世界進步神速，貧窮民眾也大幅減少一半以上。其中大部分的脫貧成果來自亞洲。然而極端貧窮的現象逐漸集中在非洲，約占全球貧窮人口的一半。[1]這些人大多居住在農村地區，以農業為生。

全家人胼手胝足的小農家庭靠著自家薄田勉強餬口，是全世界最貧窮、最受忽視的族群之一。雖然許多善心援助計畫不斷投入，但多數農民每天的生活支出還是不到兩美元，而且也無法獲得現代農具與技術來大幅提升農作產量和收入。二〇〇六年，安德魯・尤恩（Andrew Youn）和麥特・佛提（Matt Forti）從西北大學凱洛格管理學院企研所畢業之後，共同設立「一畝田基金」（One Acre Fund），致力於提升小農福祉。

一畝田基金為非洲小農提供一整套的農業服務，包括改良種子和肥料、培訓耕作方式、輔導進入市場，並且運用農產儲存設施以提高利潤。而相關成本上則多由農民透過融資，以小額費用慢慢支付。截至二〇一七年，一畝田基金的核心專案已為六十多萬名農民提供服務，各種輔導活動為他們帶來的收入平均增加五〇％以上。基金的目標是在二〇二〇年為一百萬名以上農民謀取福利。

但它沒有因此而自滿。一畝田基金仍然持續尋求改善服務的方法，讓農民的生活變得更好。早在二〇〇八年，團隊得知某家國際廠商願意採買百香果製作飲料。而團隊的研究和財務模型顯示，該作物具有極高的經濟價值和潛在利潤。因此，他們向當地農民提出以百香果做為種植作物的新選項。

然而實際狀況並不像研究員紙上談兵那麼理想。農民對於這種不熟悉的作物，態度上非常保留，再加上缺乏廣泛培訓耕作方式。導致收成的百香果品質欠佳，價格也遠遠不如預期。此外，從內陸農場到港口的運輸費用也比原先評估的更高。總之，這項計畫失敗了。

計畫失敗可不僅僅影響一畝田基金這個組織，大量苦於生計的農民也得一起承擔。安德魯發誓絕不讓這種事再次發生。他了解到光是在辦公室裡調查研究靠不住，將龐大的籌碼一次押在未經驗證的方法，風險實在太大。於是他改為採行小規模實驗，讓風險分級漸進，可以更早發現問題，並根據需求隨時調整。透過這樣的做法，他創造出全新的創新架構。

現在，一畝田基金從整個組織和網路協作獲取創新的動力。每個想法都根據潛在影響力、可能採用的農民百分比、模型的簡便性和操作可行程度進行評估。最好的做法就是協同幾位農民一起製作原型，從他們的親身經驗加以學習。團隊也得以進行小規模迭代，快速、低廉的推動改革，降低可能的干擾因素。就算實驗失敗了，損失也不大。原型製作完成之後，團隊才會逐步推行，慢慢擴大實驗規模，以更貼近現實環境的條件逐級擴大驗證已設定的四項標準。首先在苗圃試行，再來是幾十戶農家的田地，最後才推廣到整個地區的數千戶農家。當中許多最初看來頗有希望的創新，後來都因成果欠佳而停止。因此，最終能全面推廣到整個農民網絡的新作物，其潛在風險大多已被克服。

這種研發過程也獲得了回報。根據目前的影響力報告，一畝田基金估計已經產生四到六倍的投資回報。一畝田基金投入創新的努力，在非營利部門中可說極不尋常；它將年度預算的七％全數用於研發。以民間企業來說，公司的研發支出通常會被投資人視為穩健經營與未來成長的領先指標。我們在社會創新上也應該重視研發投資，以期同樣在未來發揮更大的影響力。

成長壓力

常識告訴我們，小失敗比大失敗好。我們一開始只和少數客戶共同測試解決方案，即可降低風險、改良構想，必須放棄時也不會因此犧牲大量的時間、金錢和聲譽。長期下來，我們為愈來愈多人提供已經驗證且更好的解決方案。可是，為什麼還有這麼多社會干預措施在完整測試前就大張旗鼓全面施行呢？

我們每個人都可能沉迷在創新的興奮中，企圖再次超越自己。然而使命型組織往往面臨著獨特的壓力。其中之一是：團隊通常要和受苦的人一起努力，不然就是試圖避免未來某種潛在災難發生。所以，必須做點什麼、甚至做任何事都好的感覺相當迫切。而事實上我們會從事社會服務工作，往往也是因為我們想要改變什麼，不想就此袖手旁觀。我們的內心在呼喚著：一定要採取行動。

要是有機會改善現狀，就算略盡棉薄之力，我們都想盡可能多做一點。這時候已經不管可能造成的後果、工作是否得以延續，或是存在更具成本效益的替代方案。於是許多組織就此一頭栽進去，採用「還算不錯」的解決方案搶先滿足那些最迫切的需求。然而我們要是能放慢腳步，從小規模做起，驗證方法的實際成效，長期下來可以為更多人創造更多好處。

我在全球人道援助非營利組織「美慈」（Mercy Corps）擔任創新長期間，曾親身經歷這樣的狀況。我們的社會創新團隊在二〇一四年募集創新基金，投資建設我們自身的社會企業。這些都是謀求社會公益的新創企業，目標是建立財務永續的使命型企業，在原始投資之後自給自足繼續壯大。第一個設立的新創企業是「臨時工來了」（KibaruaNow），這是類似「兔子任務」（TaskRabbit）的網路市場，目標是媒合肯亞的弱勢青年和首都奈洛比的短期工作。青年人口膨脹導致失業率居高不下，一直以來是非洲最嚴重的社會問題之一，所以這項任務極為符合團隊的使命。

剛開始的時候進展順利。我們在肯亞找到一位相當優秀的領導人，她對商界充滿熱情，解決青年失業問題的經驗也相當豐富，並且擁有非洲頂尖大學的研究所學位。她很快在當地找來一群熱切找工作的年輕人組成團隊，也找到願意付費的用戶。團隊建立簡易而仔細的審查流程來篩選出所謂的「任務者」（taskers），然後展開任務。測試過幾個可能的任務後，他們發現，要是缺乏可靠的信賴關係，用戶並不願意拿錢給年輕人跑腿辦事，或請這些陌生人照顧小孩。所以「臨時工來了」決定從家務清潔著手。

每天都有新任務者被派去客戶家裡打掃，許多年輕人的收入因此增加兩、三倍，公司業務也逐漸成長。但團隊面臨到一個問題，直至今日「臨時工來了」的每一筆交易都是虧損的，一旦資金燒光後財務將出現危機。雖然團隊就成功的衡量標準達成一致，也得到明確的指示，在單位經濟獲得驗證之前維持小規模作業。然而，團隊無法拒絕那些迫切需要工作的年輕人上門求助，於是將更多的精力投入業務經營，不做實驗找尋方法來降低成本和提高收入。到頭來遲遲找不到可獲利的商業模式，只好關門大吉。

很多時候，成長的壓力不是由內部產生，而是來自外部。大多數贊助者希望看到他們提供的資金取得實際成果，這表示相關數字愈大愈好。因此非營利組織、社會企業、基金會、政府機構和影響力投資人的網站上滿滿都是接觸多少人次，以及進入多少社區、學校或小型企業等虛榮指標。但是這些粗略的數據只能顯示活動狀況，並不代表干預的成效。

有些組織可能進一步採用福利綜合衡量標準，例如挽救多少生命、受教育的孩童人數或增加多少收入。這般顯著的改進當然是一種正向效應。但這會不會只反映出籌到很多錢來辦事而已？別的組織拿同樣一筆錢說不定可以發揮更大的影響力？我曾經聽過一項專案協助村莊小農總收入增加達一百萬美元，真是太棒了，對吧！後來我才發現這項專案花了足足一千萬美元。

嚴酷的財務現實也可能導致組織過早結束驗證，只想盡快做出成果好交差了事。一般來說，非營利組織和社會企業的營運規模比較小。有時為了避免裁員，必須接受與組織策略不同的捐款才發得出薪水。這沒什麼好羞恥的。但千萬不要陷入籌資和優先考慮贊助者的循環泥淖，反而迷失團隊的最終目標。倘若你很清楚自己只是暫時妥協，並將這一次的妥協嚴格控制在一定的範圍內，你還是可以走回驗證的道路，實現你的願景和目標。

價值、成長與影響力

若是在商業界，很容易識別成功的跡象。使用者要是喜歡某個產品或服務，不僅會購買，還會分享給親朋好友，然後會有更多人來購買。該產品或服務的使用者通常也是購買者，所以價值與成長的相關假設往往是一致的。因此，大多數商業設計案只需集中在驗證消費者價值上。

另一方面，使命型組織的工作則複雜得多。不僅在價值與成長上涉及優先事項不一的各方客戶，與此同時，組織的真正目標在於發揮社會影響力，而非獲利。因此，一個成功的方案必須同時滿足社會創新的三大支柱：價值、成長與影響力（見圖6.1），而它們有時還會互相衝突。

我們通常從價值出發。畢竟要是不能為受益者帶來價值，我們的解決方案很可能就不會被採用、購買或推薦給更多人。當人們評估這項方案的價值時，其實際行動會比口頭回饋更能反映問題。假使直接詢問是否喜歡產品或服務等假設性問題，就算得到正面回應可能也只是出於禮儀；但若人們迫不及待來找你，還拉著親朋好友來，你的方案想必能解決正橫亙於他們眼前的問題。當使用者能夠從你提供的產品或服務中

圖6.1　社會創新的三大支柱

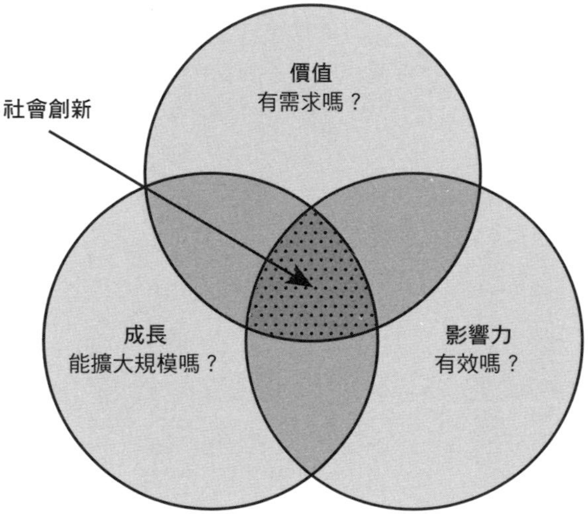

挖掘出愈多價值，就愈能推動團隊成長，最終產生影響力。

關注價值的同時，我們也要考慮能夠推動加速成長的長期引擎。許多干預措施透過盲目灑錢而得以擴大規模，等善款用罄後才能實際評斷這套模型的規模運作能否持續下去。問題來了，倘若專案引進新的成長策略，而且涉及層面廣泛，很可能迫使解決方案必須全盤推翻重來。換成是市場導向的商業模式，則需要根據支付能力瞄準較低價位。複製或授權加盟只適用於簡單、明確的干預措施，第三方不必接受太多培訓或專業技術就能做出一樣的成果。若是經由政府分配部署，你的成本和流程必須符合現有的預算、政策和政治條件。盡早測試成長引擎，你的解決方案才能不斷改良發展，隨時間推進而擴大規模。

當然，我們的終極目標是產生社會影響力。就算大家愛吃洋芋片，你也有一套好方案來賣洋芋片，但這樣能夠帶來什麼社會效益？影響力假設通常也最難驗證，因為最後到底能發揮多大的影響，也許需要好幾年才能證明，比如提升高中生畢業率、減少犯罪的再犯率、對抗氣候變遷或結束暴力與貧窮循環等挑戰。然而，我們也可以找出簡化的代理模型，判斷眼前的方案能否快速起步運作，並據此改良方案取得成效。發揮令人信服的影響力，不僅能夠提升價值認知，也能進一步鼓勵人們採用或參與。

這三大支柱要是缺少其中一個，又會是什麼情況？使用者若覺得價值不夠吸引人，就不會想要這個解決方案，過去在奈及利亞和巴基斯坦鼓勵民眾施打小兒麻痺疫苗即是因此陷入困境。儘管疫苗已經證實有效，也獲得全球政府資助，還是有些家庭基於宗教信仰、或聽信健康風險的謠言，以及不信任醫療人員等因素而拒絕接種。類似這種缺乏價值認知的狀況也阻礙了清潔爐具、衛生廁所、蚊帳等許多干預措施的推廣。

倘若一直找不到加速成長的途徑，就可能淪為非營利組織ＥＡＲＮ的處境。這是我們在第二章談過，幫助美國低收入戶儲蓄的非營利組織，他們的解決方案極富效率，也充滿理想，但對於真正需要幫助的民眾卻是杯水車薪。這種情況在社會部門真的太常見了。太多解決方案的規模在達到需求水準前就停止成長，無法擴大影響力。這不僅僅漏接了許多同樣處於困境的人，而一旦做不出經濟規模，整體的資金效益也會顯著降低。

要是無法實現預期的社會影響，即便廣泛推動干預措施，也不會帶來原本承諾的利益。我們會在第九章深入討論。例如微型金融（Microfinance）已經推行數十年，接觸上億名客戶，但是近來嚴格評估其成效後，認為實際效益和最初提及增加收入和婦女力量等願景並不一致。阿比吉特·班納吉（Abhijit Banerjee）和艾絲特·杜芙洛（Esther Duflo）引人入勝的著作《窮人的經濟學》（*Poor Economics*）中即詳列全球發展領域諸多類似的失敗案例。[2]

很少有使命型組織從一開始就接受社會創新，並且完成三大支柱的驗證。也因此賠上了許多人寶貴的時間、金錢，甚至生命。這正是社會部門整體而言潛力雖大、卻表現欠佳的原因之一。要是前期能夠更加審慎，確保解決方案滿足使用者的實際需求，同時找到持續成長的引擎並實現預期的社會影響，長期下來即可創造更多社會效益。

有些組織是領頭羊，積極運用工具和技術來實現價值、成長和影響力。它們都擁有忠實的用戶和支持的民眾，以及相關贊助、代表名人和諮詢顧問。但在大多情況下，三大支柱通常各自孤立，很少被同時整合思考。透過人本設計和行為科學的推動，價值或群眾的期待成為主流；而發展經濟學家、具規模的慈善運動，以及許多重視驗證的非營利組織和贊助者的支持，也讓評估影響力的重要性持續受到關注，儘管這部分並不常被整合到迭代學習的過程中。也許最不普遍的，正是能夠促使解決方案臻至一定規模的成長模式；而這些需要來自探索創新商業模式的社會企業家、與政府合作的大型非營利組織，以及其他鼓吹體制改革的組織（例如斯科爾基金會〔Skoll Foundation〕）等業界領導者。

做為下一個新興領域，「精實影響力」提出從踏出第一步就包含價值、成長與影響力的完整方案。當中沒有捷徑，切忌一步到位的想法。要想發揮大規模的社會影響力，我們需要同時實現這三個目標。

階段風險

我們如何決定要先測試哪些假設？這並沒有簡單的公式可依循，主要需考慮風險、時間和成本。我們的目標是投入最少的時間和金錢，但要消除最大程度的風險（見圖6.2）。最好先從最致命的假設下手，因為該假設具備高風險且攸關方案成敗。關於這一點，組織內部或外部心存疑慮的人士也可能各有異議，要給他們機會提出他們的擔憂。

風險最高的假設大致能分解為幾個較小的假設，然後再運用幾個最精簡可行產

圖6.2　替諾福韋的優先假設（簡略說明）

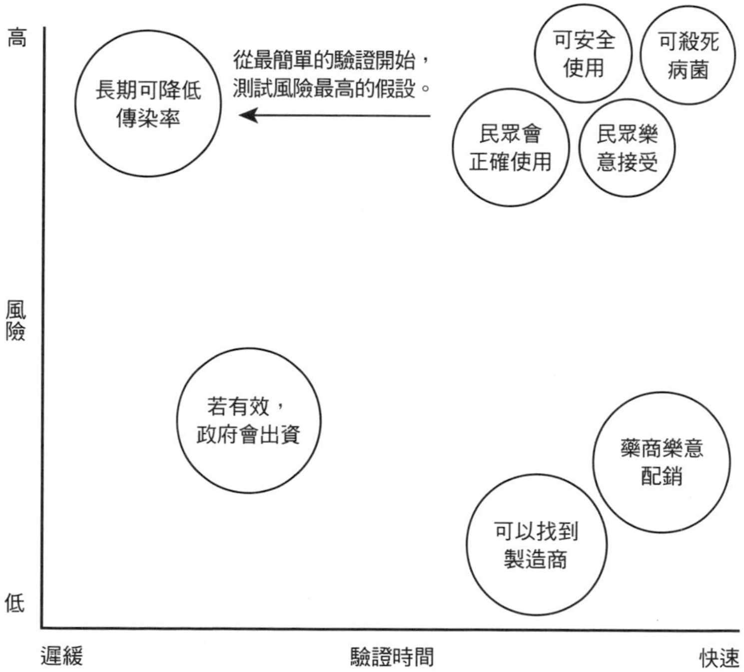

品逐一進行測試。只要發揮創意，「最精簡可行產品」也可以變得非常簡單。我們要做的是，運用最簡單的原型、最少人員和最快速的實驗來幫助學習。單一測試也許只能揭示假設的其中一個階段，還是可以提供足夠的洞察和解析，快速驗證特定路徑無效，或讓你信心滿滿繼續進行更昂貴的測試。

當然，有些假設在測試上比其他假設需要更多時間，例如提升教育水準、打破貧窮循環或改善健康等長期影響，都需要花上好幾年才能完全展現效果。而透過隨機對照試驗或類似工具取得影響力的精確證據，過程也可能既緩慢又昂貴。但我們不能因此鬆懈，還是要盡可能把握機會學習。圖6.2左上方即是風險最高的假設，要想辦法先分解成幾個能夠預測最終結果的先期指標，並且以更便宜、快速的方法進行測試。我們在第九章深入研究影響力假設時，會進行更多的探討。

在某些情況下，例如涉及醫療藥物、設備和程序等因素，法規甚至會要求在部署解決方案之前要先完成隨機對照試驗。但這不表示我們只能盲目摸索。以替諾福韋（Tenofovir）為例，這是一種用於預防愛滋病毒（HIV）傳染的陰道凝膠，早期在高度控制的環境中進行臨床實驗，證明它確實可以安全使用，而且能有效殺死病毒。由於實驗效果很好，大型贊助者提供數百萬美元在南非進行三年的第三期臨床實驗「事實〇〇一」（FACTS 001），這是取得上市許可的最後步驟。結果呢？實驗結果顯示，安慰劑組和治療組在統計上並無顯著差異[3]，這是怎麼回事？

後來發現參與實驗的女性並沒有按照指示，在性交前後持續使用凝膠。儘管替諾福韋在受控制的臨床環境中極富成效，應用於現實生活時卻因不便使用而變得不切實際。當你與伴侶處在天雷勾動地火、一觸即發的時刻，還要其中一方喊出休兵、使用凝膠幾乎是不可能的事。當然三期實驗是不能跳過的。但若能先做期程較短也較便宜的測試來了解女性的偏好和實際狀況，在擴大影響力之前先驗證其價值，也許就能在投入大規模實驗前就先行改良使用方法，或直接放棄該藥物。

決定測試的順序和測試項目一樣重要。首先從小規模起步，同時著眼於風險最高的假設。等排除那些顯著的風險之後，才進一步展開更複雜、昂貴的實驗。

快速迭代

一旦決定要進行測試的第一個假設，驗證週期由此展開。每次迭代都是從一個假設（assumption）開始，設定一套假設程序（hypothesis）來驗證假設的真偽。建構一個「最精簡可行產品」進行測試，做實驗以衡量反應，判斷假設是否符合事實。即使初步結果為肯定，我們也要考慮更多層面、不同條件或更多的樣本數。要是判斷結果可信，也許就能測試下一個最高風險假設；倘若結果是否定的，則須退後一步，考慮是否需要改進測試方法、解決方案，或者進行更重要的轉向。

成功最關鍵的因素，不是設計完美的實驗，而是把握每一輪回饋循環的速度。回饋循環是學習的基本單位。要是得花費數月甚至數年才能鞏固學習，將經驗教訓導入計畫方案，過程中會錯過許多糾正路線的機會。這就像在海上行船，卻不查看方向、速度、位置和海象等資訊，當然難以維持有效的航線。藉由縮短每一次的迭代時間，即可加快學習改良的速度。

換成是線上服務，在開發原型和回饋循環上會相對容易。盒裝軟體轉變成雲端線上服務的同時，矽谷也正如火如荼開發，這顯然不是巧合。Google和臉書等企業每天進行上百項「A／B」對照實驗，比較目前服務（對照組A）和新介面或演算法新版本（實驗組B）的優劣。有些只是版面設計、語言或顏色的細部調整，其他可能包括研發新功能、修改演算法，以及針對產品或服務更引人注目的設計。現在，幾乎所有線上網站都會進行分段推展，先從較小、且相同群組的「A／B」對照實驗確保任何更新都能順利運作，才會真正進行升級改版。

當然，大多數的社會創新並非線上服務。這表示測試上不僅需要人工操作，而且不會那麼即時。但大原則是一樣的，從一小群人開始，設計最簡單的「最精簡可行產品」來加速迭代時間，以驗證假設。「頂峰公學聯盟」重新配置教室的測試只花一個星期；「奈斯利分析」設計偕同幾位家庭主婦打造出幾款不同的爐子；「一畝田基金」如今也會先找幾個農民來測試新作物。

社區服務「庫多滋」體驗平臺剛開始設計服務原型時，找來二十位存在認知障礙的成年用戶試用模擬目錄，由團隊成員模擬活動主持人一星期，讓用戶先行嘗試首次線上體驗。由於這些用戶大多是非語言溝通，平臺會運用一系列視覺和觸覺材料，供用戶在體驗前後辨識自身情緒，甚至拍照查看肢體語言。「庫多滋」因此得以衡量用戶意願、能力和參與強度的變化，確定用戶對產品的接納程度，研判是否產生正面效應。

接下來三個小節將分享許多組織測試價值、成長與影響力假設的例子。

蒐集資料

DRK基金會（Draper Richards Kaplan Foundation）的公益創投慈善家與幾家新成立的社會企業密集合作，發現嚴謹蒐集數據資料的文化，正是發揮更大影響的重要動力。即時掌握高品質資料才能公正研判實驗結果，排除潛在偏見，做出符合科學的決策。也可以持續監控性能、推動改進，並且迅速發現問題。

雖然我長期任職於科技領域產業，但在因應全球發展的各種挑戰上，我認為不能只從技術面出發直達解決方案。在低收入國家，民眾通常沒有基本的能力認證，甚至欠缺讀寫能力。因此當你第一次了解當地的潛在需求時，一個很酷的小工具反而很可能會造成誤導。我發現從模擬解決方案出發通常更具效果，並透過迭代改良深入理解問題，之後才能考慮將數位自動化（digital automation）做為降低配銷成本和擴大規模的手段。

然而，我也發現科技的確可以改變現狀，同時改變資料蒐集方式。無論是擷取、分享或分析資料，數位科技在速度、準確性和靈活度上都是無可取代。賴比瑞亞爆發伊波拉病毒期間，最大的挑戰之一就是精確掌握傳播率、區域擴散和衛生醫療服務能量等重要資訊。美國國際開發署派駐賴比瑞亞的援外團隊成員發現，這些資料數據通常以紙本蒐集，派人騎摩托車運送，還得在幾個不相容的健康醫療系統中多次人工鍵入資料。這個過程當然既緩慢又容易出錯。

即時而準確的資料數據是驅動回饋循環的燃料。實驗和「最精簡可行產品」的目的不在於原型本身，而是那些可以顯示有效或無效，提供我們學習、適應和改良的實驗結果。

跨國非營利風險基金「阿克曼」（Acumen）的**「精實資料」**（**Lean Data**）方案運用低成本技術為社會企業蒐集客戶回饋與社會指標相關資料。其目的是推動回饋循環，比傳統測量工具更即時掌握相關資訊，深化影響力。包括實地指導、線上課程及最新資訊等更多資源，請至網站查詢：http://www.acumen.org/lean-data

我們在第一章談到頂峰公學聯盟運用技術平臺來管理課程、評估教學和學生資訊。透過分析這些資料，頂峰可以快速了解哪些方案有效、哪些無效，並據此迅速修正改進。像這樣的企業資料系統，雖然大多專注在與用戶相關的技術變革潛力，也可以在加速創新和改良結果方面發揮巨大作用。

隨著手機普及和大數據工具日趨複雜，幾乎任何地方都可以運用數位方式蒐集和分析資料數據。「生活用品」組織（Living Goods）成立於二〇〇七年，是透過類似雅芳（Avon）這種健康企業網路改善農村醫療與公共衛生的醫療服務企業。當時烏干達只有三成人口使用手機；五年後，手機普及率達到七成，該組織也將數位資訊調整為優先項目。組織創辦人查克・史洛特（Chuck Slaughter）發現這樣的改變極具意義：「資料轉移從腳踏車速度變成光速」。「生活用品」運用數位工具來降低成本、提高準確性，同時節省下從現場取回資料的時間，大幅提升學習速度。

三十位社區公共衛生人員參與測試一項實驗，測試內容是一套用於登記孕婦資料的安卓應用程式，這項實驗由兩名肯亞程式設計師建立，總共花費不到兩千美元。透過這個應用程式簡單的用戶介面，公共衛生人員能夠準確識別、掌握孕婦資料，正確性與完整性從原本僅三五%大幅提升為八五%。「生活用品」透過這種早期辨識功能，得以即時提供健康和營養建議、標記風險因素、監測危險跡象及必要時協助轉診醫療機構，解決許多民眾的健康需求。

感應器技術和物聯網（Internet of Things）的成本降低、功能日益精密，為低成本資料蒐集另闢新徑。「奈斯利分析」如今正利用雲端技術連結感應器，遠端監控疫苗的冷鏈儲存和清潔爐具的使用情況。一些尚未完全自動化的技術型解決方案也可以再劃分成幾個步驟。美國紅十字會（ARC）在非洲各地難民營廣設一套即時回饋系統「來吧！來吧！」（Kuja Kuja），追蹤使用者對於供水、醫療衛生和其他服務的滿意度。紅十字會還雇用難民駐守幾個服務地點，以平板電腦進行民調，詢問民眾兩個簡單的問題：你滿意這些服務嗎？你有什麼想法可以改進我們的服務？調查結果也上傳公共平臺公開分享。

許多專案面臨的共同問題是，使用者結束活動參與之後完全沒有後續追蹤。「哈蘭比青年就業促進會」則不然，它們會於兩年內以每四個月一次的頻率透過簡訊追蹤，掌握南非求職青年的發展狀況。那些求職的年輕人會持續回報工作是否穩定、有無升遷或失業，以及哈蘭比是否有助於自身求職等意見。藉由三〇％的回報率（持續提升中），哈蘭比得以蒐集許多重要意見來調整產品與服務。

當組織蒐集、整理和分析愈多資料，分析工具就能更加精準預測趨勢，並且了解相關性、提高辨識機會。也許有一天，亞馬遜網頁上推薦「你可能也會喜歡」的產品的演算法，會被用於預測哪一種干預最有效、還能讓哪些人的生活變得更好。

成功標準

實驗開展前先建立客觀的成功標準，才能平衡或抵消一廂情願或資源匱乏引發的集體迷思。我們設定目標，並不是因為這件事你可能做得到，而是根據是否有必要達成這項目標而定。這通常反映在相對於現狀的顯著改善、成本結構上可持續擴展，並且務實評估如何整合不同要素實現預期的結果。例如我們得敲幾戶人家的門才能得到一次正面回應？要讓多高比例的接受者（recipient）正確使用產品，並藉由訓練改善健康、減少犯罪或回應環保訴求？民眾回訪或帶朋友過來的頻率有多高？

需要注意的是，這些**創新指標**來自基礎單位（unit）度量，也就是每一百次的嘗試中，期望結果出現的頻率有多高；反過來說，**虛榮指標**通常只有一個絕對值，而且只要投入更多資金、時間或人員就很容易操弄。表6.1以干預措施提升小農收入的假設為例，簡單說明成功的標準。要接觸當地五〇%的農民，可以請銷售人員主動推

表6.1　成功標準範例

成功標準	假設（測試）	目標
價值：當地50%農民參與	活動推廣的參與率	30%
	首季種植後平均推薦人數	2
成長：農民邊際回饋淨值10美元	農民願意為種子、肥料和培訓支付的金額	200美元
	貸款清償比例	95%
	原料及人工成本	-$180
影響：參與農民收入平均增加 70%	作物產量平均增加率	90%
	變質或滯銷損耗率	20%

廣。推廣活動或許能吸引三〇%農民前來參與，剩下二〇%也可能是由這些農民推薦而來。為了維持財務穩定並且持續成長，我們可能要從每一位參與農民的淨利中尋求少量回饋。他們願意支付的金額必須高於我們的邊際成本（Marginal Costs）；要是我們提供貸款，也要考慮日後違約拖欠的比例。最後，假使整體目標是讓收入平均增加七〇%，考慮到為倉儲腐壞或市場失靈預做準備，作物產量或許也該提升到九〇%。

請注意，這些可以個別測量的假設，每一個都能經由實驗驗證。倘若證實為真，應該可以達到相關的成功標準；要是驗證過程有問題，可能就需要調整策略。比方說，若一開始只有二〇%的農民回應推廣人員，未來要是這些人都願意推薦給更多朋友，還是可以達成五〇%參與率的成功標準；同樣的，要是可以增加收入，那麼成本或違約率較高也不是問題；當市場或運輸選項顯示高度不可靠時，就需要提前預備更高的產量。驗證過程中，要特別注意設定的目標是否需要根據結果調整。假使發現不管怎麼做都達不到目標，你就該轉向了。

報酬遞減

驗證必須從小規模做起。但你也不希望永遠都在做實驗吧！當然，要是你在價值、成長和影響力三方面的成功標準都未能取得良好的進展，那就該考慮轉向。然而，就算你已經成功驗證最高風險假設，持續測試下一個假設時，也很快會應驗報酬遞減法則（Law of Diminishing Return）。

不要安於現狀。請記住，我們從小處著手，是希望花費最少的時間與金錢來學習必要的功課。要是失敗可以只賠十元，那麼賠掉一千元就是莫大的浪費！同樣的，由於剩下的假設風險遞減，即使大量進行的小規模實驗成本低廉，也可能會浪費許多寶貴的時間和金錢。我們希望始終當個舒適圈的邊緣人，才能繼續快速學習。也就是說，一旦具備合理的自信，就應該積極承擔更大的風險，以更務實的態度擴大規模或新領域。

我們的目的不是要百分之百驗證解決方案——那是永遠辦不到的——而是要回答成敗的問題，並且以盡可能小的投資做到這一點。

第七章
價值

某些產品或服務雖是立意良善的慈善援助，對方卻不喜歡或不需要，這樣的故事我多年來可聽過太多了。無家者（Homeless）也許就是不想待在庇護中心或免費診所；村民拿到蚊帳可能會用於捕魚，而不是防止蚊蟲叮咬以免感染瘧疾；失業青年也許既不參加培訓，也無視於資源手冊。我之前提過清潔爐具、旋轉抽水裝置和愛滋病毒預防凝膠都是未能發揮效用的案例。儘管我們想要提供援助，那些卻不是對方真正想要或需要的事物。箇中原因很可能是使用不便、設計不佳，甚至讓人覺得討厭或尷尬。

這種狀況並不讓人意外。我們平常聽過不少好心勸告，可是實際上能做到多少？我也知道應該要多吃蔬菜、冥想、做瑜伽，但是我都沒做到嘛。社會創新若想提供真正的價值，必須先深入探索用戶真正的需求，而非由我們片面決定對他們有益的產品或服務。事實上，人們並不一定會做出理論上符合其最大利益的選擇。

長期以來，每個社會部門都會接受這種不受歡迎的干預。原因之一即是那些干預通常來自出錢的**贊助者**，而非實際使用的需求者。因為缺乏使用者認同且決定購買所傳達出的重要訊號，我們很可能一廂情願認為那些干預符合對方的需求。換成是營利企業，一旦沒人購買自家的產品或服務，公司馬上就知道出了問題；但是當我們免費提供某些事物，又該如何確定受益者真正的想法？所以有些組織會收取象徵性費用，以確認索取者是否真正感興趣。

我們的目標不應該只是提供**若干**價值，而應該是受益者需要、願意使用，也樂意鼓勵親朋好友採用的產品或服務。當使用者深信其極富價值，就更容易擴大規模，發揮影響力。

在商業世界中，價值驗證——有時稱為「探索客戶」（customer discovery）或產品／市場契合度（product-market fit）——通常可區分成兩個面向：一方面以產品設計達到顧客的「甜蜜點」；另一方面則是找出正確的市場區隔。但在社會部門，由於組織使命、資金來源或需求的急迫性，目標客戶多半是固定的。因此，價值主張的驗證主要只涉及單方面的修訂，也就是我們提出的干預措施。國際關懷協會（CARE）研發設計總監喬許・哈維（Josh Harvey）曾說：「你的客戶就在那裡，你無法藉由轉移到更好的市場來選擇自己的客戶。」

本章聚焦在價值假設，這是社會創新的第一支柱。我們所提供的產品或服務，僅僅只是讓受益者能夠接受，還是他們真正想要、選擇且喜歡的事物？驗證解決方案通常從價值假設起步，要是沒人想要我們所提供的產品或服務，接下來就沒什麼好說的。

意外的「最精簡可行產品」

你要是願意站出來提倡讓人信服的價值，就算產品不盡完美，客戶也會來找你。二〇一六年，美國一對年輕夫婦伊斯拉・雷文（Ezra Levin）和莉亞・格林伯格（Leah Greenberg）年方三十，他們以前都在國會工作。那年總統大選之後，他們在全美各地看到許多選民悲痛而沮喪。很多從不曾關心政治的民眾集結起來，他們想團結對抗川普政府的力量，卻不知道從何著手。伊斯拉和莉亞過去任職國會時曾親眼目睹二〇〇〇年代茶黨（Tea Party）崛起採用的策略和經驗，也見識到茶黨當年對國會和歐巴馬總統政見的巨大影響。因此在感恩節期間，一方面出於自我療癒，他們找來幾個朋友共同設計出簡單的線上宣傳網站，呼喚民眾關心政治、採取行動。

伊斯拉在推特貼出長達二十三頁Google文件的超連結，半小時後就在網上瘋傳。那份超連結文件一度因瀏覽過於熱烈，網路流量超載而屢次當機。許多真情流露的電子郵件從各方捎來感謝，透過他們的指引，民眾得以串連彼此。部分媒體和名人的關注又進一步引起話題。這份文件號召全美各地尋找希望的民眾一同站出來。公民行動組織「不可分割」（Indivisible）於焉誕生。截至今日，這份〈不可分割指南〉（Indivisible Guide）的瀏覽下載已經超過兩百萬人次，五千多個地方團體申請加入組織，全美各地紛紛成立分會號召民眾參加遊行抗議、到市政廳監督問政。俗稱「歐巴馬健保」（Obamacare）的美國《平價醫療法案》之所以沒被廢除，據說主要就是來自「不可分割」的強力聲援。

伊斯拉和莉亞那份Google文件就是意外的「最精簡可行產品」，雖然前後經過三個星期的推敲，還是出現幾個讓人尷尬的拼字錯誤。他們原本並不是要建立一個組織，但是無心插柳的結果，竟然壓倒性的反映出群眾真正的需求。各位如果**也**想從事群眾運動，在大張旗鼓雇用人員、投資基礎設施和籌措資金前，應該要事先了解民眾是否對你的運動感興趣。

著手規畫和展開研究並不難，但到了分析階段卻容易陷入僵局。就像精實創業大師史蒂夫．布蘭克（Steve Blank）的建議：「走出辦公室。」研究可以深入掌握背景、理解脈絡、刺激各種想法；但它只存在於理論。而沒有任何理論可以取代你走出去，實際查看使用者對於產品或服務的反應。唯有真實世界的資料數據能終止曠日廢時的爭論，讓專案快速步上正軌。

各位要記住，「問」與「做」並不一樣。當美國援助人員問起印度村民最感興趣的網站服務，他們也許不好意思回答色情網站。伊斯拉和莉亞的指導文件要是先詢問民眾最需要什麼，也許大家七嘴八舌爭論幾個月也做不出來。對「最精簡可行產品」來說，目的是貼近一個或多個預期體驗的元素，以了解現實生活中人們的反應。運氣好的話就會獲得正面回應，而且人們會吵著要求更多，就像促成「不可分割」組織的那份Google文件。

和使用者一起設計

倘若我們不只是憑空想像使用者的需求，而是直接和他們合作，一起設計解決方案，這其中的構思、回饋和驗證過程會更加順暢。第三章談過「普拉西設計」，他們在緬甸讓農民參與設計一種攜帶更輕便、價格更低廉的腳踏式水泵。普拉西運用的正是人本設計，這應該也是協同使用者、業界應用上最廣泛的設計架構。最早運用的先驅者「IDEO」設計公司認為人本設計融合了同理心與創造力。我認為人本設計和精實影響力在概念上極為相似，兩者都以使用者為中心，運用原型快速開發，迅速加快回饋循環；主要區別在於術語和強調重點的差異。人本設計特別適合應用於設計的早期階段，負起理解與傳達客戶價值的任務。

人本設計也叫做「設計思考」，是極富創意的設計方法，目的是在解決問題的每一道過程中融入人的觀點。優先考慮客戶或受益者，確保解決方案充分顧及他們的願望、需求和觀點。

「IDEO.org」是從著名設計公司「IDEO」獨立出來的非營利組織，網站www.

designkit.org 免費提供為社會部門量身訂做的線上工具和案例研究。

這也是我們在第三章所談到，貼近問題核心有助於理解問題。在驗證過程中整合客戶的意見，可以建構出更有效、合適也廣泛被接納的解決方案。「新故事」（New Story）是為貧困家庭建造房屋的非營利組織，它也採用這種參與式設計方法。組織聯合創辦人亞歷珊德莉亞・拉芙齊（Alexandria Lafci）震驚的發現世界各地有許多鬼城，那些城鎮中都是沒人住的房子，而成千上百萬美元正虛擲在那些空屋上頭。之所以形成鬼城，是因為那些房子無法滿足家庭的主要需求，例如鄰近工作地點或社交人脈。當她採訪那些沒有房子住的家庭，詢問他們想將房子建在哪裡、該如何布置時，又再一次感到驚訝：他們並不習慣被諮詢意見，通常只是單純接受贈與，無論那對自己是否有幫助。

「新故事」遵從創業輔導組織「Y孵化器」（Y Combinator）既簡單又重要的名言：「做大家想要的東西。」在薩爾瓦多幫派問題嚴重的社區，團隊了解到許多家庭的母親最擔心孩子加入幫派，生活在暴力之中。「新故事」以移動紙板模擬住家，和社區中的家庭共同討論出相關規畫。最後決定將公共區域設在中央，住家圍繞四周，再開設幾個通往公共區域的進出口，增添左鄰右舍的親近與安全感。

聖地牙哥食物銀行（San Diego Food Bank）每個月服務三十七萬人次，光是忙於大大小小的突發事件就應接不暇，遑論擠出多餘時間做出改變。後來長期贊助者聖地牙哥基金會參加了「顯著改變」（Moves the Needle）領導的創新訓練營。於是他們退後一步思考志工留任率太低的問題，想知道可以透過哪些方法鼓勵更多人員回流。食物銀行的經理認為賦予崇高的使命感是主要誘因，但送點東西也不錯。等他們進一步採訪志工後才發現，人與人之間的互動（包括員工和其他志工）才是最重要的。光是和執行長一起吃頓飯或在社交活動上和志工們交流，就是最好的鼓勵。

遺憾的是，這種設計雖然不一定比較昂貴，卻不容易有效提升資金籌募。因為贊助者大多偏好明確設定好的解決方案，好盡量壓低風險和不確定性。幸運的是，也有一些進步的贊助者嘗試更靈活的機制，其中之一是聯邦運輸管理局（FTA），它和它贊助的技術援助單位國家交通管理中心（NCMM）合作，提供小額計畫補助，針對運用設計思維開發新想法給予獎勵。

紐約州水牛城和伊利郡的「聯合勸募」（United Way）在二〇一五年獲得一筆兩萬五千美元的捐款。前來提供意見的焦點團體中有幾位孕婦，讓交通議題意外浮上檯面，成為現場備受關注的討論。團隊從孕婦們的口中獲取許多資訊，發現當中許多人並沒有足夠的積蓄購買月票，以至於支付多出約五〇%的交通費。因此他們提案建立儲蓄帳戶，幫助懷孕婦女管理財務，以便利用更便宜的交通支付方式。

盡可能讓客戶、利害關係人和受益者提前參與，我們就更可能完成充分滿足其需求的設計。

融入背景脈絡的設計

和使用者一起設計是很好的做法，但更好的做法是讓使用者針對自身和社區的需求進行設計。因為他們最了解問題所在及其背景脈絡，本身也有動力做出積極的改變。但是這種做法在社會部門中並不常見，尤其是和那些缺乏資源、教育和信賴感的弱勢社區攜手合作，共同推動解決方案、爭取資金的情況更為罕見。這其間的巨大潛力亟待開發。

我們在美國國際開發署的實驗室透過能力建構（Capacity building）、加速輔導和更多可供利用的資金，持續在當地尋找創新人員。「農作用水保障大挑戰」是其中一項專案，目的是在世界各地幫助農民以更少的水種植出更多食物。二〇一六年秋季，第四屆全球創新大會結束時，我們很高興看到七四%的專案申請人都來自開發中國家。

第一屆的獲獎者克萊兒・雷德（Claire Reid）是南非「紙卷園藝」（Reel Gardening）的創辦人。這位來自普利托里亞的十六歲女孩努力在一小塊土地上種植蔬菜。每一種蔬菜的種子要埋得夠深，抓好間隔距離，並且適量補充肥料。這段冗長乏味的過程可能會出許多狀況。她有時會浪費寶貴用水，有時不得不購買遠遠超出所需的種子和肥料，這些都讓她感到相當沮喪。她也知道很多低收入家庭無法承擔種植新鮮蔬菜的費用，而且因為擔心失敗不敢投資。

克萊兒想出了一個巧妙的解決方案，她將種子和必要的肥料一起包進長形紙條裡，彼此間隔適當距離，同時標記出種子種植的深度。經過普利托里亞大學測試，證實她的方法可以節省高達八〇%的用水，人們只需在標記處澆水，種子就會發芽。這個點子受到關注後，「紙卷園藝」獲得「農作用水」的專案補助，願意承擔風險，投資她持續發展的業務。現在，克萊兒的「盒裝園藝」（Garden in a Box）產品已經推廣到許多通路，包括美國女童軍採購目錄、南非和英國的商店，也直接捐贈給學校和低收入社區。

我們實驗室的「發展創新風險計畫」（Development Innovation Ventures, DIV）也支持另一位鼓舞人心的創新者桑加・摩西斯（Sanga Moses）。桑加在烏干達西部的村莊長大，小時候連鞋子都沒得穿。但他非常努力用功，是家族第一個大學畢業生，後來在首都坎帕拉找到夢寐以求的銀行工作。有一天他回家探親，看到十二歲的妹妹背著一大捆柴火在路邊行走。她一看到哥哥就哭了。她這一趟撿柴的路要走上六英里，而且她很想回到學校上課。

桑加看在眼裡，備感痛心，後來他辭掉銀行的工作，尋找足以代替柴火的燃料，妹妹就不必每天花好幾個小時撿柴燒飯。經過一年的研究，他發明一種機器，這種機器可以將大量可利用的農業廢棄物變成炭磚，不但燃燒時間更長、更乾淨，成本還比木材低五〇％。二〇一〇年，他創辦「非洲生態燃料」（Eco-Fuel Africa）訓練農民利用生態燃料壓縮機，自己開辦微型企業，為地方村落提供低汙染且更便宜的能源。桑加深入了解當地社區和地方問題，才能創造出循環共生的生態系統，利用那些未經充分利用的燃料來源，不僅為女性提供能在售貨亭銷售的新產品，也為社區提供更好且負擔得起的新燃料選擇。

推出你的影響力

客戶價值極大化的另一個方法，是以現有的動機和行為研究為基礎。在這類行為科學領域的探索，自理察・塞勒（Richard Thaler）和凱斯・桑斯坦（Cass Sunstein）二〇〇八年出版《推出你的影響力》（*Nudge*）後受到廣泛關注。[1]這本書指出人們其實很古怪，為人處事並不總是依循理性，也未必只謀求一己的利益。一個常被引用的例子是，倘若想鼓勵大家參與退休金計畫或同意器官捐贈，只需要改變預設選項為加入，若想退出須另行勾選，參與人數即可大幅提升。這種調整看似枝微末節，卻可以有效減少阻力，顯著提升參與度。

毘雅斯・坦夏（Piyush Tantia）是由行為科學主導的非營利組織「點子四二」（ideas42）的聯合執行董事，他稱行為設計是一種「將藝術轉化為科學」的方式。從零出發的構思容易令人卻步，因為可能和既有的見解脫節，而且在激盪出好點子的過程中過度依賴參與者的創意和直覺。行為研究可以讓我們事先參照相關狀況，並在針對可能的干預提出假設時站上好的起點。

行為科學是一種結合經濟學、心理學、社會學、人類學和神經科學等領域，研究人類行為的方法，並以嚴謹的科學實驗探索人類行為模式及其原因，現已完成大量研究文獻。根據這些研究成果，可以設計出許多干預措施，鼓勵人們做出利己又利人的決定。

試用版「行為證據中心」網站（Behavioral Evidence Hub，網址：www.bhub.org）上能找到許多過去埋藏在學術期刊的研究成果，現已開放民眾自由瀏覽。

行為科學的研究成果有助於擬定社會政策、專案規畫和產品設計，透過順應人類行為的方式，提升群眾參與和追隨。英國政府於二〇一〇年成立的行為洞察團隊（Behavioural Insights Team, BIT）或許是最早運用這些方法的社會機構，主要作用在於改善社會政策和服務。二〇一四年，團隊獨立出主要從事社會工作的企業「推力單位」（Nudge Unit），他們不僅運用簡單、有趣、富社交性與即時性的方式鼓勵期望行為（Desirable behavior），並且透過嚴格評估方法驗證其影響力。

舉例來說，澳洲「ＢＩＴ」團隊和維多利亞健康促進基金會（Victorian Health Promotion Foundation）合作，一起在阿佛雷德醫院展開健康宣導活動，鼓勵民眾遠離不健康的含糖飲料（以「紅色」標示）。這個活動結合行為研究和精實方法做了兩個實驗：將自助餐廳中紅標飲料移到不顯眼的位置，讓用餐者不易拿到；自動販賣機裡的紅標飲料價格也調升二〇％，等同於不鼓勵民眾購買，也因應公衛團體建議的含糖課稅。這兩個做法讓不健康飲料的購買量下降約一〇％，而較健康的飲料也能補上銷售額，並不影響店家整體淨收益，供應廠商亦樂見這樣的改變。

「BIT」團隊也運用干預行為，減少病患轉診到門診爆滿的醫院、減少家用能源消耗，以及提升弱勢學生申請優質大學的合格人數。如同人本設計，行為科學也將理解使用者融入專案設計的過程，是極具價值的補充工具。

以「最精簡可行產品」追求價值

要驗證客戶價值最好的方法，就是直接將潛在方案交到用戶手上；要知道你是否達成目標，透過實際用戶的真實反應，比起做研究調查、甚至專家意見來得更準確。社會部門似乎容易過度沉迷於研究分析，很多組織常常花上數月甚至數年忙碌於研究和設計。各位務必堅決抵抗這個誘惑。大多數情況下，實際去做就是最快的學習方法。來自目標客戶的具體回應資料，可以導引出重要觀點，並且縮短冗長的爭論過程。這時「最精簡可行產品」就可以發揮功效。

「照護通訊」（CareMessage）產品開發部副總裁瑟西莉亞．柯蘿（Cecilia Corral）為欠缺照護的糖尿病患者設計出一套健康管理系統。免費醫療診所的病患通常健康狀況難有起色，部分原因在於缺乏定期回診，病患的自我護理技能不佳，或是常未照醫囑按時服藥。然而研究顯示，簡訊使用量和個人收入成反比，因此她認為簡訊或許對於這些低收入戶來說是有效的解決方案。

剛開始對於簡訊內容進行優化迭代時，瑟西莉亞先對自己的家人發送簡訊，觀察他們的實際反應。他們會聽取簡訊提供的營養建議嗎？但最重要的應是簡訊內容要真誠傳達出關心，就像來自可以信賴的好朋友。隨著測試規模逐漸擴大，她開始從舊金山田德隆區的聖安東尼免費醫療診所招募病患測試。有一陣子，她得忙著為一百位病患編輯簡訊內容。她發現新患者接受診斷後幾週之內，大多仍處於驚嚇狀態。這時要是傳送太多簡訊，他們也無法全部吸收。所以她按部就班建立一系列簡單易懂的訊息，依序傳送。

現在和「照護通訊」合作的醫療衛生組織已經超過一百七十五個，服務病患多達兩百多萬人。這些合作夥伴一致回報，門診失約的患者人數減少五％至一二％；前期研究也發現愈來愈多病患採納營養和運動建議，整體減重成果顯著改善。

精實創業源自矽谷，所以大多數「最精簡可行產品」（如「照護通訊」的產品）都以驗證需求、功能項目和用戶體驗為核心，做為投資建構昂貴軟體的前導測試。不過，「最精簡可行產品」幾乎對於任何類型干預措施的加速學習都有價值。無論何種情況下，關鍵就在於從最少人力、最短時間和最低廉的原型或網路代理出發，開啟下一階段的學習任務。從那些感覺最敏銳、需求最急迫的早期使用者開始可能會更容易，因為他們或許對於不夠完美的解決方案會更加寬容。要是你的辦法無法讓他們覺得振奮，那麼其他人多半也不會。

接下來我們要探索組織透過各種「最精簡可行產品」驗證價值假設的創造性方法，其中包括一些最常見的原型，可以做為大家展開驗證的參考。這些方法並沒有固定的規則或限制，各位儘管隨意混合搭配，做出自己需要的組合。請各位保持信念，大膽嘗試新方法提升學習速度。

行銷「最精簡可行產品」

驗證客戶需求最簡單低廉的方法，是推廣假設性產品或服務，然後評估使用者的反應。他們是否爭先恐後要第一個使用？他們會報名參加測試版的試用活動？甚至願意花錢預訂？行銷「最精簡可行產品」時，什麼都比不上令人信服的描述文字；要是最終沒人感興趣，最好能在投入龐大資金製作前認真看待這樣的結果。

特斯拉（Tesla）向大眾市場推出「Model 3」電動汽車就是典型的例子。當時只靠著行銷手冊、照片和規格說明，就有五十多萬人願意出一千美元預訂一輛車。特斯拉也因此願意投入鉅資設計和製造，並且對於讓客戶接受十分有信心。群眾募資平臺「Kickstarter」也向大眾採用類似的方法，允許任何人為新產品發起募款活動。發起人可在推廣過程中驗證人們對產品的喜好，同時籌募實現專案所需的資金。

雖然行銷「最精簡可行產品」不太可能籌到大筆資金，還是能快速驗證使用者是否感受到干預措施的價值，進而促成社會公益。這種面向公眾的驗證過程，就好比向群眾籌募資金。可以利用傳單、海報或影片宣傳價值主張，蒐集探詢人次或購買數量、熱中程度或口碑傳播等數據資料。我們在生產、基礎設施和分配上展開更大規模投資之前，這些對於產品真正感興趣或明顯冷淡的訊號，都是改良設計與功能的絕佳提示。

坦尚尼亞的社會企業「電網外用電」（Off Grid Electric）向沒有供電的貧窮家庭推銷即用即付的太陽能系統，同時採用這個辦法設定出最佳定價和設備組合。聯合創辦人兼執行長查維爾．海格森（Xavier Helgesen）僅僅製作一些海報張貼在商店，上頭介紹幾種產品組合的價值主張，然後根據客戶查詢和訂單狀況追蹤意願。客戶比較喜歡僅僅幾盞燈的最低價組合？或是收音機也行？換成電視的話願意支付更多費用？（提示：人人都喜歡休閒娛樂。）

在企業領域，應用程式「塔羅工作」（TaroWorks）提供手機用戶關係管理系統，管理網路連線不佳環境的實際操作。格蘭敏基金會（Grameen Foundation）開發概念之初，一位顧問對艾茉莉．塔克（Emily Tucker）說，測試假設最好的方法就是看你的產品賣不賣得掉。於是她首先設定出六個客戶群，對應大、中、小型非營利組織和社會企業的組合，並為每個客戶群擬定價值主張。然後她開始兜售產品。艾茉莉向潛在客戶展示產品之後，會請他們簽署試用協議，判斷他們是否真的需要這個產品。她也很快在接觸過程中發現，那些大型非營利組織雖然擁有最多資金，但大多因捐款條件僵化備受限制；相較之下，快速成長的社會企業在擴大規模、達到財務永續時，會積極降低經銷成本。所以這套「塔羅工作」最適合他們。

當然，光是銷售設計模型有其局限。儘管客戶對這套想法感興趣，可是真的會喜歡實際做出來的產品或服務嗎？各種類型的「最精簡可行產品」能夠模擬部分或全部的體驗，但反映真實的程度各有不同。

接待式「最精簡可行產品」

產品完成準備量產時，需要將生產成本和經銷成本壓到最低。但若你正打算測試早期概念，有時從完全人工且昂貴的手動模式出發會更有效。然而，高成本要怎麼和高效率並存？這類實驗的成本很高，但在用戶有限的情況下還是可以進行。儘管人為干預所費不貲，但比起貿然投入生產、自動化，或推出產品和服務卻不為市場接受，這樣的實驗還是划算許多。你也可以得到運作上更加快速的模型。當然，這種模型在擴大規模上可能不具意義，卻能加速開發早期階段的學習。直接與客戶接觸及互動的日常細節，也可以讓團隊近距離觀察用戶反應、引入新變革、識別並解決問題，萬一實驗失敗也知道何時該放棄。

「美慈組織」提供「微導師」（MicroMentor）免費線上指導，支持小型企業開展新業務來創造就業機會。它的關鍵績效指標之一，就是新用戶註冊之後與潛在導師互動的比例。倘若互動人數太少，每場成功配對的招募成本就太高。儘管採用低成本、低接觸的商業模式，團隊還是想知道親身聯繫有多重要。所以幾位團隊成員隨機挑選新用戶，安排十分鐘的電話介紹。結果有效！互動率飆升達一七八％。真人交談顯然有效，只是成本昂貴到難以大規模執行。於是團隊依據實驗結果，開始探索一種半自動化方式，為剛起步但還沒行動的潛力企業家擴充個人觸角。

「電網外用電」剛開始的時候，先租後買（lease-to-own）付款模式的概念在坦尚尼亞還很新穎。民眾願意採行這種方式購買家用太陽能系統嗎？他們願意繼續支付費用嗎？這些都是大量投資建構必要軟硬體設施來處理手機付款金流之前，必須回答的重要問題。因此，「電網外用電」第一個即用即付系統交給一位馬賽族（Maasai）鄉民，他披著族裡傳統大紅袍走訪各個村莊負責收錢。但如果以後都得找一群馬賽勇士收取款項，成本肯定負擔不起，而且一開始也沒有這種打算。不過這還是一次很好的學習經驗。「電網外用電」確認村民願意持續付錢享用服務，組織就有信心投資技術，擴展規模。

接待式「最精簡可行產品」採取直接接觸的人為干預，扭轉民眾對於最終解決方案可能的反應。由此再進一步使用「奧茲巫師互動模擬技術」（Wizard of Oz）或硬體原型的「最精簡可行產品」，即可更接近預期的用戶體驗。

奧茲巫師互動模擬技術

在美國加州，符合資格領取糧食券（CalFresh，即加州補充營養援助計畫）的家庭中只有約三分之二完成註冊登記，而且這項計畫導致兩百萬人接受健康食品援助時遭遇許多不必要的困難。其中一個很大的障礙是：糧食券的線上註冊表格要回答多達兩百道問題，平均四十五分鐘才能完成，半數民眾因此填到一半放棄。

「美國程式」（Code for America）是運用科技幫助政府解決社區問題的非營利組織，它認為只需填寫表格上最重要的資訊，其餘可交由隨後的面試補足，如此一來就能大幅簡化註冊流程。可是各地方政府能接受填寫不完整的申請表格嗎？它摒棄建構新的網路應用程式或後端系統整合，因為就算這麼做民眾仍可能放棄填寫；後來採用經典的奧茲巫師互動模擬技術「最精簡可行產品」調整現行網路表單，上頭只有十八個待填入的重要資訊欄位。工作人員收到表單後，再手動輸入政府網站提交申請。「美國程式」也刊登網路廣告，招募申請民眾試用這套系統。相關作業只需幾個工作天，而且成本低廉。

結果有效！申請批准率與申請人次相當，而且對申請人來說簡便許多。經過驗證，「美國程式」建立加州糧食券網站，大幅縮短申請時間為八分鐘，送件率提升至七〇％以上。

奧茲巫師互動模擬技術「最精簡可行產品」的用戶體驗比較類似已成熟的方案，但流程和資訊取得仍須靠幕後手動處理，這樣當然成本較高也難以擴展規模。但好處是它可以在數天、甚至數小時內就開始運作。一旦需求獲得驗證也深入理解，即可信心滿滿的進行更大的投資，來將後端系統簡化與自動化。「最精簡可行產品」模式通常應用在軟體程式，採用極為簡易的用戶介面，手工完成所有幕後實際作業；這種模式也適用於非技術性質的服務項目。

以「科比亞全球」（Copia Global）為例，它測試的服務是為低收入村民提供更多廉價消費品。前任執行長克里斯平・穆里拉（Crispin Murira）回到肯亞創辦公司時，他的資金有限而且準備期很短。他謙虛的說自己當時根本不知道該怎麼做。這項服務的初始版只有一份紙本目錄，上頭是奈洛比一家超市的商品圖片和價格。他找來幾家小商店的老闆，向他們展示目錄，要他們透過簡訊下訂單。收到簡訊後，克里斯平就前往超市購買，再送去鄉村給那些小商店。從客戶的角度來看，這種方式簡直就像在亞馬遜下單！小商家可以在各式各樣的產品目錄中挑選下單，幾天後到貨。

對克里斯平來說，透過這個辦法可以驗證民眾是否會看目錄訂購商品、而哪些商品的需求量又最大。除了理解終端用戶的喜好，他也學會辨識出賣得最好的代理店家。事實證明，那些店主儘管一口天花亂墜，但他們更在意趕快賣掉貨架上的商品。另一方面，推出配套服務的企業（例如美髮沙龍）則可以成為更好的代理商。

硬體原型

要測試實體產品的價值主張，只在背後擺個小精靈來拉線操縱，恐怕不是可行的選項。不過，我們還是可以運用幾個仿真度高的原型來測試單一功能或整體產品。如同其他形式的「最精簡可行產品」，目標是盡量壓低成本回答一些簡單問題，再慢慢升級到需要更多投資的複雜問題。

這個方法可能先從形狀和外觀著手。產品會不會太重或太輕？用戶覺得它好看嗎？是否能融入使用場所的情境？辛普林（Simprints）是非營利性的生物識別技術公司，目標是幫助因缺乏正式識別特徵而無法獲得基本服務的弱勢族群，這樣的人口超過十億。這個組織於孟加拉展開運作時，很快就發現西方的指紋掃描器派不上場，因為那些從事嚴苛體力勞動的農民，兩隻手掌早就變形扭曲，根本沒辦法將手指平放在感應螢幕上。

於是辛普林回頭使用繪圖板和保力龍製作模型，和合作夥伴共同測試。他們觀看其他國家的民眾如何操作工具的影片，學到讓感應器更加符合人體工學和直觀的概念。運用保力龍模型經歷多次迭代改良後，辛普林開發出「3D」列印模型，然後是有線感應器的原型，最後則是無線感應器的最終版本。辛普林對軟硬體進行優化改良，儘管在當地惡劣環境的嚴峻挑戰下，精確度仍遠遠超出業界其他五個領先系統達二二八%以上。

「照亮」設計第一個太陽能燈具時，還沒製作原型就進行了很多實驗。畢竟現有的燈具不是價格太貴、就是非太陽能照明，不能藉此了解市場。因此，為了確認民眾喜歡的顏色和亮度，他們會在晚上前往拜訪一些家庭展示不同類型的燈具。出乎意料的是，當地民眾強烈偏愛冷色溫的燈具。若是在西方市場，民眾通常覺得黃色燈光較溫暖且不刺眼；但對這些非洲家庭來說，裝一盞燈可是家裡引頸期盼的大事，而黃色燈光只會讓他們想起過去的老油燈，冷色調又明亮的燈才像城鎮的螢光燈。

像這樣的願望我可是聽過一遍又一遍。我們常以為民眾會因為很窮，所以選擇最便宜的東西。錯了！不管環境如何，自尊都是人類強大的驅動力。國際健康組織「PATH」讓柬埔寨的低收入戶挑選濾水器，希望他們從便宜貨和費用翻倍卻擁有良好設計的款式之間挑選一款，最後多達三倍民眾在商店買下較好的設計款。後來才發現，原來居民們認為較便宜產品的外形簡直像垃圾桶，不好意思擺在住家中間。這又再次提醒我們，不要將自己的價值觀強加在客戶身上，自以為是的認定他們要什麼、或不要什麼。

不管是燈具、濾水器或其他種類的產品，為潛在客戶提供三、四種選擇，可以得到更誠實且有意義的回饋。要是只提供一種產品，人們通常會因表達出真正的看法可能冒犯他人而遲疑，更不用說涉及權力及文化差異的情況。多樣的變化能夠讓客戶表達自身的喜好與特質，也能展現不同程度的意願與熱情。

即使是日常物資，有時也可以透過實驗加以改進。水資源組織「吉布」（Jibu）採用不同方法提高東非地區獲得清潔用水的機會，他們在各地建立加盟網路，販售乾淨安全的過濾瓶裝水，而且這些容器都可以重複利用。水瓶、水罐自古以來雖是日常使用的工具，但當地婦女時常得吃力的扛著兩個十公升裝的水瓶回家；若扛的是兩個五公升的水瓶，就相對輕鬆許多。「吉布」長期觀察不同女性搬運各種容量水瓶，最後發現平時較少見的七公升容量最合適，大約是兩加侖牛奶的重量。

社會創新並不一定是在概念上有所突破的新發明或新技術。大多情況下，只要改進現行的有效產品，大幅降低成本，同時更順應當地文化及環境，就能帶來很大的不同。

即興「最精簡可行產品」

最好的實驗常常是無心插柳，未必是一切安排妥當才出手。我們之前談到幾種「最精簡可行產品」常用的技巧，但變化遠不止於此。有時候，驗證假設最好的辦法未必是預先規畫出來的。重要的是走出辦公室，到現實世界中學習，而且運用科學方法來衡量成果。

史丹佛大學的凱蒂・艾喜（Katy Ashe）在二〇一二年到邦加羅爾（Bangalore）進行「超實惠設計」課程研究時，她以前的老闆完全忘了這幾個學生要來參訪。於是凱蒂帶著三個同學待在簡陋的醫院大廳，四處採訪醫院員工、病患和家屬。根據她在流體力學的專業背景，凱蒂認為醫院必須優先解決排隊人龍和流量控管的問題。她看到整家醫院滿滿幾百名病患，只有兩位護理師忙進忙出根本照顧不來；滿是困惑、焦慮與無助的家屬成群結隊擠在幾個候診室長達數星期。家屬不敢回家，醫護人員也不敢讓病患出院。醫病雙方飽受煎熬。

凱蒂和團隊想知道，要是能將大量消耗的人力資源重新安排運用，病患是否在病房或自家都可以獲得更好的照護？他們向病患家屬指導醫護調養的資訊，協助家屬從風險較低的物理調護開始學習護理病患。有人來上課嗎？的確有，但還是有不少人，尤其是主要負責照護的婦女們不適應課堂環境。而怎樣的教學法最有效？民眾喜歡觀看現有的健康教育影片，而且會記住影片裡的內容。團隊根據這些觀察和經驗來制定策略。他們將培訓課程從教室搬到病房，提供民眾觀看團隊在停車場以手機錄製的簡單影片。

病患家屬學會新技能後回家即可照護病患。一項小型獨立研究發現，病患的再入院率降低二四％，併發症發生率降低三六％。獲得如此正面的成果，團隊後來組成「努拉健康」（Noora Health）非營利組織，二〇一六年由《快公司》（*Fast Company*）雜誌評選為五十家最佳創新企業之一。它設定的任務就是培訓病患及家屬學習護理技能，以改善醫療成果並挽救生命。

另一個極端則是三十多年前成立的美國麻州社會組織「羅卡」（Roca），其任務是幫助年輕人改變生活，打破入獄與貧窮的惡性循環。這個組織雖然有明確且經嚴格評估的四年期輔導模型，依舊保持靈活來適應多變的環境。

例如「羅卡」在波士頓推動專案持續監測後發現，三分之一的高風險少年因為涉入街頭幫派太深，無法安全無虞的前來辦公室參加輔導集會。所以那套行之有年的專案計畫又回到原型設計，先針對少數用戶，派遣員工進行家庭訪問；只和一些值得信賴的小團體見面，整個大樓對外封閉，一次只接待一位年輕人。如此一來，形成一種「輕便型課程」（portable programming）的新模式，可以在家裡或任何安全地點，根據參與者的情況量身打造。

無論組織規模大小、是剛起步或者已然成熟、是富裕國家或貧窮國家，都可以利用「最精簡可行產品」深入研究不確定的新措施，加速學習並減少浪費。從小處著手，發揮創意，從資料數據中學習。

吸引利害關係人

在社會領域，可得價值（delivered value）不只是為了滿足終端使用者的需求，也要滿足更大生態系統中所有影響、干預成敗的利害關係人，不管它們是政府、非營利組織、商業參與者或受尊敬的社群領袖。當然，贊助者扮演了尤其重要的角色，我們會在本書第三部詳細討論。

麥克·布列南（Michael Brennan）在美國聯合勸募基金會工作三十多年後，辭去密西根州東南辦事處執行長職務，希望跨出這個歷史悠久組織的局限，探索新路徑以發揮影響力。他在底特律創辦非營利組織「奇維拉」（Civilla），任務是運用人本設計改變推動社會變革的方法。當他重新投入工作後，小團隊的力量讓他大吃一驚：「慈善工作的諸多變革都是靠挖土機挖出來的，而不是一把種花的小鏟子。」

在密西根州申請社會福利的最大障礙之一，是讓人望之卻步的申請表格，總共四十二頁，堪稱全美冠軍。這表格列出一千多個問題，連你家的孩子何時受孕都追問到底。密西根州衛生暨公眾服務部（MDHHS）中五千名社會調查員的工作簡直是繞著這份表格打轉。

經過密集的現場觀察和研究、採訪居民與社福人員，「奇維拉」深入了解民眾的遭遇和面臨的瓶頸。同時綜合這些經驗打造出沉浸式體驗，讓人們親身體會這段繁瑣過程：當州政府領導團隊到訪時，首先引導他們走進模擬衛生暨公眾服務部的走廊，接著送上一整本六十四頁須填寫的表格，四分之三的團隊成員根本寫不完；然後攤開一張三十公尺長的流程圖，讓所有人一目瞭然申請福利的民眾和工作人員身處的困境。於是團隊理解到，現況對所有人根本派不上用場；而衛生暨公眾服務部那套規定主要是為了防弊，而不是提供有用的服務。

讓利害關係人親身體驗困境的方法，幫助「奇維拉」發展出合作夥伴關係，也獲得資金贊助來大幅改善流程。二〇一八年初，經過原型開發和測試，一個合乎所有規定的應用程式終於出爐，待填寫表格的內容和問題減少達八成，並適用於密西根州一百多個機關單位。

我們要和「奇維拉」一樣，盡早確定主要利害關係人，讓他們和用戶交流、參與設計討論或部署原型，以爭取寶貴的支持。在我們工作的生態系統中，要是擁有目標一致的忠誠夥伴，也將有助於日後擴展規模。

淨推薦值

業界廣泛使用的「淨推薦值」（Net Promoter Score, NPS）是顯示客戶忠誠與滿意度的有力指標，並根據「樂意推薦（企業、產品或服務）給朋友或同事的可能性有多高」的問題進行評分。用戶通常被要求在零至十分之間做出答覆，給予九分或十分的人被認為是可能再次光顧、深入參與或招來新客戶的推薦人。

只要問了這個簡單的問題再計算淨推薦值，就是評估「最精簡可行產品」價值的有用工具。這可以視為行為科學領域的加強觀察，顯示產品吸引多少人喜愛。評估「最精簡可行產品」之外，使命型組織也持續運用淨推薦值來了解受益者如何看待產品價值。例如太陽能公司「照亮」每週隨機做一次淨推薦值民調，並在公司儀表板上公布調查結果。

「共享洞察基金」（Fund for Shared Insight）是贊助者的合作組織，由七十八位贊助者組成，最早由惠普基金會（Hewlett Foundation）發起，最後形成實體組織。該基金的任務是促進非營利組織與客戶之間形成系統化的優質回饋循環，以增強社會影響力。合作組織的「傾聽為善」專案為實際服務用戶的非營利組織提供小額捐款和技術援助，再根據淨推薦系統實施五道問題調查。到目前為止已有一百多個組織參與這項測試計畫，未來也預定將這套調查工具公諸於世。這些資料隨著時間持續蒐集，未來會成為非營利組織在同業間與其他組織比較評估績效的依據標準。

測量牽引力

「科巴太陽能」（M-Kopa Solar）的執行長暨聯合創辦人傑西・摩爾（Jesse Moore）有一次在一家積滿灰塵的餐館吃飯，那裡距離他正在進行即用即付太陽能系統的社區還有好幾英里。餐廳裡一群馬賽人一聽說那是他的產品，馬上追問「科巴」什麼時候才會到他們的村子安裝，這時他知道自己做對了。

到頭來，我們怎麼知道已經提供給客戶足夠的價值？這個答案也必定包含主觀與客觀的認知。說到底，感知價值必須遠遠超過現狀或現有替代品，才值得投入建構與經銷新產品的成本。對於頗見成效的邊際收益一定要冷靜評估，不要因為是自己的點子或產品而一廂情願和過度樂觀。

主觀認知上，倘若你的產品或服務極具吸引力，用戶自然會產生強烈需求，再次光顧，還會願意推薦給更多人；反之若是需求並未持續，表示民眾興趣不高。此外，客觀的評估數據可以幫助我們摒除偏見。至於價值假設，常見的成功標準包括採用率、購買率、保留率和淨推薦值。

要讓人們認識並接受新的解決方案是一份艱巨的任務。倘若你提出能說服所有人的價值，提升民眾的參與度和正面回應，就能大舉邁向目標，距離擴大規模、發揮影響力更進一步。

第八章
成長

過去二十年來，全世界在廣泛提供清潔用水、電力和衛生設備等重要服務上取得緩慢卻穩定的進展。然而雖有數百個非營利組織、社會企業、公司和政府前仆後繼貢獻一己之力，全球獲得重要服務的人口平均每年僅成長不到一％（見圖8.1）。截至二〇一五年，全球仍有超過七億人沒有乾淨的水可用，十億人沒有穩定的電力供應，二十億人沒有適當的衛生設備。

相較之下，全球的手機普及率突飛猛進（見圖8.1）。儘管手機推廣到貧困社區仍面臨挑戰，但它的成長曲線還是一根經典的曲棍球桿。我在旅行中就曾看到東非的馬賽族戰士在偏遠村莊放牛，腰上就掛著手機；印尼農村的小農從口袋掏出來的也是手機。現在使用手機的家庭可比沖水馬桶還多上許多。

圖 8.1　進步的速度加快

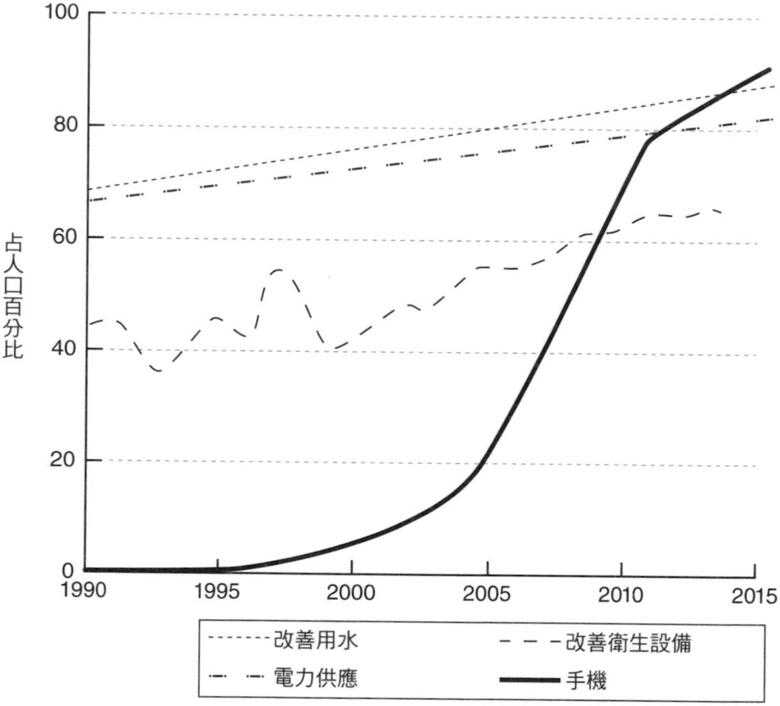

資料來源：世界銀行，《2016 年世界發展報告：數位紅利》（*World Development Report 2016: Digital Dividends*；華盛頓特區出版，世界銀行，2016 年）
http://www.worldbank.org/en/publication/wdr2016

手機遍布全球的故事顯示出，即便身處最艱難的環境，還是可以擴大規模。我們在社會公益上該怎麼做才能拉出這麼漂亮的成長曲線？這裡頭有何不同？首先，我們很清楚手機的價值，無論聯繫親友、找工作到進入市場都派得上用場。正因為功用如此之多，就算收入微薄也會先為手機卡加值再來填飽肚子。此外，手機硬體和通訊服務都有市場驅動的商業模式，也持續推動成長。手機相關的基礎設施、經銷及產品開發等大筆投資，也由商業模式產生的利潤提供資金。不過手機之所以盛行於開發中國家，也是在預付卡服務推出之後才突飛猛進，因為只要花一點錢即可買下零碎的通話時間。若是一般資費方案恐怕還是太貴，而且綁約需要通過信用驗證，對於當地民眾仍是過高的門檻。

相較之下，仰賴捐款贊助的成長很快就到達極限。例如非營利組織「慈善水」（charity: water）估算，每人只需二十美元就能讓全球沒有乾淨用水的人口減少一〇%，但算起來也要高達一百五十億美元。儘管「慈善水」努力透過網路募資，十一年來總共募集兩億四千三百多萬美元，為七百多萬人改善用水。[1] 但是這在亟需改善用水的人當中只占一%。

至於電力、衛生設備和其他基本需求，甚至需要更龐大的投資。除了少數特定案例之外，慈善援助在一些重大問題上幾乎只發揮相當微弱的影響力。成長曲線就像是一根倒立的曲棍球桿或對數圖，一開始雖受到贊助者支持而蓬勃成長，但隨著慈善資源逐漸耗竭，成長速度趨緩，通常這時距離滿足需求規模還遠得很（見圖8.2）。

成長是社會創新的第二根支柱，因為整體影響力即來自我們所能到達的**廣度**和實現變革的**深度**。如果只能讓少數人受益，再厲害的解決方案也無法完全發揮潛力。這並不表示一定要擴大組織或方案計畫的規模；真正重要的是擴大社會效益。這可能來自實體的成長，也可能來自實行方法的複製、政府採納或政策轉變。

就像我們在第二章和第六章提到的，使命型組織面臨許多壓力，既要大膽設定目標，又要從小處做起。公益事業畢竟沒有股票上市，只能不斷籌募資金，敞開大門歡迎贊助者。結果呢？非營利組織的領導者只好一次又一次被迫做出情有可原的妥協，優先考慮可以達成的短期成果，將長期成長潛力置諸腦後。

驗證成長假設時，我們同樣保持小規模，如此一來即可降低路上撞牆的風險。否則容易在特定方案上耗損太多時間，儘管做到盡善盡美也帶來價值和影響力，卻無法滿足多數人的需求。以市場商業模式而言，顧客在什麼價格點（Price point）願意掏錢購買？對於政府贊助的公共服務，設計上是否符合政府預算、行政流程和政策限制？

圖8.2　倒立的曲棍球棍

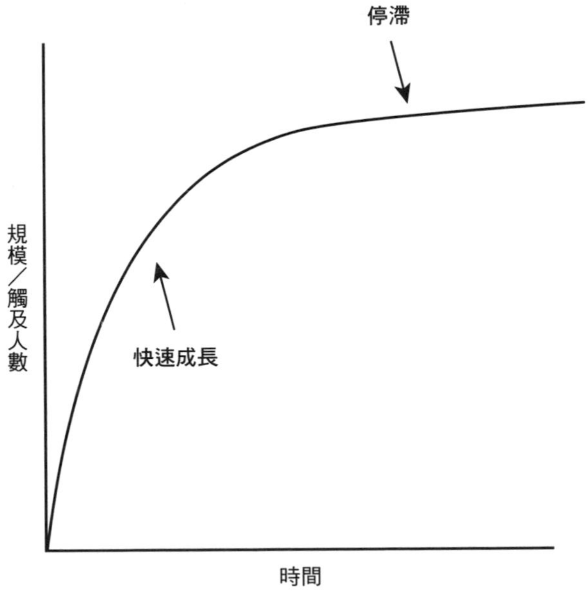

倘若要複製或加盟授權，這個模式是否簡易到足以順利複製推廣？援助或慈善募款能否持續，資金來源是否充裕？以上問題的答案，在設計解決方案上都有著重大的影響。

我們在這一章要廣泛探索成長的可能路徑並測試其可行性，也會談到各個實作模型的案例。當然，規模化需要時間。要是再考慮到種種不當誘因、募款受到的限制以及經常得面對市場與政策失靈，社會部門需要的時間自然比民營機構長得多。一如價值驗證，驗證成長假設也不可能一蹴可幾。隨著新受眾、新合作夥伴和觸角擴大，經驗也不斷累積。

警訊

社會公益解決方案通常針對眼前的急迫問題而設計，並非充分考慮到廣泛的生態系統，或如何隨時間推移實現成長。然而，精實影響力從小規模做起的原則必須結合遠大目標，才能透過實驗測試長期擴展規模的潛力。烏干達手機「健康」（mHealth）

系統的推展過程就是個教訓，等系統設計完成後才考慮成長，很可能會因此出錯。

手機在開發中國家逐漸普及後，人們愈發熱中於利用這種新設備來改善社區間醫療資源匱乏的現況。在撒哈拉以南的非洲和亞洲，很多組織嘗試推廣手機「健康」系統，運用不一樣的技術來處理不同的疾病。其中的應用包括社區醫療工作者的診斷工具、以簡訊預約和提醒藥物治療、以簡訊傳送各種健康資訊，還有藥物短缺追蹤系統及電子病歷等等。然而《公共科學圖書館：醫學》（*PLoS Medicine*）期刊二〇一三年的報導指出，當年雖在數百個地區推行這套系統，最後卻沒能成功擴大使用規模。[2]

問題就在於那些組織都是獨立運作，各自推展試行方案。這些重複的努力來自不同環境下所進行的許多類似實驗，而且一次又一次吸取了同樣的教訓。更糟的是，這些系統並未互通，也沒有和當地政府系統串聯整合。因此，感染愛滋病毒的孕婦需要註冊另一套簡訊服務，才會接收孕產婦的健康提醒。兩種簡訊系統完全不互通。醫療衛生單位甚至不曉得原來是同一名孕婦。

最讓人震驚的是，烏干達政府於二〇一二年冷不防發布停工令，實際上等於宣布不再許可任何手機「健康」系統。在這個不算大的國家，數十個組織分頭實施重疊或複製的計畫，卻只解決一些牽涉層面不廣的問題，不僅缺乏規模化的可行方案，也無法互相協同工作。由於支持這些漫無目標的努力占去太多稀少的資源，衛生部因而要求新計畫必須整合政府衛生系統，透過協調各方行動來證明其成效。

手機「健康」系統是個極端的案例，但它凸顯出每個組織都想各自為政，專注在狹隘的個別問題，從未思考明確的規模化路徑。當初要是每個專案試行都先想到如何拓展至全國、甚至整個非洲大陸，就會想到要驗證成長假設。要是能事先考量到這一點，就會以政府現行系統為基礎，或是與其他組織合作，採用更周全的方法來滿足醫療衛生需求。

各位著手測試解決方案時，要先找出成長假設加以驗證，才不會掉進怎麼做也做不大的小眾干預陷阱。因此，諸如以下問題都必須事先考慮清楚：產品或服務的持續成本由誰支付？誰來執行這項工作？是否需要和所在區域的現行系統整合？和其他選項相比，你的方法有什麼不一樣？

慈善的限制

大多數任務型專案會透過某種形式的慈善募款來啟動。一筆早期種子資金對於開發、驗證和開展測試項目來說非常重要。但幾乎不可能光靠捐款就取得足夠的資金，滿足所有需求。所以若想擴大規模，通常就要從依賴贊助者轉向其他更龐大、持續的募資金流。這基本上就是成長假設，測試你是否具備加速成長的動力引擎。

以開發中國家來說，過去三十年的募資狀況出現巨大變化，贊助者正在急遽減少。到二〇一四年為止，國外援助和慈善捐款每年分別達到一千四百七十億美元和六百四十億美元，而海外匯款挹注與投資分別成長為兩千兩百四十億美元和五千一百三十億美元。[3]然而使其相形見絀的是，愈來愈多民間和公共資源投入當地：開發中國家（不包括中國）[4]的政府支出超過三兆美元，國內企業投資據估更多達三兆七千億美元。[5]而將這些數字加總起來甚至還不到開發中國家融資總額的三%。因此很難只透過國外援助和慈善捐款來擴大規模解決問題。

當然也有一些例外。幾個全球規模最大的專案中，全球疫苗暨免疫聯盟（Global Alliance for Vaccines and Immunisation, GAVI）整合全球合作以提升兒童疫苗接種的覆蓋率。在比爾及梅琳達．蓋茲基金會（Bill & Melinda Gates Foundation）的領導下，這種公私合作的獨特夥伴關係讓聯合國機構、國家政府和疫苗產業攜手並行。截至二〇一七年，全球疫苗暨免疫聯盟已經收到兩百多億美元的委託，據估從二〇〇〇年成立以來從死亡邊緣拯救九百多萬人；其他類似的合作關係包括全球基金（Global Fund）致力於終結愛滋病、結核病和瘧疾，還有全球教育夥伴基金（Global Partnership for Education）的努力。這些基金在全球規模上確實令人刮目相看，但其他非營利組織很少能夠趕得上。

美國的艾麥克基金會（Edna McConnell Clark Foundation, EMCF）集結十二位贊助者成立藍經合作夥伴（Blue Meridian Partners），為美國最大的贊助者合作組織之一。藍經預定對具實證效果的大規模專案投入至少十億美元的多年期大額捐款，服務貧困的兒童和年輕人。但即使是這種大額基金，也無法滿足所有必要服務的資金需求。因此藍經提供有助成長的資本為組織建立制度，測試財務上的可持續性，大幅提升全國性影響力。這通常要找對方法，利用地方政府、州政府和聯邦政府定期和持續的資金挹注，以及那些影響兒童生活的福利、教育與司法體系政策。長期來說，美國聯邦、州和地方政府在社會福利計畫的支出，每年總計接近一兆美元。[6]

一九七五年以來，美國總共成立二十幾萬個非營利組織（不包括醫院和大學），但到二〇〇八年為止，只有兩百零一個組織年收入成長達到五千萬美元。其中少數主要由基金會支援，絕大多數的資金來源則是政府或透過持續收取服務費。[7]然而站在營利企業的角度，年收超過五千萬美元的公司比比皆是。

倘若你真的相信光靠捐款就可以滿足長期規模並擴大解決問題，那麼成長假設要確認的是預期單位成本、需求規模、資金來源與勸募難易，以及組織長期上可以吸引多少額度。拿到大額捐款也許能夠多做幾年工作，但要是沒有長遠規畫，也不過是再拖延一段時間而已。大多數情況下，我們除了捐款之外還需要另一個引擎才足以擴大規模。

成長引擎

民營企業大多採行客戶透過直接或間接付費管道，來購買產品或服務的商業模式；相較之下，社會部門的潛在成長引擎更為多樣化。在某些情況下，公益組織並非不能採用市場商業模式，但若是為了服務弱勢族群或更大的公益，市場商業模式往往不切實際。

好消息是，我們可以藉由許多極富創意的方法來擴大規模。關鍵是將原本的線性模式、砸錢模式（Brute-Force Mode）——每一單位的擴張都要再投入更多資金——隨著時間的累積，逐漸轉變成加速適應的成長引擎。否則在擴張整體影響力上仍顯得緩慢、微弱，而且代價高昂。

在全球發展領域，我最欽佩的凱文．史塔（Kevin Starr）是穆拉葛基金會（Mulago Foundation）的常務董事，穆拉葛是為窮人基本需求提供擴大解決方案的民間基金會。他曾提出兩個簡單的問題，精確描述我們的選擇：擴大規模由誰來做？又是由誰付錢？他認為這兩個問題只對應了四個符合現實的答案：執行者可能是你、一些非營利組織、一些企業或是政府；出資者可以是用戶、政府稅收、民間慈善機構或國外援助。但根據我在前一節談到的慈善限制，大多數狀況下我對最後兩個來源抱持懷疑態度。

根據凱文提出的架構，成長假設可歸納為：執行者做得到而且願意做嗎？付款者負擔得起而且願意付錢嗎？舉例來說，我們假設其他非營利組織和企業願意複製或透過加盟取得解決方案的授權，那麼精確驗證他們的動機和能力就非常重要；抑或我們假設當地政府將通過預算為你的解決方案提供資金，那麼驗證干預措施是否符合成本標準、政策、法定程序和政治情勢就很重要。要是都做不到，最好盡早確定這一點，然後轉向。

這些基本要素都有無窮的變化，彼此還會混合衍生。我認為新模式也會不斷出現，不管我們選擇哪一種，都會影響設計、結構和定位。所以各位若能及早確認並驗證成長假設，相應調整解決方案，長遠來看可以省下許多時間和金錢。但起步階段最好別急著加速擴張，日後才能實現大幅擴張規模的潛力。

現在讓我們看看，成功擴大社會創新最常見的成長引擎：市場驅動、自願捐款、交叉補貼（Cross Subsidization）、複製、商品化、政府資助、政府採用和大額捐助。

市場驅動

家用太陽能公司「電網外用電」是第一個通過美國國際開發署實驗室「發展創新

創投」（DIV）計畫，獲得所有三階段贊助資金的組織，第一階段贊助是十萬美元，再來是一百萬美元，最後是五百萬美元。早期階段的捐款幫助它測試及驗證商業模式的創新，在這種模式下，家戶用電只要透過當地手機行動支付少量費用即可使用照明系統。隨著「電網外用電」擴大規模，為了抵消用戶小額消費貸款的償還風險，這筆五百萬美元捐款也「一起投入」做為營運資金，順利從民間貸款籌足四千萬美元。後來證實公司績效良好，已售出十幾萬套照明系統，而且銷量持續增加。「電網外用電」運用民間債務和股權又籌募到一億五千多萬美元資金，現在主要透過商業來源進行融資。

當然，最簡單又直接的成長引擎就是傳統的市場商業模式。用戶即為出資者是最大的好處，代表兩者利益趨向一致，購買決策即是認知產品或服務價值的明確回饋。

從許多方面來說，社會部門和民營部門並非全然不同。民營部門的核心是企業的單位經濟必須發揮作用，生產商品或勞務所得的收入必須在相當程度上超出直接成本；另一方面，非營利組織雖然可以尋找收入來源提升延續性，卻也傾向採用成本回收（cost recovery）的思考方式，建構上頭為支出、底下是收入和捐款的財務報表，希望最終達到收支平衡。不過「成長」的思考模式要從收入開始，扣除支出費用後獲得足夠的利潤，才能投資必要的領導團隊、行銷、基礎設施、研究和前進新市場等面向，使其加速規模化。

除了一些基礎項目之外，兼顧社會目的的企業也會面臨到幾項挑戰。例如向窮人或弱勢族群的市場出售商品或服務，客戶的支付能力往往受到極大的限制。這當然也限制了未來的財務潛力，私人投資者承擔風險的意願也會隨之降低。大部分社會企業會試圖抵消這些風險，比如「電網外用電」會在尋找民間貸款前，先爭取到一定額度的贊助資金，建立良好的財務報告。

倘若客戶的支付能力有限，也許企業更需要對客戶的融資方案進行更深入的投資，不能與一般營利事業一概而論。對於「電網外用電」和其他開發中國家的家用太陽能企業來說，必須開發硬體和基礎設施，並且利用手機行動支付來分攤成本；也需要進一步投資貸款或儲蓄計畫，才能讓用戶負擔得起產品或服務。

無論透過付費行銷或經銷、爆發式成長的熱烈推薦或重複使用，用戶取得產品或服務的機制都是亟需驗證的重要項目。一旦接觸新用戶的成本逐步成長，利潤和成長潛力也就愈見低落。若是來自用戶主動且積極的需求增加，成長將變得容易許多。

有時進入市場的最佳途徑，可以利用現有企業的基礎設施、網路和專業知識，未必需要自己開公司。若是以公益目的為優先，為了盡快提供更多救濟，失去一些控制權或許也是值得的。舉例來說，人們根本不會想到阿根廷汽車技工霍赫．歐登（Jorge Odon）會發明出專門救助難產婦女的低成本婦產科醫療設備。這套技術透過美國國際開發署和其他贊助者提供研究資金，經早期測試證實可以替代過去長期使用的生產鉗，而且更加安全有效，尤其對於助產士只受過基本培訓的資源匱乏環境。但進行臨床試驗、製造和經銷產品並不是歐登的專長；他也沒有採取緩慢而冒險的方式建立新的醫療設備企業，而是將整套技術授權給美國大型醫療技術公司碧迪醫療器械（Becton, Dickinson and Company, BD），由它們負責在市場推廣。

對於兼顧財務、社會和環保三重目的的企業，確實會面臨輕重取捨的情況。一方面是產品若賣給較富裕的市場，應該可以得到更高的利潤；另一方面，若想接觸那些極為弱勢又偏遠的地區，成本勢必大幅提升。儘管影響力投資人可能更有耐心，但是當投資報酬受到威脅，壓力也將隨之升高，一旦企業轉而專注在更有利可圖的機會，社會公益就會遭受損害。為了公開企業的非經濟性承諾，二〇〇七年非營利性組織「B型實驗室」（B Lab）著手認證所謂的「B型企業」（Benefit Corporation, B Corps），即符合社會與環保績效等嚴格標準、承擔社會責任且公開透明的營利企業。

不久之後，美國於二〇一〇年通過立法，首次為B型企業設定正式的企業結構。

從事身分與背景調查的矽谷公司因佛遜（Inflection）是通過認證的「B型企業」。它建置出一套「找對人」（GoodHire）調查平臺，是面向企業的雇用篩選服務。服務企業客戶的同時，它也秉持社會使命促進公平招募，為更加多元包容的社會做出貢獻。許多具有犯罪前科的人並不容易找工作，甚至永遠被排除在社會之外，導致最後又回到監獄。「找對人」平臺提供「真實自我」（True Me）的功能，讓這些人查看雇主在背景調查中看到哪些關於他們的訊息，並能主動添加評論讓個人簡介更完整。這種帶有個人風格的簡介可以提高建立信任感的機會，這種信任感在任何招募人事拍板上都相當關鍵。因佛遜不但為企業提供優質的背景篩選，也幫助許多人重返職場。

自願捐款

自願捐款就像市場商業模式，只是目的不在於營利。自願捐款的範圍很廣，涵蓋大學校友的大筆捐款到非營利組織取代付費服務（Fee-for-service）的「小費」。營利事業很難一味仰賴不確定的自由樂捐經營下去，但只要做出好名聲，即可激發民眾的善心慷慨解囊。贊助者並不指望回報，而那些最需要幫助的人也不會被拒之門外。自願捐款比例愈高，公益組織也更能抗拒高價市場的誘惑。

捐款或小費樂捐模式是非營利募資網站上很常見的做法。例如「贊助選擇」（DonorsChoose）幫助教師為其課程專案教材募資，這些都是為了提升兒童教育水準的專案。起初它鼓勵贊助者將其中一五％捐給「贊助選擇」團隊，但並非硬性規定。十年後，團隊已經能夠完全支付自身開銷，並且產生利潤來執行所規畫的課程方案。全美約七七％的公立學校中，至少有一名教師在這個網站上發布專案募資。

一如市場型成長引擎，捐款模式也需足夠的利潤率和推廣用戶的動力，才會達到顯著規模。

交叉補貼

純市場商業模式的另一種變體是「交叉補貼」（Cross-Subsidization），以組織的某項產品或客戶帶來的利潤補貼另一項產品或客戶造成的部分或全部成本。一般來說，這樣的截長補短都是為了幫助低收入族群。印度阿拉文眼科醫院（Aravind Eye Hospitals）就是讓人印象深刻的好例子，它是世界上最大的眼科護理服務機構。由於過往募款成效不佳，阿拉文只好努力賺取醫藥費，再用來支持窮人的醫療服務。團隊透過來自組織本身的約束，反而得以控制組織的命運。

醫院並未直接調查患者的經濟狀況，而是提出幾種外科手術療程配套供病患自行選擇。最主要的差別是住院病房：免費的共用病房或自費的空調私人病房。但不管自費或免費，所有病患都能獲得同樣優質的醫療服務。透過大幅降低成本和提高效率，阿拉文可以從自費患者身上獲得足夠的利潤，分配給三、四名付不起醫藥費的病人。正因為團隊毫不懈怠的緊盯目標，才能夠逐步擴大服務弱勢族群。二〇一七年，阿拉文總共進行三十幾萬場白內障眼科手術，當中三分之二都是免費或高額補貼醫療費用案例。

交叉補貼模式極富吸引力，因為從高收入客戶獲得銷售利潤再進行重分配，要比從低收入客戶獲得足夠收入容易得多。以阿拉文來說，這家連鎖醫院假使只依賴外部贊助者，絕不可能達到現今的規模。

隨著千禧年世代為社會與環境價值品牌支付更高價格的意願提高，訴求社會公益也成為一種強大的行銷資產。最早「湯姆鞋」免費送鞋的做法雖引發爭議，但「買一送一」模式還是獲得消費者支持。深具社會責任感的眼鏡品牌華比·帕克（Warby Parker）則採用不同方法關注社會。它並非同時經營營利事業和慈善事業，而是和非營利獨立組織合作，推出「買一副送一副」專案服務弱勢市場。華比·帕克每賣出一副眼鏡，就會捐一筆錢給「視力春天」（VisionSpring）等組織，由它們提供有需求民眾配製低價眼鏡的補貼。透過雙方分頭並進，華比·帕克和「視力春天」各自專注在組織的核心使命，而商業獲利也順利幫助優秀的社會企業逐步規模化。

環保爐具業者拜歐萊（BioLite）也利用這個方法改造營運模式，達到平行創新（parallel innovation）的目的。拜歐萊擁用世界一流的人才和資本，同時為富裕的戶外活動愛好者和生活貧困缺乏能源的家庭製造產品。例如拜歐萊野炊爐具（BioLite CampStove）銷售攜帶式生質能爐具給露營愛好者；拜歐萊家用爐具（BioLite HomeStove）也是生質能爐具，比起開發中國家常用的明火爐具是更環保的替代品。儘管拜歐萊服務的兩個市場看似處境極端，然而建構產品所需的技術和工藝卻有許多互通之處。對於通常不容易招募或留任的頂級工程師及設計師來說，有機會從事具社會意義的工作也是額外的報酬。

開發中國家的企業雖然很可能獲利，但經營風險較大、等待時間也較長；要找到能夠容忍這些不利處境的投資人，本身就是很大的挑戰。倘若僅僅仰賴不穩定的捐款，組織營運將欠缺可預測性，也無法留住員工進行長期研發。相較之下，努力做到平行創新的拜歐萊巧妙運用美國市場持續流入的現金，補償其任務型產品所面臨的風險與時機上的劣勢。

複製

匿名戒酒會（Alcoholics Anonymous, AA）擁有兩百多萬名會員，分別參與全球十幾萬個戒酒團體，彼此打氣、互相支持，期待早日成功戒酒恢復正常生活。這個組織看似規模龐大，其實內部只有兩個處理文宣和基本行政的小單位，並無其他正式部門。匿名戒酒會的每個團體都是獨立運作，由團體成員擔任志工出錢出力，自給自足。由此可知，巨大的影響力未必是來自龐大的組織或資金。

民間企業假使要解決某個問題，多半會設計自有系統，向需求群眾策動行銷，再創造誘因鼓勵客戶推薦給更多用戶，透過整套運作來和其他廠商競爭；社會部門的優勢則在於可以自由分享資產，和群眾齊頭並進，朝共同的目標努力前進。然而當家作主的自豪感和控制欲，或是爭取捐款需保持獨特的競爭優勢，常迫使公益組織單獨行動。其實若想使社會公益最大化，應該鼓勵人們複製好的方案，而非一味勸阻。

要讓複製起作用，就要和匿名戒酒會一樣，干預措施要夠簡單且便宜。要是流程過於複雜，讓其他人感到難以複製，就無法維持既有的價值和影響力；要是干預措施過於昂貴，其他人也可能無法募到足夠的資金。匿名戒酒會曾發布十二步驟的指導，讓大家能在自己的社區組成一個小團體，只需要幾位志工，以及支付場地費和一壺咖啡的少量捐款。

另一種複製方法是加盟授權，由特定組織持有產品或服務的品牌、智慧財產權和設計，再授權給其他人提供服務或販售產品。這就像麥當勞由許多家分店共同推動社會公益的做法。但很遺憾的，由於缺乏利潤動機，很少人願意放棄對組織的控制權，而依附在另一個品牌之下營運。因此更多情況是企業或非營利組織在自身名下進行複製運作。例如孟加拉鄉村銀行（Grameen Bank）和國際發展組織ＢＲＡＣ成功開創微型信貸後，全球許多非營利或營利組織也各自採行這種放款模式。

比傳統加盟授權更常見的是一種叫做「微型加盟」的簡化版本，特別是在開發中國家。這是由公司組織或社會企業提供整套小型商業機會來推動產品的販售與配銷。販賣手機通話加值卡的販售亭，也許就是最簡單也最常見的微型加盟店；其他諸如製作、銷售「非洲生態燃料」的農民，為「視力春天」進行檢查和販賣眼鏡的「視力企業家」，以及銷售「科比亞全球」目錄產品的小店主。這些都是低收入民眾販售加盟產品賺外快的例子。

商品化

即便在營利事業，刻意將特定市場商品化來降低成本也並非常見策略。國際健康組織PATH為了永久調降濾水器的價格，讓世界各地低收入家庭廣泛採用，設計出通用的標準接口並開放所有廠商使用，而非只顧及自家產品。這種規格化的濾水器可以更換任何品牌的規格化濾芯，如此一來自然不會再出現特殊零配件漫天叫價的情況；美國也有類似的案例，電腦印表機的墨水匣規格化以後，整體列印成本即大幅降低。

免費授權的做法也讓PATH吸引到一些感興趣的小型企業踏入市場，連科勒（Kohler）在內的大型企業也願意參與。PATH本身不做產品，卻仍創造出顯著的公益價值：取用更為普及且便利，價格更低廉，以及一種可幫助人們改善生計及永續環境的可持續市場（sustainable market）。

政府資助

賴比瑞亞是全世界最貧窮的國家之一，但他們正在進行一項很有意思的實驗。這個國家遭受內戰蹂躪十四年，隨後又爆發伊波拉危機，內政混亂使得賴比瑞亞的學校教育毫無起色。據估計全國學齡兒童上小學人數不到四成，一半的青年是文盲。甚至，在二〇一三年竟然沒有一名學生通過賴比瑞亞大學的入學考試，全國備感震驚。

面對這場危機，當時極富前瞻思考的賴比瑞亞教育部長喬治・偉納（George

Werner）認為該是採用全新想法的時刻，於是從二〇一六年起著手推展賴比瑞亞合作學校（Partnership Schools for Liberia, PSL）。合作學校與八家營利及非營利組織簽約，授權經營九十三所公立學校。學校讓學生免費就讀，政府則向營運商支付教師工資及每位學生每年五十美元的補貼。試行一年後由第三方嚴格評估，發現合作學校的學生人數比起過去政府主導的學校增幅達六〇%。儘管還不清楚這樣的成果能否維持下去，成本又能否隨著規模擴展而充分降低，以及政府出於政治上種種考量是否繼續支持，但民眾相當希望這套計畫可以進一步推行全國，徹底翻轉賴比瑞亞的教育體系。

在教育和醫療等基本公共服務項目上，政府往往是最大的提供者，純市場商業模式並不可行。利用政府現有的資金流，通常才是達到規模化的最佳途徑。因此供應商必須適應政府的預算、政策和流程，或者致力於改善官商合作。

其中一家合作學校叫做布里吉國際學院（Bridge International Academies），這是一家社會企業，在非洲各地經營五百多所低成本學校。它也透過創新和技術，提供比多數公立學校更好的教育。布里吉也在許多國家和地區經營私立學校，而它最終希望證明，即使弱勢社區的公共教育預算有限，還是可以提供高品質的教育。基本上，布里吉的學校向政府展示了新模式的優點，並期待最終公立學校能提供免費、充足的教育，並且對所有的孩童開放。

我們在第七章談過「美國程式」如何創建加州糧食券網站，並大幅簡化糧食券申請流程。基於改良相關流程的成功經驗，團隊後來又獲得食品和營養服務局（Food and Nutrition Service, FNS）的附加合約，由政府持續補貼資金支付招募、營運和服務費用。但它沒有再行募款來滿足低收入戶的營養需求，而是利用已經撥付為糧食券但無人認領的政府預算。「美國程式」針對這套作業方式估算指出，只要投資十美元，客戶就能獲得一百八十美元的糧食福利。

各位應該想不到，將無人機送貨服務首次拓展到全國各地的成果竟然發生在非洲，而這正是吉普萊（Zipline）公司在盧安達做出的成績。不過吉普萊是創投基金支持的企業，對於投資報酬抱有高度期待，這項服務也並非慈善活動。盧安達境內多山，基礎設施貧乏；連運送緊急輸血需要的血漿時，常常要開車數小時才能送達區域中心，以致於無法及時挽救許多傷患的生命。而策略性的預先貯存血液又顯得過猶不及，供應不足的地區還是缺血，供應過剩的地區則有過期浪費之虞。因此透過吉普萊的支援契約，盧安達政府即可利用無人機在三十分鐘內按需求及時送達。儘管運輸費用聽起來可能很昂貴，但這項創新實際上幫助政府節省許多資金——考慮到先前的運輸、浪費和庫存成本——而且提供更好的醫療衛生服務。

上述的例子在在顯示出運用政府資金可以展現出更大的效益，一旦成功也將發揮巨大的影響力。慈善捐款在早期測試時發揮了重要的作用，然而政府擁有更多足以支持成功的解決方案、進一步擴大規模的資金。

政府採用

有時政府採用而不只是出錢贊助，也可以實現規模化。以美國來說，聯邦、州政府和地方政府總計兩千兩百多萬名員工，占全美勞動力的一六．七%。[8]要是能有效改善這群員工的工作方式和內容，即可帶來很大的不同。

頂峰公學聯盟多年來在加州經營幾家特許學校（charter schools），質疑傳統教育的每一個假設，最終透過重新設計學校的制度與課程，致力充實學生生活所需的技能、知識和習慣。憑藉辦學優異的成果，頂峰二〇一五年起廣泛影響美國的公共教育體系；截至二〇一七至一八學年度，全美共四十州、三百多所學校（多數為公立）前來參與頂峰學習計畫。頂峰將相關技術整合到這些學校之中，成功跨越規模化的轉折點，大幅擴張影響力。

政府現行方案的基礎設施和覆蓋面也可以做為平臺，為社會提供額外的福祉。全世界超過八億名兒童面臨寄生蟲感染風險，這也對他們的健康、學習能力和未來的生產力構成嚴重的威脅。根據科學研究顯示，若從學校開始推行驅蟲計畫，保護每個學童的花費根本不到五十美分。非營利智庫哥本哈根共識中心（Copenhagen Consensus Center）就指出：「驅蟲帶來的好處可能達到成本的六十倍之多。」

但是要在全球建立經銷網絡（distribution network）來解決這個問題，對於非營利組織而言仍是沉重的負擔。於是「證據行動」提出「為世界驅蟲」計畫，主要遊說各國的政策制定者，提供技術援助來設計並執行國家層級的有效方案。光是在印度支持「全國驅蟲日」的專案，二〇一七年就治療兩億六千萬名兒童，成效驚人。這套計畫正是透過公立學校和現有的工作人員，才能以更低廉的成本幫助更多孩童。

大額捐助

我在本章開頭說過，大多數情況下我對於僅透過捐款贊助實現規模化的潛力抱持懷疑態度，但確實也有一些例外。這種例子通常屬於以下兩類：一是已然找到規模化所需的大額贊助，或是干預措施效率極高，擴大規模時成本並不因而大幅增加。

我在這一章也分享過第一類的案例。少數幾項全球性挑戰即是事先爭取到贊助者提供大額捐款的承諾。這些努力大多來自政府機關的支持，它們比最大的私人基金擁有更多的資源和影響力。至於光靠捐款能否達到規模化成長的潛力，只需將需求規模和每一次干預的預期成本及可募到金額加以比較，即可輕易驗證。

有時最具成本效益的解決方案，可能是問題還沒出現之前就防患於未然的做法。比如事先投入大筆資金增援糧食，能夠紓解全球六億農民即將面臨的季節性饑荒。又如第四章談到的，耶魯大學研究人員發現提供交通津貼可以大幅增加農民的季節性就業，提高收入；這也等同讓農民每天多吃一餐。而且事實證明，花二十美元送他們巴士車票，會比事後提供糧食給饑民的成本效益高出五至十倍。因此，「證據行動」期待透過贊助者長期投資「無荒季」計畫（No Lean Season），成為糧食援助行動重要的一環。

相對低廉且成本不會隨規模擴大而成比例增加的干預措施，可能也是持續吸引捐款的優秀專案。而且通常來自並未直接分發實體物資或提供服務的倡議團體（advocacy groups）及技術平臺。這些組織的整體預算不多，即使是在全國各地運作，光靠捐款贊助可能也就夠了。

倡議團體會針對利益議題試圖影響政策或大眾輿論，並透過直接或間接推動規範、法律制度和政府支出來發揮巨大影響力。例如「第一個五年基金會」（First Five Years Fund）提倡聯邦政府加強投資幼兒教育，年度預算約五百萬美元，獲得一些著名的美國基金會資助；引導輿論上，「同志反抹黑聯盟」（GLAAD）三十多年來始終倡導傳播媒體須公平、準確且包容的報導同性戀者，藉此提升社會對同性戀者的接受度，它的年度預算每年約一千兩百萬美元。這些組織光是憑靠個人或基金會贊助，就能發揮遠遠超出自身的影響力。

技術型解決方案則具有高附加價值，尤其是數位化形式後的價值。一如任何營利性質的線上服務，平臺一旦完成之後，無論用戶增加多少人次，也不會增加多少成本。這種特性成就了科技產業的大躍進，而在社會領域也產生同樣的影響。舉例來說，可汗學院每年預算才約略超過三千七百萬美元，但它每個月透過線上課程目錄，就能為一千兩百多萬名學生提供世界級的免費教育。[9]課程藉由科技力量快速布建完成，然後以極低的成本一遍又一遍在網路上播放。

儘管有這些例外，完全仰賴捐款贊助的成長引擎還是必須三思而行。僅憑慈善捐款就足夠支持回應需求必要的規模？如果不夠，還是必須盡早測試其他收入來源，從一開始就納入解決方案的設計之中。

合夥形式

我走訪數十個開發中國家，對於各種大規模以至於小型對外援助專案和社會企業進行實地考察。幾乎所有人都會面臨的共同挑戰是：最後一里路的配送。換作在美國，人們有很多選擇，從聯邦快遞到智慧型手機應用程式都能接觸到幾乎任何地區的任何一名客戶；然而在相對貧窮的國家，光是可靠的配送就是個巨大障礙，尤其是偏遠的農村地區。再加上道路險阻難行、識字率低且人口分散，問題更趨複雜。

要解決基礎設施薄弱、缺乏分發配送共享系統的問題，不少組織傾向創建自己的管道。於是我可能會在同一個地點遇見不同的代理商，例如販售手機通話時數、太陽能系統、清潔爐具、醫療產品、農業和消費用品等等。每一種產品線都要在當地找代理人，搞清楚運輸上有哪些選項，才能和客戶建立信任關係。除此之外，還有提供小額信貸、農業培訓、社區醫療衛生和婦女援助等各類服務的網絡。由於這些管道零散且破碎，許多大額贊助者發現若想防治瘧疾、肺結核和愛滋病等不同疾病，就得分別提供資金給那些互不支援、不通聲氣的獨立供應鏈和前線工作團隊。

當然，若以為光靠一個人或一套網路系統就能處理不同類型的援助活動，也是不切實際的想像。但是贊助者、非營利組織和社會企業若能共同投資基礎設施，超越本位協同運作，就可以更快實現各自的目標。出於這層認識，比爾及梅琳達．蓋茲基金會於二〇一二年成立綜合工作團隊，建立綜合管道、加強衛生系統，做為防治特定疾病重大投資的後援。

像這樣的合夥及協調作業，短期內自然會影響專案進展。但就像我們花時間驗證成長引擎，就是為了在未來加速前進，利用規模化系統和基礎設施也可以收到相同成效。例如可口可樂公司的「最後一里」專案與非洲各國政府合作，利用公司遍布各地的冷藏供應鏈為偏鄉社區提供救命的藥物和疫苗。我們在第十章也會談到另一個傑出的案例，「視力春天」在孟加拉利用國際發展組織BRAC深入社區的衛生工作人員分發眼鏡，不必煞費苦心自行布建管道；另一個是第四章提過的美國案例，透過基督教男青年會的組織網路來宣導糖尿病防治。

要擴大解決弱勢群體的問題，分發配送只是眾多挑戰中的一個，尤其是在低收入國家。緬甸一家社會企業，專門提供健康資訊的「科科科技」（Koe Koe Tech）常務董事麥克．倫文（Michael Lwin）是這樣說的：「若你聰明、有才華，那麼當個在富裕國家賣東西給那些有錢人的企業家會容易得多。因為你擁有完善的基礎設施和法律制度。」然而要是沒有這些良好的前提條件，就需要垂直整合許多努力，也必須掌握許多專業知識，風險因此升高而成長減緩。

當然，各組織也可以自行其是。大型贊助者和非營利組織往往以特定地理區域或部門為優先，而規模較小的非營利組織和社會企業通常也有自身明確的任務。要在這些條件限制下找出有意義的交集、形成合夥關係基礎的確是一大挑戰。然而相對的，專注在自身目標上對於衡量進度、負起責任雖是極為重要的態度，卻也可能導致短視近利的思維。

倘若需要的系統或基礎設施已經超出你的核心價值主張，不妨尋找擁有類似需求的參與者，共同分擔投資和營運成本。這包括分配管道、後端資訊系統、供應鏈、外部擴展、培訓或其他可從規模經濟獲益的元素。有時候運用現有的系統，也可以同時滿足原始需求和新需求，例如前面談到的可口可樂、基督教男青年會和BRAC等案例；要是需要的系統不存在，集結與該目標相關的非營利組織、企業家和贊助者一起投資，即可降低成本，各方皆能受惠。

各位要記住，我們的共同使命是社會公益，我們每個人都專注在各自的領域致力於提升價值，創新因此蓬勃發展。與其尋求自身的掌控度，不如攜手做大規模。

加速成長

倘若各位同意社會新創企業應該從小規模做起，但需設定遠大的目標，那麼成長假設要驗證的就是：如何由小變大。在企業成立的早期階段，依靠捐款就足以進行設計、實驗和測試。但這些資金是有限的。到了某個程度，我們若希望滿足規模化的需求，就要找到持續且經常性的資金來源才能加速成長。

牛頓第二運動定律指出，物體的質量愈大，加速時所需的力道也愈大。所以若想讓任務輕鬆一點，就要不斷降低成本和複雜度才能減輕負擔。嘔心瀝血的精心設計也許能對少數人產生重大影響；但如果能對成千上百倍的民眾提供援助，即使干預措施還不夠完善，不也是發揮了更大的影響力嗎？千萬別因為追求完美，而妨礙你為民眾帶來福祉。

社會部門經常舉出接觸多少人次的虛榮指標來吹噓成功。但各位要記住，規模並非靜態的數字，而是一套方程式。不管是透過商業模式、政府採用、複製還是其他方式，它都可以打破捐款週期，驅動成長引擎，開始加速。規模化就是從線性成長轉變為指數成長。

第九章

影響力

微型信貸（Microcredit）是向低收入借款人提供小額貸款的延伸形式。自一九八三年起穆罕默德・尤努斯（Muhammad Yunus）設立孟加拉鄉村銀行承作微型信貸，數十年來都是慈善事業熱愛且激賞的做法：相當簡單且財務上得以延續的干預措施，就此讓數百萬人脫離貧窮。微型信貸為尤努斯和鄉村銀行贏得二〇〇六年的諾貝爾和平獎，獎勵他們「由下而上創造經濟與社會發展的努力」。直至二〇〇七年，微型信貸已經發展成全球性產業，世界各地的微型信貸機構多達兩萬五千多家，貸款人次超過一億。[1]

一方面，微型信貸是實現大規模社會公益最讓人印象深刻的範例之一，前述的案例則是透過複製來達成；但另一方面，一些助長業界炒作的說法現已被證明為不實。

孟加拉鄉村銀行成立近三十年後，微型信貸是否的確能夠解決貧窮，幾個國家都對此進行一系列嚴格評估。二〇一五年一月號的《美國經濟雜誌：應用經濟學》（*American Economic Journal: Applied Economics*）分析六項隨機對照試驗後指出：「缺乏對一般貸款人產生變革性影響的證據。」微型信貸雖然確實帶來正面的貢獻，諸如穩定收入、擴大信貸管道和促進商業活動，但並無證據顯示能提升整體收入或減少貧困；[2] 有些貧困家庭甚至因為無法負擔微型信貸機構的高利率，反而揹了一身債。

這並不是要評價微型信貸的優劣。畢竟它也為許多家庭提供更多財務上的選擇，讓他們有更多機會對抗逆境。但要是我們早知道這個做法無法減少貧困，數十億美元的援助和投資還會送往那些地方嗎？

「精實影響力」的核心原則之一，就是在擴大規模之前，先從小處做起進行驗證。假使是營利企業，只要測試價值和成長假設就夠了。但我們對社會或環保負有使命，可想而知門檻更高。而且我們還必須檢驗影響力假設，這是社會創新的第三個支柱。

它有效嗎？

過去七十年來，對外援助花費達到驚人的數十億美元，但是否取得成效，至今仍爭論不休。二〇〇九年，針對九十七項計量經濟學研究的學術分析結論指出：「已有大量證據顯示，這些援助並未奏效。」[3]現實的情況是，在各式各樣的干預措施當中，一些干預措施獲得驚人的成功，也迅速廣受讚揚；然而，黯然收場的失敗案例多半隱而不宣，更別提那些絕大多數結果不明的方案。儘管如此，我們仍須知道其間的區別。

「影響力」是社會部門的終極目標，測試解決方案時應該置於最重要的核心。在多數情況下，優先測試風險最高的價值和成長假設也很合理，而且符合實際情況，因為這樣有助於進行更便宜快速的實驗。畢竟要是沒有人願意使用或付費，就毫無社會影響力可言。但我們要在擴大干預的規模和範圍之前，先回答一個重要的基本問題：它有效嗎？

對於各種改變社會的努力，最誠實的答案似乎是：大多數我們並不確定是否有效。餓肚子的人也許吃飽了，但他們會變得更健康嗎？孩子也許能夠上學了，但他們能否繼續學習成長，過上更富足豐碩的生活？我們認為自己已經提供足夠的援助，但我們該如何確定這些援助真的幫上了他們？

非營利組織「直接援助」（GiveDirectly）因主張無條件直接給錢以消除貧窮而備受關注。它直接提供現金給貧窮家庭，讓他們按照最緊迫的需求自行運用。該組織的聯合創辦人兼總裁麥克・菲耶（Michael Faye）如此描述成功的真正標準：「為社會領域的影響力建立基準，如同先鋒基金（Vanguard）在投資業創辦指數基金。」這意謂著「直接援助」要挑戰其他干預措施，而其他人得證明其干預比起直接給錢更適合長期扶助貧困。要是花費同樣資金卻無法比直接給錢提供更多好處，那些複雜的計畫還值得執行嗎？麥克並不認為直接給錢就是最好的解決方案，但他希望社會部門的長期運作能更嚴謹，也更有效率。

即使是能夠明確展現影響力的組織，往往也難以確認其成本效益。因此量化影響力是重要的第一步。但要讓影響力具備意義，我們還要問：花了多少代價？雖說企業才看重管理成本，但許多非營利組織對於追蹤單位財務績效既無章法也不精確，連一些個別干預措施中投注於每個人的費用都不清楚，實在讓人驚訝。在這樣的背景下，「直接援助」的基準即是有用的參考點。應該要追問到底的不只是我們**有沒有**帶來改變，而是我們的投資是否帶來最大的改變。

要衡量社會影響力，確實比起追蹤電子商務交易還要複雜許多。以軟體新創企業來說，只要設定幾個直接指標就能判斷成功與否；這些指標包括收入、三十天期活躍用戶人數或相關轉換率等等。相較之下，社會影響力可能需要數年、甚至數十年才會完全實現。因此，要評估未來會產生多大的影響力，似乎曠日費時教人望之卻步。儘管可以先考慮當前較具體的優先事項，包括贊助者要求驗證成果的壓力。但隨著時間累積，組織要做的事可能愈來愈多，根本無法停下腳步確認或提升實質影響力。

另一方面，若要嚴格評估影響力，有時在團隊的靈活度上得做出很大的犧牲。因為透過全面隨機對照試驗蒐集證據，很可能就要花上數年之久，在這段期間內，通常不鼓勵、甚至禁止變更專案內容。而要是評估後得到正面評價，贊助者和執行者對於任何危及證據基礎的變動也會更加猶豫。所以，我們常看到一些令人印象極為深刻、影響力也最大的干預措施，反而隨著時日變得停滯不前。

要怎麼避免盲目投放干預措施、抑或組織專案緩慢僵化的兩難呢？更好的辦法就如同我們驗證價值和成長，必須分階段進行驗證；也就是事先找出預期影響中風險最高的假設。驗證影響力並不是全有或全無的選擇，可以分層進行一些較小型的實驗，逐步降低風險。

改變理論

「改變理論」（Theory of Change）是非營利組織、基金會和政府機關在建立模型、設計和評估社會影響力時最常用的方法。簡單來說，這個方法能顯示活動與各種預期效應的因果關係，而這些效應會逐步導向預期成果。

比如我們設定一個目標：讓家中的高中生考上好大學！你想到的方法可能是：要是給予現金獎勵，他應該會樂於參加課外輔導，而課外輔導會為他帶來更好的成績，也就更有機會上哈佛。不過，你家的高中生可不見得會配合你。事實上，范德比大學（Vanderbilt University）二〇一五年的研究即指出，給予孩子現金獎勵並沒有明顯的成效；若改由學校負責人發給證書肯定，學生持續參加輔導課的參與度會提高四二%。[4]改變理論可以清楚顯示假設，確認干預的預期結果，凸顯出哪些內容必須接受檢驗。

改變理論最簡單的形式可以分成五個主要階段：投入、活動、產出、結果和影響

圖9.1　改變理論

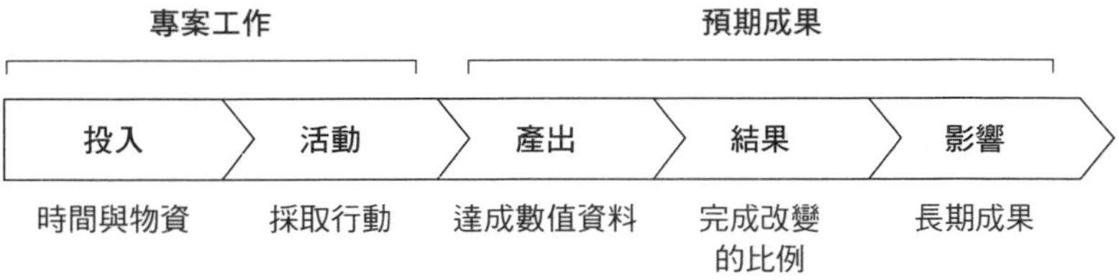

（見圖9.1）。「**投入**」階段列舉所需資源，例如金錢、物品或勞力；「**活動**」階段進行規畫，然後分配金錢、物資等需投入的資源。投入和活動是我們可以直接控制的工作階段；再來「**產出**」階段則展現以上工作最直接的成果，通常會顯示多少人或群體接收到產品或服務；「**結果**」指的是這些受益者獲得援助後，其生活、行為或能力出現什麼樣的改變；最後，整個方案所帶來的長期成果（希望是正面成果）即是我們期待的最終「**影響**」。

前面課外輔導課的例子中，「投入」即包括鼓勵學生和上輔導課的金錢或證書；「活動」是給予現金或證書鼓勵學生參加輔導課；「輸出」是參加輔導課的學生人數；「結果」是輔導課的出席率提升；長時間累積下來，同學們的考試成績或表現進步展現出「影響」，最終目標是進入理想的大學。

臨床研究專業術語中，這整套改變理論反映了干預的「**療效**」（effectiveness），即現實條件下所發揮的正面效應。

每個連結都能反映出長期影響必要的各種因素，包括理想條件下是否產生預期**功效**（efficacy），以及其他外部變數，比如依附程度、執行品質和資源取得難易等等。

優秀的改變理論應該盡量根據現有證據產生結果，一次最多只引進一、兩個新變數測試干預措施是否仍有效。要是其中每個環節都來自臆測和冒險，那就是賭博而不是創新。

儘管在設計過程中要闡釋改變理論已屬司空見慣，而且多數贊助方案都列出這項要求，但這套理論常常沒有獲得充分的驗證，反而被簡化為解釋計畫基本原理的工具。而專案一旦著手執行，進度報告也往往將重點放在「產出」，視其為工作績效證明；畢竟這一階段相對快速且便於衡量。然而這是否意味著即將實現預期的結果或創造影響力，可就不清楚了。以微型信貸的案例來說，借貸人數的快速成長引發全球關注，但借貸人數激增和收入提升及消除貧窮的關聯，多年來卻沒人質疑。假使我們關心影響力，就應該盡早且時常測試改變理論。

細分階段

根據「精實影響力」原則，你要做的是盡可能從小規模做起，逐步降低風險。而闡明改變理論即是從「全有／全無」的方法轉向發揮影響力的第一步。我們還可以細部分解每個階段，詳細說明彼此之間的關聯性。在輔導課的例子中，我們可以先設定幾個和出席率有關、提升成績的假設，比如「學生專注程度」、「導師能力」和「提高考試分數」。這些連結各自代表一個假設，我們可以測試這些假設是否會帶來預期的影響。其中部分連結也許已被證實有效，例如學生若保持成績優異就可能錄取大學，所以只需審慎關注最大的未知因素即可。

舉例來說，你想分發蚊帳，希望透過這個方法減少瘧疾死亡人數。於是你要先進行一系列假設，包括收到蚊帳的人是否會正確懸掛蚊帳、又能否好好睡在蚊帳裡，如此一來才能降低罹患瘧疾的風險；功效研究（efficacy research）也已證實睡在蚊帳裡和減少瘧疾傳播確實存在因果關係。因此風險較大的假設即是：人們是否會正確懸掛蚊帳而且睡在裡頭。[5]

慶幸的是，檢查民眾是否正確使用蚊帳是可以立刻執行的短期實驗，不用花好幾年才得出罹病人數明顯減少的統計數字。我們還可以快速測試一些變數，確認能否提高採用率，例如調整帳篷價格、民眾教育訓練或宣導健康資訊。睡在蚊帳裡的人愈多，感染瘧疾的可能性就愈低。當然，我們過一段時間還是要針對瘧疾發病率實際下降的情況進行驗證，以確認該方法的影響力，並確保沒有漏掉任何意料之外的因素。但首先提高蚊帳的正確使用率，就能降低失敗風險，也增加更多改良的空間。

「ＩＤ透視」（IDinsight）是最早採用快速循環評估（Rapid-Cycle Evaluation）的開創性領導組織，它運用這套方法，協助尚比亞衛生部研究如何降低防蟲蚊帳的配銷成本。研究發現，幾乎所有民眾都願意前往社區分發點領取蚊帳，比挨家挨戶分送划算許多；研究也發現，六個月後派社區衛生員家訪輔導懸掛蚊帳的做法，並未有助於提升使用率。尚比亞根據調查結果更新指導方針，採用分發點發送並取消家訪，估計節省下五九％的人力成本，同時將對覆蓋率的不利影響降至最小。[6]

分層驗證

要設計出具影響力的「最精簡可行產品」，必須事先擬定改變理論的每一個步驟，確認風險最高的環節，然後設計出可直接測試因果關係的實驗。假使某個環結本來就需要經過較長時間才能顯現，可以找方法將它細部分解成無損成效的數個步驟。先驗證和改良這些前導測試，就能更加確信最後預期實現的影響力。我們要做的應該是，在驗證成本的條件下把可能的風險降到最低。

在《精實新創之道》中，艾瑞克．萊斯分享奇異電子製造柴油引擎「最精簡可行產品」的案例。這並不同於應用程式的原型設計，設計引擎不可能一天就完成迭代改良。但是奇異電子團隊透過減少新功能和運用現行產品，六個月內就為五年期的專案做出第一個測試，大幅降低整體的複雜性和風險。[7] 較小型的實驗可以確認客戶需求，也能在擴大投資之前先行確認設計上的問題；而不是盲目投入五年到頭來才得知產品失敗。奇異電子運用「最精簡可行產品」來測試改良和簡化引擎，一路吸收開發過程的經驗，直到完成最後的設計。

社會干預有時甚至與噴射引擎一樣複雜。因此要在一天之內完成「最精簡可行產品」迭代改良是不可能的，實驗範圍仍得縮小到一定程度才能讓我們快速學習。還記得預防愛滋病毒傳播的陰道凝膠替諾福韋？儘管需經三期實驗才能獲得主管機關核准上市，但先對主要風險進行短期實驗，即可在耗時更長也更昂貴的評估之前找出缺陷加以解決。

價值「最精簡可行產品」測試的是受益者和利益相關者的參與和投入程度，影響力「最精簡可行產品」則要測試專案實施的預期效益。產生影響力通常會花更長的時間，而實驗仍是加速學習所需，而且是規模最小、成本最低、耗時最短的做法。接下來我要向各位介紹一些策略，以因應驗證影響力時可能出現的獨特挑戰。

運用先期指標

某些領域的社會影響力可能要好幾年、甚至一個世代後才出現。我們是否正在創造一個更民主的社會？我們能打破貧窮的世代循環嗎？又能否充分遏止環境惡化的現況？我們可能難以預測這些問題的答案，但只要改進影響力的先期指標，即可降低風險，長期下來提高獲得良好結果的機會。儘管和最終結果未必百分百相關，比起盲目碰運氣還是好得多。

提高教育程度就屬於這一類案例。頂峰公學聯盟的目標是讓全體學生讀完大學，而這是不花上十年就無法完全驗證的結果。但團隊知道必須加快回饋週期，畢竟坐等學生畢業實在太慢了。

頂峰和臉書的獨立工程師小組合作改進技術平臺，持續追蹤學生的學習歷程。學生是否去參加考試？他們的成績如何？後來又做了什麼？蒐集學生資訊之外也結合定期導師會談和教師回饋，為學校提供每一位學生的教育水準視圖。如今頂峰運用這些資訊即時探索學習影響，不斷評估、改進各面向的教育體驗。

執行長黛安．塔文納（Diane Tavenner）也設計出一系列變化來測試自己的想法。例如她認為老師站在教室前面的傳統教學方式，似乎無助於學生的學習成效。於是她讓學生自行決定是否出席課堂。第一週，出席的學生略為減少，評估顯示學習成效並無差別；不過幾個孩子接受調查時，反應他們上課時有些疑問沒有獲得解答。下一週，老師們增加了課業輔導時間（office hours），上課出席率持續下降。七週之後，只有兩個孩子照常上課（而且非常享受老師對他們的個別關注）。但與此同時，課後輔導大受歡迎，整個班級的成績和滿意度也明顯提升。這個模式獲得成功。

藉由辨識和衡量教育成就的先期徵兆，頂峰顯著加快回饋週期，進行一系列測試，探索優化教學模式最有效的方法。儘管如此，先期指標仍不見得保證最終必然出現預期的影響力，但是至少在降低風險和增加成功機會上大有助益。

運用你的限制條件

部分的干預措施本質上是在限制條件下運作，所以驗證影響力時必須將這些因素一併考慮在內。某些活動只能在一年當中特定的時間進行，某些活動則必須進行一段時間。例如農業相關活動就具備這兩種特徵：只能在生長季節種植，而且種植的蔬菜需要一段時間生長。儘管面臨這些挑戰，一畝田基金早將創新融入組織的ＤＮＡ，持續推動漸進和變革式的創新。

我在第六章談過一畝田基金和非洲小農合作時，即認識到早期測試和驗證的重要性。此後制定一套推出新產品的五階段流程，從研究著手，直到全面在整個專案採行成功的創新。舉例來說，農民藉由植樹提升額外收入正是一系列成功的測試。

樹木是柴火、建材和畜產飼料的來源，也可以栽種於農田邊緣，用於遮蔭防曬並且防止土壤流失。一畝田基金的早期研究估算，農民要是花六年種樹，每年種植的幼苗可以創造三百九十美元的淨利，獲利率高達一四五〇%，就提升農民收入的目標而言可說是相當高的數值，因此這個想法很值得進一步探索。

成功的關鍵之一，就是植樹的發芽率。種活的樹愈多，產生的收益愈大。一畝田基金在苗圃裡測試許多不同的種植方法，找出提升種植率及減少作業複雜度間最理想的平衡狀態。實驗內容包括種子來源、種子儲存方案、盆栽混合物的組成和移植時間等等。

苗圃試種成功之後，隔年進行小農試驗。不幸的是，農地條件和苗圃不盡相符，存活的植株數量少上許多。儘管利潤還是很高，卻仍遠遠不及植樹有成的收益。於是基金會做了更多實驗，包括改善種子儲存、土壤與肥料混合和農民的培訓課程。他們也引進育苗盤隔離植株，降低養分競爭，讓生存能力提升達一倍。

植樹週期的延緩並未讓一畝田基金停下實驗的腳步。除了提高植樹存活率，團隊還測試一些行為干預措施，鼓勵農民將植樹銷售時期推遲六年，直到完全成熟再獲取最高利潤。一棵完全長成的大樹，其價值大約是幼苗的十八倍，這對農民來說是個很好的長期儲蓄計畫。

一畝田基金並不滿足於正面影響，而是尋找更多方法持續創造最大的影響力。

衡量無形資產

有時候，衡量影響力之所以困難並非來自時間，而是要辨識出一些無法單獨衡量的效應，像是促進政策改善、提升彈性、能力或幸福感等這類無形的特質。這些高複雜度的影響很難符合簡單的「是」或「否」指標。不過若能掌握先期指標，仍然足以提供有意義的訊息，顯示你是否走在正確的道路上。

「暫緩執刑」的總部位於倫敦，是一個倡導人權與正義的組織。它提供不一樣的產品：創造新敘事來改變大眾輿論。組織只有四十一名員工，但經常和強大的對手作戰。他們不僅身手敏捷，還能揮出超越自身量級的重拳。前常務董事克萊爾・艾爾嘉（Clare Algar）也指出：「這個產業的趨勢是：以為一切盡善盡美才會獲得信任。然而這阻礙我們嘗試不同的方法發掘出有效的活動。」

我們很難預料努力之後能否收穫，但「暫緩執刑」發現，傳播媒體對此感興趣的程度是很好的先期指標，也是推動民眾參與的重要因素。因此，新聞聯絡人的新點子能否受到媒體關注即是「最精簡可行產品」。要是記者們有興趣寫成一篇報導，那就是個好指標。一旦新聞見了報，媒體報導的廣泛度又進一步證實議題力道。倘若沒幾家媒體跟進，可能就要換個角度，或承認議題本身無法引起共鳴。「暫緩執刑」內部不會為了達成完美一致的協議而浪費時間在無休止的辯論上，反而靈活對外提出想法，更快速採取行動，以做出更好的決策。

「暫緩執刑」也成功倡導停止注射毒針的運動。一位美國律師代表一名即將遭到處刑的客戶致電團隊，「暫緩執刑」志工隨即確認行刑毒劑是由一家位於倫敦、打著駕訓班名號的批發商負責供應。於是「暫緩執刑」向英國政府允許出口行刑毒劑的行為提出控訴，聲稱政府違反英國及歐盟廢除死刑政策。這件訴訟案引發一連串媒體報導，最終導致英國政府宣布出口管制行刑毒劑，組織隨後將這個運動推向歐盟。後來美國各州轉向非歐地區採買新藥，但團隊又說服製造商實施經銷控管，防止藥物用於執行死刑。在「暫緩執刑」的積極行動之下，美國執行死刑的藥物一度出現短缺。

所以，沒有一體適用的方法。透過行為轉變的報告、對真實或建構場景的反應，或是心理測量工具，都可以衡量出態度的轉變。發揮你的創意，即可為無形影響力找出早期的衡量指標。

多向度問題

發揮社會影響力通常是多面向問題（multidimensional problems）。我們單獨處理個別情境時，也許短期內會取得一些進展，但這些成效隨著時間流逝又將消失無蹤。能夠持續下去的改變，通常不僅僅是滿足眼前的需求。不管是饑荒、缺乏技能或是取得服務的管道，都需要再深入解決一些潛在動機，提供系統性的支持和激勵，並且察覺造成現狀抑或強化現狀的政策。要是我們只看到表面的症狀，不過就是反覆為傷口貼上ＯＫ繃罷了。

美國約三分之一兒童有肥胖問題，引發健康風險，這不僅造成孩子們無法上學、學習時間減少和生產力下降，同時也是社會的巨大損失。非營利組織「食品軍團」

（FoodCorps）希望打造出孩子們愛吃健康食品的未來，讓他們充分做好準備，努力學習、盡可能發揮潛力。它透過專門從事國內服務的「美國志工隊」（AmeriCorps）領導者進入亟需飲食指導的學校，服務人員推廣有助於健康的飲食文化，和學校自助餐廳合作提供更健康的料理，並透過實際手作課程引導孩子們愛上蔬菜。

食品軍團從兩方面來衡量影響力：學生的變化和學校環境的變化。為了衡量學生態度的轉變，他們進行「蔬菜偏好調查」。食品軍團於二〇一七年調查發現，五五%學生對蔬菜的興趣顯著提升；食品軍團也比對學生用餐前後的餐盤照片，檢視學生的飲食行為，確認他們吃下與剩下的料理種類與分量。食品軍團調查後指出，學校裡較常參與手作課程的學生，食用的蔬果量是其他學生的三倍；在衡量學校環境的變化上，「健康學校」（Healthy Schools）進度報告中追蹤了全校採用最佳方法後的狀況，例如在花園安排種植活動和教學、菜單上推薦健康食品，並且鼓勵學校負責人及教育工作者參與相關活動。

掌握了前述兩項發揮影響力的重要因素，食品軍團在學校創造出自我強化的環境，孩子們可以自行做出健康的選擇，而且隨時有更好的選項。組織創辦人科特・艾利斯（Curt Ellis）指出食品軍團「不厭其煩的評估團隊的計畫方案是否有效，而且希望一年比一年更好」。

前面只舉出幾個例子，說明不同條件下依舊可以分層驗證影響力。最重要的是找到機會，小幅增量測試和學習，降低過程中可能的風險，並盡早改進，創造更多公益。

什麼最重要？

舊金山的「社區住房合作」（Community Housing Partnership, CHP）組織成立於一九九〇年，持續為長期無家可歸者提供住房及相關服務。這不只是一種臨時庇護，也是援助無家者思潮的一環。團隊的使命廣泛得到民眾的認同，也獲得許多殊榮，但二〇一二年他們提出一個棘手的問題：最後還能怎麼做？美國各地總共有數十萬個住房單位，但國家想的只是讓這些人有房可住，不會流落街頭。「社區住房合作」向具有前瞻思維的金主募得資金展開研究，最終發現真正重要的方案竟然無人推廣：就是讓遊民可以生活自理，自給自足。

「社區住房合作」決定自己試試看。二〇一五年，團隊採取自給自足的核心策略，目標是在二〇二〇年讓一〇％收容住民獨立生活。當時一些公益夥伴認為「社區住房合作」的想法過於瘋狂，而且很可能會失敗。畢竟這種做法前所未聞，不僅同業不看好，而且所有工作資金都來自慈善援助，政府預算又限定於傳統的干預措施。儘管眼前一堆障礙，「社區住房合作」還是努力邁向雄心萬丈的願景。因為要是成功了，就能樹立起遊民公益領域的新標準。

「社區住房合作」的經驗也提出社會影響力的關鍵問題：什麼最重要？成功的定義是讓遊民離開街頭就好？還是幫助他們學習必要技能，長期下來得以獨立生活？顯然後者更有影響力也具持續性。遺憾的是，社會往往仍聚焦於前者。這樣的趨勢可以理解，短期目標的風險較低，容易評估且更快取得勝利。但倘若我們想將社會公益最大化，不妨像「社區住房合作」一樣致力追求更遠大的目標。

評估關鍵問題，也會讓我們意識到何時應該放手。「普拉西設計」主要的影響力目標是幫助緬甸農民家庭持續增加收入。二〇一二年，銷售給這些家庭的「照亮」太陽能燈具滿足了這項要求。這些燈具比燒蠟燭更亮、更安全也更便宜，長期下來對於當地民眾的夜間學習和工作都有好處，購買燈具的客戶也回報收入增加五〇％。不過短短三年後，緬甸逐漸對外開放投資，農村地區出現許多太陽能燈具。市場機制運作之下，普拉西工作的邊際影響力大幅降低，最後決定關閉這條產品線。

事實上，組織可能很難體認到增幅價值（incremental value）何時變得不再具有意義。一般來說，只要援助資金繼續流入，工作就會持續推動。然而普拉西還是做出艱難的決定。團隊將資源轉向新領域，滿足其他匱乏的需求。要發揮最大的影響力，有時需要知道何時該放手。

持續不懈的追求

我遇過一個最厲害也最迷人的非營利組織，很少人聽過它，但它卻是全球最大的非營利組織之一。過去三年來，「NGO顧問」（NGO Advisor）將國際發展組織BRAC評選為全球頂級非政府組織，因為它具備創新、影響力和可持續性等優點。我對這個組織非常好奇，離開美國國際開發署後隨即加入它位於美國分支機構的董事會，又花了數星期訪問它在孟加拉的工作人員和專案項目。

BRAC是非典型的全球發展組織，它的成立和總部都位於開發中國家，還擁有幾個與眾不同的特色：組織據點遍布全國各個角落，以跨部門的做法與貧窮全面開戰，並在幾家關係企業贊助之下，將近八〇%的活動可以順利推行。這樣的條件組合讓BRAC投注長遠眼光，深入了解當地文化，不斷採取創新方法幫助民眾脫貧。

BRAC為人所知的優勢在於：雖然採行簡單的方案，卻可以大規模擴展運用。「小雖美，但做大還是必要。」正是組織創辦人法茲勒．哈桑．阿貝德（Fazle Hasan Abed）爵士時常被引用的名言。BRAC成立後不久即著手推動現已被奉為傳奇的衛生運動，解決腹瀉導致死亡率居高不下的問題。當時是一九七九年，孟加拉五歲以下孩童中每千人就有兩百五十二人夭折，主要死因為腹瀉。[8] 一九六〇年代以來愈來愈多證據顯示，食用水加糖、加鹽的混合溶劑可以有效治療腹瀉脫水，倘若對這些症狀置之不理容易引發死亡的風險。但若想進行口服輸液療法（ORT），民眾必須前往鎮上的診所透過醫護人員施行，如此一來難以顧及鄉村貧窮家庭。

法茲勒爵士了解到當時孟加拉的現實情況，若推廣口服輸液療法並不切實際，畢竟醫療衛生機構普遍不足，也缺乏訓練有素的醫護人員，而且購買和分發預製溶液的成本高昂。於是他不顧世界衛生組織（WHO）反對，決定培訓當地婦女自行調製口服溶液。

BRAC進行一系列測試，包括口服液配方指導、教育資訊和教學團隊運作等等。團隊每一天、每個月都安排檢討會議，找出問題並提出改良建議。這可能也是社會影響力達到快速回饋循環最早的實際案例之一。舉例來說，原本配方是一撮鹽加兩勺糖，但少數當地婦女誤以為是兩撮鹽加一勺糖。為避免民眾混淆，團隊將指導說明簡化成一撮鹽加一大把糖。[9]沒多久又進行一系列迭代改良，正確配製及使用口服溶液的婦女從首次實驗的六％大幅提升為後來的六七％至八〇％。初次實驗成功之後，BRAC在一九八〇年代展開大規模行動，挨家挨戶指導一千兩百多萬名婦女備置口服溶液。受惠於這項干預措施，孟加拉五歲以下孩童夭折率從一九七九年的每千人兩百五十二人持續下降至五十人以下，挽救無數生命。[10]

自此之後，BRAC努力找出任何可能導致民眾陷於貧窮的生活障礙。它也是最早採用微型信貸的先驅。BRAC發現一些貸款購買乳牛的婦女，由於以低價出售牛奶、也無法預測價格，收入潛力受到嚴重的限制。而最主要的問題之一是：缺乏冷藏設備的情況下，她們無法打入較大城市的市場，並因此受制於鄉下較小的需求量。該怎麼解決這個問題？後來BRAC開了一家專做乳製品加工的艾隆乳業（Aarong

Dairy），設立一百零一座冷藏中心，向小酪農買進牛奶。現今艾隆乳業已是BRAC最大的社會企業之一，擁有約一千五百名員工，每天處理二十五萬公升的牛奶。貧困婦女終於能以穩定良好的價格出售牛奶，BRAC也額外獲得支持公益活動的資金來源。

人們普遍認為創新能力與實體規模成反比。但就算是最大的組織機構也能保持專注，持續不懈怠找出對的方法，發揮影響力。

隨機對照試驗

過去二十年以來，使命型組織評估社會影響力時，愈來愈常進行隨機對照實驗。這也被稱做驗證的黃金標準。不過隨機對照實驗大多緩慢又昂貴，而且只能在某些條件下發揮作用，其他狀況則難以預測出可靠的結果。因此它雖是理解影響力的寶貴工具，卻非萬靈丹。

隨機對照實驗最早用於驗證新藥物的有效性。受測者被隨機分為接受藥物的治療組和接受安慰劑的對照組。測量兩組用藥結果的差異後，即可判斷治療是否有效。這套技術後來也用於評估各種社會服務專案，諸如微型信貸、蚊帳分發、勞動力培訓和受刑人重返社會等支援服務。

根據隨機對照實驗進行評估，可以提供規畫上更好的選擇。我們曾於第四章談到，預防糖尿病和農閒季節打工都是透過實驗設計出來的有效干預措施。要是做出這樣的研究，就可以將投資導向最具成本效益的解決方案。

阿布杜·拉蒂夫·賈梅爾貧困行動實驗室（Abdul Latif Jameel Poverty Action Lab, J-PAL）是嚴格評估干預措施成本效益的全球研究中心。貧困行動實驗室獲得全球一百六十一位大學教授支持，為對抗貧窮的種種關鍵議題提供解答，並為研究人員建立實用資源庫：http://www.povertyactionlab.org/research-resources

當然，部分干預措施很難或幾乎不可能採用隨機對照實驗來評估，例如影響政策、透過夥伴合作開展工作，抑或推動國家的總體經濟成長。除了現實世界的控制組可能不存在之外，也難以控管所有可能影響實驗結果的外部變數。假使隨機對照實驗不適用，我們就要找出其他方法來衡量有效性。

同樣重要的是，我們要認識到研究結果在新的背景脈絡下也很可能不成立。在特定地理區域、人口族群或個別執行時被證明成功的干預措施，並不代表在其他條件下也會奏效。隨機對照實驗的外部有效性可能因事件、時間不同而有所差異，因此需要一一加以確認；也許需要再建立簡易的「最精簡可行產品」，或是進行另一個完整的隨機對照實驗。

我最擔心的是，有些隨機對照實驗不但無助於創新，反而構成限制。隨機對照實驗若是太快完成，需要的改進可能因此提前喊停，治療組也無法再做更動，才能確保實驗結果正確。但要是我們先進行一些小規模實驗，就能預先找出需要改進之處，為日後的隨機對照實驗增加正面結果的機會。通過分層驗證，隨機對照實驗即可輔助快速循環測試。當干預措施進入新背景和擴大規模時，也可以進行同樣過程的驗證。

此外，由過往的結果來看，過於依賴隨機對照實驗也很危險。因為即使再好的解決方案都可以再改進。我看到一些世界級組織擔心做出任何改變可能危害有效方法的證據基礎，就此停滯不前；另一方面，政府制定法規所要求的特定認證模式，不僅讓公益組織不敢輕舉妄動，其競爭力與創新力也為之下滑。[11]隨機對照實驗的正面結果不應該成為停止創新的藉口；它應該是核心流程的基礎，繼續測試和驗證改進的可能，並於實驗完成驗證時進行整合。長期而言，隨著干預措施持續改進，之後的隨機對照實驗也會更加珍貴。

許多組織會央請學術界進行隨機對照實驗。然而，大學院校雖是運用隨機對照實驗評估社會干預措施的先驅，但它們的興趣並不總是與非營利組織或社會企業的需求一致。耶魯經濟學教授阿哈美．穆巴拉克（Ahmed Mushfiq Mobarak）即與執行組織密切合作，他觀察到：「學者設計研究是為了獲得廣泛的了解與學習，並不是為了替特定族群研究對象解決特定問題。」學術界原本就有發表論文和獲得終身職等動機，這兩者在創造新知的要求上，不管是樣本數或實驗純度的門檻，通常比實際決策嚴謹許多。

「ＩＤ透視」聲稱這是以知識為主、或以決策為主的評估差異。兩者雖然都能帶來好結果，而且常被混為一談，但最重要的是認清目的，正確善用工具。倘若組織要做決策，卻不慎以知識進行評估，也許反而會花更多的時間和金錢。[12]「ＩＤ透視」的許多員工都受過良好的學術訓練，卻選擇將學術能力應用在更實際的追求上。他們採用類似的隨機技術，根據眼前決策調整資料水準，因而縮短實驗時間，有時甚至從數年縮短到數月完成。

負責任的影響力

當組織在社會部門的脈絡下思考精實方法時，許多人不免會質疑我們在現實生活中做實驗是否妥當、甚至批評不負責任。要求弱勢族群改變既有的習慣去嘗試新事物並承擔風險，很可能產生深遠的負面影響。要是有人因此失業、受到騷擾或傷害怎麼辦？矽谷所謂「輕舉妄動就會打破東西」包含著看待行動的偏見。其實發布未臻完美的軟體程式，也是快速學習和追求進步的合理權衡。只不過當打破的不是「東西」而是「人」的話，就需要更加慎重以對。

不過，實驗就是我們學習和改進的方法。而我們也可以合理地提出質問：要是不先對少數人進行測試就廣泛展開干預，不是會冒上更大的風險嗎？要是有更好的解決方案，難道繼續提供過時或效果差的方案會比較好？畢竟當初要是沒人敢率先接種破傷風疫苗、接受心臟移植手術，日後也不可能挽救更多人的生命。

從小規模做起，就是另一個對風險負責的有力論據。當我們對五個人做實驗，必定可以比面對五千人更為審慎。畢竟干預複雜的生態系統可能出現任何意外的後果，先進行小規模實驗才能對此保持警惕。我們也要知道，即使是出於善意也不一定會帶來正面結果，甚至可能導致負面影響。例如鼓勵婦女使用手機可能提升她們獨立自主的能力，但要是因此讓伴侶心生嫉妒或家庭權力變動，甚而引發家暴該怎麼辦？不妨先待在小範圍內理解並改善負面影響，才能開展更安全的測試，探索更大規模可能發生的狀況。

除了避免傷害之外，我們也有責任讓人們過得更好。「華特西」（Watsi）的第一場測試，是在它的集資網站為貧苦民眾募集手術費。當時三名病患都是由尼泊爾的醫療衛生團體透過朋友輾轉介紹而來。組織聯合創辦人兼執行長蔡斯·亞當（Chase Adam）深入了解病患的背景經歷，也考量到萬一籌不到錢的最壞情況——他可不想燃起病患的希望，最後又讓他們失望。所以他和另一位創辦人說好，萬一募款失敗，就各自拿出積蓄（約四千五百美元）支付手術費。華特西運用簡單程式編碼的網站，先向親朋好友募款，再由「Y孵化器」的社群媒體「駭客新聞」（Hacker News）廣為宣傳。不到二十四小時就吸引一萬多名訪客瀏覽，這些人展現濃厚的興趣並願意資助手術費。直至今日，華特西已經為一萬五千多場手術募資成功。

照顧公益活動的受益者是我們的責任。設計實驗時，我們也有責任將風險降到最低，並讓結果的價值最大化。參與者必須出於自由意願，受到尊重，利益也受到維護。在保護受測者並防止濫用上，現今已有可供依循且完備的倫理準則。世界醫學協會（World Medical Association）的「赫爾辛基宣言」和美國生物醫學及行為研究人體實驗保護委員會（National Commission for the Protection of Human Subjects of Biomedical and Behavioral Research）的「貝蒙特報告」也都有相關指導準則。

關於醫療干預措施，明確定義的實驗階段皆有規章條例可循，可以根據預期收益來承擔仔細計算後的風險。首先是實驗室進行密集的臨床前研究，對象是非人類受測者，先測試安全性、再測試功效，然後才是治療效果和最後的長期效果。第一階段的實驗通常只有二十至一百名志願者參加，之後人數會再增加。許多社會公益干預雖然風險較低，也不像醫療實驗那麼一板一眼，但原則上同樣要了解及測試安全性和相關副作用。進行小規模測試即可仔細監控不良後果，並在能力範圍內修正失誤。

小規模，大影響

價值假設問的是人們是否願意參與和投入；影響假設問的是他們參與和投入後能

否帶來正面效應；成長假設問的是透過什麼方法可以接觸到所有的受益者。從小規模做起，才能以更加快速且低廉的代價來回答這些問題。由此而產生的經驗法則會幫助我們改良解決方案，奠下巨大的影響力基礎。

當然，面對新的人口族群、新地域或規模更大時，仍會持續出現新的問題。但只要驗證社會創新的三大支柱，我們會知道自己正朝希望之路前進。

第三部

改造

精實方法幫助我們設計更好的產品，提供更好的服務，並且得以擴大規模，發揮影響力。但是，光有一個很棒的解決方案是不夠的。為了面對世界各地嚴峻的挑戰，我們提供個別干預措施之外，更要努力改變整個體制和生態系統。

市場和政策失靈可能導致經濟民生的困境，不但阻礙干預措施施行，更糟的是情勢持續惡化。我們現今依賴的募資機制流於僵化，難以靈活配合創新核心運作；組織內外的文化規範甚至可能排斥或抗拒新的工作模式。與此同時，許多人才、金錢和資源亦未獲重視，派不上用場。而且我們都非常清楚，發揮社會影響力並不容易。

人們只想低頭專注在自己能控制的事情上。但若我們無法共同對抗巨大的逆風，就難以持續取得更多、更快的進展，以至於遠遠滿足不了眼前急迫的需求。本書的第一部分和第二部分聚焦於特定解決方案的創新**過程**；第三部分則要在**既有框架**中討論創新：如何讓逆風變順風。

第十章深入探討常見的市場和政策失靈，以及我們如何合作來解決這些問題；第十一章和第十二章直接面對最顯而易見又常被忽略的募資問題。社會企業家如何更有效調配可用資金，又能滿足創新之所需？而也許更重要的是，各種類型的贊助者如何調整機制，讓公益募資更富彈性，既能承擔風險又能接納當前日益複雜的環境？第十三章則著眼於組織內部，集中創造一種能接受改變、容許失敗的高績效文化；最後，第十四章展望的是未來，討論所有公民、非營利組織、企業、基金會、投資人和政府如何透過密切合作，為社會帶來最大公益。

我們仰賴十九世紀的機構，然後運用二十世紀的工具來解決二十一世紀的問題。別再沿襲陳舊的規範，現在正是我們著手開創新篇章的時刻。只要齊心協力，就能成功踏上改造和轉型之路。

第十章
改變體系

我們很難光靠單一組織或大規模的干預措施，就解決社會上許多重大問題。有時就算是最好的解決方案也會撞牆，比如碰上現行政策或市場失靈等障礙；事實上無論政府或企業，可能都無法滿足某些弱勢族群的需求。倘若我們面對抉擇時堅守目標，在某些情況下就需要改變體系本身。

那麼，社會企業家該怎麼做？創新依舊是關鍵。非營利組織或社會企業可以持特定的立場，向政府和商界展示特定行動方案的可行性及影響力。新的方案若能有效降低風險且證實可行，其他人要跟進的門檻自然低得多。要是一項新干預措施可以預防健康、貧窮或犯罪問題，長期下來即可節省政府預算；企業也可能因此注意到一些原先遭到忽視、誤判風險過大，或沒發現足夠優勢而未加以探索的獲利機會。

思高基金會（Skoll Foundation）長期提倡社會企業，是率先改變體系思維的領導者之一。人們已然發現，單一組織在擴展規模上都有其內在限制。所以如今重點已由企業轉移到面向整個體系的企業家；他們接受挑戰來改變社會體系，攜手建立聯盟，影響政策。

我們能不能為所有人提供更公平的機會，而不只是靠一張安全網讓餓肚子的人們吃飽就好？除了抗議歧視的言行，我們還可以改變促成歧視的態度和法律嗎？與其靠慈善團體救援清潔用水、電力或金融服務，我們能否找出可行的財務模式，讓企業來滿足民生需求？

變革願景

全球據估二十五億人需要戴上眼鏡，才能充分發揮生產力，滿足生活所需；可是有許多人配不起眼鏡。為了將這個已擁有七百年歷史的技術帶給社會上的弱勢族群，喬丹・卡沙羅（Jordan Kassalow）創立屢屢獲獎的社會企業「視力春天」，提供每個人都買得起的眼鏡。它的口號是：「看見才能學習，看見才能工作。」

打從一開始，喬丹就認為購買的本質表現出人們的需求和欲望。因此視力春天有責任為客戶提供物有所值的產品，收取他們負擔得起的價格，同時維護其尊嚴。二〇〇三年，組織透過銷售團隊「視力企業家」在印度和薩爾瓦多販售眼鏡，卻只賣出八百多副。如此運作三年之後，喬丹發現這套模式的規模潛力有限，而且成本太高，無法自給自足持續發展。於是喬丹毅然轉向。

視力春天改用軸輻模式（Hub-and-Spoke），開了幾家提供多種款式、不同價位商品的眼鏡行。組織改為販售較高級的眼鏡，將獲利補貼給偏鄉地區的產品銷售員（vision entrepreneurs）來幫助貧窮客戶。視力春天透過這樣的模式強化財務可持續性；然而直接雇用人力導致組織成長緩慢且困難，而且該模式無法快速推展到新地區。

後來喬丹和ＢＲＡＣ副會長阿美德博士（Dr. Ahmed Mushtaque Raza Chowdhury）見面，兩人試圖透過ＢＲＡＣ分布孟加拉各地的社區衛生人員來推銷眼鏡。這個方案提供三贏的潛力：視力春天獲得強大的經銷管道、ＢＲＡＣ健康網絡價值與獲利潛能提升，而那些近視的老客戶得以矯正視力並延長工作年限。經由簡化檢查流程和小規模試行之後，兩人擘劃的藍圖成為現實。自二〇〇六年以來，雙方的合夥關係已擴展到孟加拉全國六十三區中的六十一區，占視力春天總銷售額二五%。二〇一七年團隊慶祝售出第一百萬副眼鏡，並將這套合夥模式引進烏干達繼續推廣。

以BRAC的成功合作為基礎，視力春天現已和全球三百多個組織建立合作夥伴關係。儘管到二〇二〇年可以達成賣出一千萬副眼鏡的大膽目標，卻只滿足全球總體需求的一小部分。對於長期存在的重大社會挑戰，即使是極為成功的組織往往也只做出很小的貢獻。而且這些重大挑戰通常攸關於市場和政策的雙重失靈，因此單一部門僅能解決部分問題。以眼鏡來說，市場機制會鼓勵企業專注在利潤更高、更富裕的客戶上，窮人和弱勢族群因而遭到排擠；與此同時，政府政策和援助組織的優先事項則是更為嚴重的致命疾病。所以就算這種簡單又便宜的干預措施可以提升生產力達三五%，而且花一美元就能獲得二十三美元的經濟影響力，反而備受民眾忽視。

隨著組織發展，喬丹偕同視力春天的夥伴麗莎・史密斯（Liz Smith）串聯政府、產業和非營利組織三方，更系統性的解決經銷和獲取管道的問題，這也是過去單憑個別組織難以克服的障礙。於是誕生了「眼睛聯盟」（EYElliance）。

現在，總計三十六個公、私和非營利部門成員活躍於「眼睛聯盟」，攜手合作突破系統性障礙，其中也包括促進學校教育計畫，讓學童獲得必要的視力矯正以利學習；聯盟利用視力春天和其他部門的成功，鼓勵光學產業向下拓展市場。如今老花眼鏡也被視為基本健康的要項，並已整合進入現行健康照護產業的最後一里路。

眼睛聯盟最早在公益界的成功案例之一，是和賴比瑞亞政府達成協議，為政府研擬學童眼睛保健專案，將視力保健納入社區衛生工作系統。由此體系上的轉變，私部門日後或許可以快速進入這些服務水準低下的市場，政府則提供讓人民安心學習、發揮潛力的安全網。如此一來，社會部門就能將注意力轉向尚待解決的新挑戰。視力春天從零星推動善行出發，逐步擴大規模，到最後修復了幾近崩壞的體系制度。

我們一起來

如同全球廣泛的眼鏡需求，全世界還有很多問題無法光靠單一組織或部門解決。而在現行市場與既定政策的限制下，要提供可持續、可擴展規模的解決方案也是困難重重。當然，假使是你單打獨鬥就能成功的事，趕快去做！畢竟這樣單純多了。

若非如此，各位不妨考慮召集所有利害相關人，帶著彼此掌握在手中的一塊拼圖，共同拼出解決方案。我任職於美國國務院時就完成了這樣的任務。當時全世界只有約三分之一的人口可以上網，相較之下無法上網的人口顯得落後，獲得資訊、教育、工作、市場、社區和政府服務的機會也不足。當時許多組織努力幫助偏鄉民眾上網，但根據我的研究顯示，多數民眾都在地區網路服務範圍內，但他們還是上不了網。其中一個主要障礙就是：網路費太貴。

事實上，科技公司希望網路用戶愈多愈好，如此一來即可增加潛在客戶；電信業者自然也很期待數據服務的新收益；各國政府認為民眾上網可以提高生產力，促進經濟成長；非營利組織則盼望弱勢族群透過上網提升生活能力，獲得更多選擇。每個人都看到上網的好處，卻停止並埋首在自身的領域。

基於這些共同的利益，我盡可能找來各方代表，在國務院召開圓桌會議。我們發現大家對於民眾購買能力的挑戰、促進政策與修正法規、鼓勵市場提升效率和良性競爭等面向，已經達到九成五以上的共識。幾個月後，我們達成最後五％的共識，啟動「平價網路聯盟」（Alliance for Affordable Internet, A4AI）。如今聯盟集結超過八十個來自大型科技業、國家政府、非營利組織、外援贊助者和學術機構組織，提高聲量，倡導變革。平價網路聯盟早期成功的做法也包括幫助迦納政府取消二〇%的智慧手機進口關稅。[1]德勤專業顧問（Deloitte）模擬估算指出，由於手機普及率提升促進且活絡了生產力，這項減稅措施可望在五年內增加三億七千萬美元的國內生產毛額。[2]

隨著人們更加了解長期社會問題的複雜性及其龐大規模，過去十年來，眼睛聯盟和平價網路聯盟等多方利益合作模式變得更加普遍。要解決社會問題的根本原因，通常需要改變體制，並透過相關利益方協調合作才會成功。國家和地方政府創造有利的政策環境，排定優先預算；營利企業和社會企業組建財務永續的商業模式，服務尚待滿足需求的群眾；比問慈善事業投資研究和實驗，研發降低風險的可行方案；非營利組織參與社區，反映當地需求；學術機構著手研究並提供資料數據，加深理解問題和最佳處置方案。通過各方共同關注，得到的成果絕對遠遠大於各行其事。

停止運作

倒閉停業通常不是人們努力抵達的終點。但是在社會部門，找對方法讓救援工作走向過時、零需求，反而是最終的成功標準。儘管要達成使命可能得花上數十年，而且新挑戰總會出現，但對影響力的不懈追求，有時需要我們排除本能上對於專案或組織永續運作的執著。

努力根除傳染病、而非永遠忙著醫治傳染病，體現了團隊達成任務目標的專注。一九七九年人類徹底消滅天花，這是世界首次、也是目前為止唯一的成功；此外還有全球消滅小兒麻痺行動（Global Polio Eradication Initiative）、卡特中心（Carter Center）消滅幾內亞龍線蟲的努力，這些行動都和許多國家政府、國際機構和非營利組織攜手合作，盡可能將頑強的疾病減少到每年只剩零星數十名病例。過去每年造成五十萬名兒童死亡的瘧疾，也是相關機構一再努力消滅的目標，希望能在二〇四〇年完全根除。

如此巨大的努力要是真能取得成功，後續仍需持續投入才能防止疾病捲土重來。然而過程中的需求肯定會出現很大的變化，多數重大活動、專案甚至組織本身也將逐漸退場。

例如二〇〇三年，伊文·沃夫森（Evan Wolfson）在美國成立推動同性婚姻合法化的非營利組織「結婚自由」（Freedom to Marry），到了功成身退那天即自行喊停。縱觀伊文三十多年來的努力，由哈佛法學院一篇論文出發，後來擴大成為協調全國支持者的策略，即「勝利路線圖」（Roadmap to Victory）。「結婚自由」依循策略培育友善同志議題的廣泛生態系統，包括倡議團體、各州及聯邦政治人物、贊助者和支持同性婚姻的企業，在全美爭取群眾支持，走向各州舉辦勝利活動。這種如雷射光束般明確而清晰的專注，獲得扎扎實實的回報，堪稱美國當代輿論最急遽的翻轉。民眾對於同性婚姻的支持率在二〇〇三年才三二%，到了二〇一五年卻飆升至六三%。[3]隨後於二〇一五年六月二十六日達到巔峰，美國最高法院宣判同性伴侶結婚的權利受到憲法保障。裁決公布當天，伊文也在《紐約時報》的專欄上宣布「結婚自由」功成身退。

不過，為數甚多的社會使命也許永遠看不到像根除疾病或政策運動那樣戲劇性的結局。儘管如此，任務型方案還是要繼續努力，期盼功成身退那天的到來。如同美國國際開發署署長馬克．格林（Mark Green）上任時的承諾：「對於我們每一個發展計畫，都應該期待它走向結束的一天；我們所做的每一項投資、運用的每一項創新，都必須讓一個國家更接近真正自力更生的那一天。」[4]

邁向真正解決方案

有些案例的確顯示問題可以永久解決。但若要解決政策與市場失靈現象，大多情況下還是得靠公、私部門接管。無論採用何種方法，也許都要耗上好幾個世代的努力，而我們還是有責任永遠朝著體系變革邁進。「食品軍團」聯合創辦人兼執行長科特・艾利斯是這麼說的：「許多非營利組織的慈善活動都是在做小事。他們發現當地的需求，卻只能提供協助，而不是提供解決方案。」相較之下，食品軍團胸懷大志，希望透過健康食品計畫影響十萬所美國公立學校。透過這套直接方案，組織持續不斷創新，年復一年提高影響力。不過，團隊獨力做到這一點的企圖絕非天馬行空的幻想。它的策略是展現成果，鼓吹各級政府配合修訂政策，讓所有學校依規範打造出食品健康環境，再行擴展規模。

同樣的，非營利組織「健康領導」（Health Leads）會在各醫療院所安排工作人員，幫助病患獲取住房、交通、食品等社會服務。團隊的目標是從旁輔助醫療機構，為病患提供相關服務。但一般認為，七〇％的健康問題和社會及環境因素有關。而長期觀察下來，整個醫療體系問題叢生，「健康領導」的個別服務顯然只提供了ＯＫ

綳的功能，還是需要衛生醫療體系介入並自行變革才能解決。於是「健康領導」轉向，協同醫療照護機構設計、測試和實施一些綜合性項目，滿足病患的社會需求並加強社區聯繫。政府的政策方向如今也強調以價值為基礎、以患者為中心的照護，並且進行撥款，例如推動《平價醫療法案》（Affordable Care Act）和「責任健康社區」（Accountable Health Communities），像這類更加全面且公平的激勵措施會愈來愈多。

要滿足即時的需求，同時維持日常營運，需要耗費大量的精力，也容易因此忘了從大局著眼。我們的確不該忽視今天面臨的問題，但也要避免頭痛醫頭、腳痛醫腳只從表象下功夫的窠臼，因為如此一來永遠解決不了問題。了解體系的複雜運作，對於社會變革至關重要。我們永遠不要忘記問自己：我們要怎麼做，才能創造出一個不再需要救援的世界？

第十一章
贊助創新

各位現在或許相信「精實影響力」正是我們提升強大影響力、擴展規模、實現社會使命所需的方法。但是逐一考量現實狀況後又不禁想問：這怎麼可能做得到？事實上，團隊中的每一個人都全力以赴，試圖籌募更多資金，或確保先前募得的款項能夠按照承諾交付成果。不是只有你這樣想。

到目前為止，資金結構和可運用的空間往往是社會創新的最大障礙；贊助者、政府和投資人也各有想法、策略和主張，莫衷一是。不管他們是對是錯，他們依舊掌控財源，擁有決策權。他們想要的結果也許和組織要求的長期成長及影響力並不一致；而受託人或委託人的利益分歧，也可能導致資金優先事項遭到孤立、變得破碎或受到其他方式誤導。

除了**哪些**項目可以獲得資金之外，**如何**獲得資金也是個問題。倘若是私部門，投資人會先審慎檢視企業，再投入附條件的債權或股權。日後要是投資成果欠佳，很可能會停止進一步資助。企業這方則有很大的自由調度空間，可以自行決定承擔風險、改良產品和服務，根據調查研究和經驗法則進行必要的調整。然而，慈善捐款和投資大不相同，常會看到捐款人有著巨細靡遺過問到底的微觀管理（micromanaged）風格，要求詳細說明活動、所達到的成果、經常開支費用率（overhead rates）等，每一塊錢用到哪裡都要上呈報告。而我敢說，相信各位也會同意，以鍊子緊緊栓著團隊的支配模式，極少能做出任何有意義的創新成果。

組織的思考模式、技術和流程會反映出工作系統。關切全球發展的非營利組織「國際研究與交流委員會」（IREX）執行長克麗絲汀・羅德（Kristin Lord）曾如此反省：「國際非政府組織就和達爾文雀（Darwin's finches）一樣，牠們的嘴喙已經進化到能與美國國際開發署的獨特花朵完美匹配。所以要從不同類型的花朵（資金來源）吸取花蜜（資金）時，那樣的嘴喙就不容易適應。」儘管部分來源的資金得以靈活運用，組織領導者也未必做好了準備。募資平臺「全球捐贈」（GlobalGiving）專案執行長布莉・雷克（Britt Lake）發現贊助資金未設定限制時驚訝的說道：「非營利組織反而找不到發揮最大影響力的潛在想法。因為他們已經習慣回應贊助者的要求，很難跳出既有的思考模式，無法考慮那些不能百分之百保證有效的選項。」

要為創新打造出足夠的空間並不容易，但還是做得到。使命型組織倘若認真看待自身的社會影響力，就要找出承擔風險、實驗、學習和迭代改良的方法。各位可以從先驅者身上汲取靈感，我們這本書已經介紹了一些案例。而這一章我們要深入討論資金贊助的創新障礙，以及哪些創造性策略可以克服這些障礙。

儘管創業型組織（Entrepreneurial Organization）已經在現有體系下找到很多方法，但真正的改變還是必須來自贊助者本身。為了發揮社會創新的全部潛力，募款方式也須有所轉變，提供其更大的靈活度，鼓勵真正有意義的結果，並適應風險偏好（Risk appetite）。以上即是第十二章的主題。

創新的挑戰

假使贊助者和募款人缺乏一致的利益和共同目標，甚至缺乏信任，彼此的關係就可能陷入困境。大多數募款人認為，要是讓贊助者得知那些具有風險、不確定或可能失敗的行動，籌募資金上很可能會出現問題。一家社會企業的執行長還曾對我說：「說真的，那肯定會妨礙捐款。」就贊助者來說，缺乏信任導致的就是巨細靡遺的微觀管理、死板僵化的規定甚至官僚作風。在這種情況下沒有人是贏家，尤其是我們希望幫助的群眾。

我以前總覺得，要是贊助者願意努力做出改變，就可以解決這個問題。等到我在最大贊助者之一美國國際開發署工作之後，才發現自己實在太天真了。以美國國際開發署來說，表面上只是寫張支票撥款，其實背後是一連串五花八門的規定、指示和報告要求，都是來自國會、政府法規，以及任務所在國家或地區與當地政府達成的合作協議。這些措施大多是要確保民脂民膏不會遭到濫用，但層層疊疊築起的框架限制，最後必定阻礙創意，導致團隊寸步難行。另一方面，贊助者本質上對於風險的厭惡與規避更讓事態雪上加霜。這導致任何贊助案的失敗都可能演變成公關與審計上的噩夢。於是政府預算緊縮且受到嚴格審查，避免顯露任何失敗的壓力只增不減，最終即扼殺了本可以用更好的方式運用政府資金的創新行動。

基金會對於受託人或贊助者應負起責任，而影響力基金（impact funds）對於投資人也該負起責任。因此從整個體系來看，每一位參與者似乎都做出正確而適當的行動，結果卻是適得其反。

著手探索更好的選項之前，讓我們先看看募款結構阻礙創新的七種常見狀況。

整體規畫

社會問題大多本質複雜，幾乎不太可能預先設計出完美的解決方案，而群眾的行為模式和諸多外部因素更是難以預料。十九世紀普魯士陸軍元帥毛奇（Helmuth von Moltke）就說過：「一旦開戰，所謂作戰計畫統統沒用。」然而基金會、政府或企業捐款最愛採用「瀑布模式」（見第一章），要求活動、經費和預期成果都須事先明定，不得任意更動。萬一原先看起來面面俱到的計畫一不小心走偏了，除非經歷緩慢而痛苦的談判修正，不然還是得照本宣科。而此時，干預措施可能已不再是最好的解決方案。若能發生奇蹟，為我們排除眼前叢生的問題，這時只要進行必要的調整改良，也許可以帶來更大的公益。然而僵化的捐款阻止我們從失敗中轉向，也妨礙我們伸展手腳尋覓更好的機會。

米雪兒．布朗（Michelle Brown）大學畢業後的第一份工作，是在密西西比州一所貧窮的公立學校從事教職。當上老師後，她震驚的發現要為學生找到優良的課外讀物有多麼困難。她只能利用晚上和週末匆促蒐集資源，充實備課內容。幾年後她轉到波士頓一所優異的特許學校任教，到任第一天就拿到一份高水準的課程教材。這讓她頭一次有機會從不一樣的視角好好思考教學的意義。出於這段經歷，她日後創辦「共用文獻」（CommonLit），透過網路為所有教師和學生提供免費且優質的數位教材。

「共用文獻」頭幾年接受小額捐款，後來有幸獲得美國教育部近四百萬美元贊助，這是官方支持創新掃盲計畫的一環。這是一筆巨額捐款，自然也附帶許多條件。米雪兒表示：「贊助條件並未考慮到敏捷式開發（Agile Development），他們只想明確知道你預計建構的內容、會運用哪些第三方服務，以及精確的支付明細。」但是好產品的設計必定要根據用戶回饋來研發改良，倘若任何改變都要先獲得批准，必定減損敏捷性並且阻礙創新。最糟糕的是，人們很可能繼續執行根本無效的計畫，因為伴隨改變而來的是過於頻繁的重上談判桌，同時帶來信用風險或財務干擾。

非營利衛生組織「國際居民服務」（PSI）將組織全盤的設計思考和原型製作技術

制度化時，也遇上類似的難題。少數贊助者雖然逐漸接受迭代設計過程的價值，仍有許多贊助者在提案階段就要求組織提供完整定義的計畫，具體說明未來要達成的項目、人力需求、完成時間，以及種種衡量進度的指標。如此一來，「國際居民服務」開發變革性解決方案的能力就受到嚴重的考驗，因為團隊在完全了解問題背景與目標受眾之前，就自我設限專案執行細節。

就算最初的設計十分優異，創新也不會就此止步。我們必須持續進行回饋循環、實驗和迭代，才能不斷發揮影響力。一位社會企業的執行長發現少數贊助者的心態竟是「這樣就夠了」，並說：「贊助者得知現行產品或服務還要再迭代改良時，感到很驚訝。」而她對於這些贊助者的心態也感到很驚訝。產品或服務初次推行時奏效，並不代表它不能精益求精，好還要更好。但在一些極端的案例中，循證為本（evidence-based）的干預措施甚至需要立法加以管制，這就妨礙它進一步適應情境與創新。

經常性開支

長期以來，無論個人贊助者或贊助基金，都將非營利組織的經常開支費用成本視為衡量效益的主要指標。經常開支費用率讓人一目了然，因為它就是個數字，可以透過標準稅務申報資料計算得出，再加以比較不同慈善機構的成效。當然，我們要避免浪費，寶貴的資源不該浪費在無效的應用上；但一味限制經常開支費用狀況只會更糟。

非營利諮詢顧問業者布利吉斯潘集團調查發現，占全美十五大基金會三分之一贊助額的三百家非營利組織中，高達五三％呈現經常性或長期透支，銀行存款不足供應未來三個月所需者也多達四〇％。這正好凸顯了專案撥款限制的長期危害，根本無法支持組織建立強大機構的基礎成本。[1]組織要是長期處於財務窘迫的困境，當然沒辦法著眼於更多投資來提升產能，這包括員工培訓、技術基礎設施和研究開發。提高經常開支費用，有時反倒是增強影響力的最佳方法。事實上在企業界，股東常會鼓勵公司增加研發支出，因為這正是未來推出優良產品或服務的領先指標。

幸運的是，人們現今也慢慢了解到經常開支費用太低，其實顯示組織健康狀態欠佳。美國最大的非營利組織評等網站「慈善領航者」（Charity Navigator）過往評等時一向注重經常性開支的數字，最近則不像過去那樣強調。二〇一三年，「慈善領航者」、「領導之星」（GuideStar）和「BBB明智捐贈聯盟」（BBB Wise Giving Alliance）更共同發動「經常性開支迷思」（Overhead Myth）活動，將討論重點從財務數字比率轉移到結果和影響力。

穀倉效應

傳統贊助者和影響力投資人皆可能根據地理區域、部門、族群、技術運用以及企業發展階段或規模等因素，加諸於限制條件。由於大多數組織必須仰賴不同的募款來源，因此很可能在各方的要求與限制之下，讓組織目標遭到添油加醋，反而成了一鍋大雜燴。可想而知，這也必定造成許多缺乏效率的情況。

美國低收入戶儲蓄平臺EARN因應正常營運和擴大規模所需，向許多慈善來源籌募善款。它發現傳統贊助者通常要求款項須用於特定族群身上，例如企業贊助者希望投入經營市場的社區；基金會則希望關注特定選區或票源，例如女性或西語裔族群；也有些金主只對特定標的或目的感興趣，例如住房首購族。接下來公益組織交付成果與相關報告，都要根據這些要求詳細追蹤、定位和行銷。然而這些行動很可能與組織最關鍵需求或重大任務的自然成長之路相互衝突。

前述的限制也會排除許多可能的選項。杜克大學福夸商學院（Fuqua School of Business）社會創業促進中心（CASE）主任凱西・克拉克（Cathy Clark）研究發現，影響力企業家大多將贊助者或投資人控制在少數幾位，這對於階段成長、募款額度、籌資方式、部門條件及特定時段的預期報酬等各方面都是最有利的安排。找來顯然不合適的贊助者，只是浪費彼此的時間。不過若找對人卻用錯方法，也同樣會浪費掉寶貴的機會。因此創業促進中心開發出一套線上工具「影響力聰明資金」（Smart Impact Capital, www.casesmartimpact.com），幫助企業家控管募資流程，順利籌募所需資金。

諸如此類的穀倉效應，也會讓跨越單一領域的重大需求難以籌募所需資金。比如為太陽能燈具、清潔爐具或婦科醫療工具等單一產品籌募資金較為容易，籌募建立經銷網路的資金就困難許多，而前者都需靠經銷網路才能成功送到客戶手中；要為單一手機應用程式籌募資金容易，為程式運作背後的共享技術平臺和基礎設施籌募可不容易；要為結核病、愛滋病和瘧疾藥物或教育活動募資較容易，但要募資來強化基本衛生保健系統就很難。可想而知，這正是為什麼我們常看到重複的任務或特定解決方案，而非那些足以滿足多重目的的共享資源建置。

專案計畫與解決方案

贊助者和投資人通常會要求組織端出立即且可衡量的成果，這股壓力也會妨礙組織的創新能力。我們在第六章談過從小規模做起的重要性，如此一來才能促成快速實驗、允許轉向，避免浪費資源在無效的方案上。儘管如此，大多數贊助者依舊只看觸及人數，而不是以所學到的經驗法則、可持續成長性和成本效益來衡量成功與否。我曾聽某個非營利組織提到，它們將運作流程效率最大化之前，就在一方贊助者逼迫下擴大規模，最終被擴充後的人力重擔所壓垮；也有一家使命型新創公司發現，由於影響力投資人對於未經驗證且陌生的市場感到憂慮，於是優先考慮達成銷售數字、而非驗證單位經濟成效。這導致團隊每多做一筆生意就賠得愈多，最後不得不裁員縮編。

尤其是捐款往往針對專案計畫本身，而不是為了建立解決方案。也就是說，接受捐款的組織大致一到五年內要完成預定活動，到時資金也燒完了。在捐款限定期限內，非營利組織通常忙著履行承諾，幾乎沒有時間進行測試或建立持續前進的道路。等經費用罄，專案通常也畫下句點，或要再行籌募資金於其他地點重啟。站在全球發展工作的立場，這種循環啟動團隊和計畫方式極度缺乏效率，而且通常蜻蜓點水做個幾年就收攤。

畢哈莎莎（Bidhaa Sasa）是肯亞一家專責農村家庭經銷與贊助商品的精實社會企業，聯合創辦人蘿綺奧．歐喬亞（Rocío Pérez Ochoa）對於贊助者眼中只有專案列出的項目，而毫無意願討論她真正著手的任務感到十分震驚。贊助者只想知道她能在贊助期間推出哪些明確的成果，甚至要求短短十二個月之內辦到。這種捐款模式或許有助成熟產品的批量訂單，但並不適合尚待測試及改進服務、建立組織能力和驗證業務模型的組織。

「手機醫療」（Medic Mobile）是深入民間社區衛生系統、提供開源軟體（open-source software, OSS）的非營利組織，團隊也在兩個面向上受到這層限制的深刻打擊。「手機醫療」最早和其他非營利組織合作，不過每當捐款用完，專案隨即結束，以致難以維持影響力。後來團隊和地方及中央政府合作，政府機關在強化衛生系統面向上有其長期相關利益。至於籌募捐款上，「手機醫療」很清楚光靠專案資金永遠無法建立可重複使用且具凝聚力的共享平臺，因此提出艱難的呼籲，除非贊助者完全認同組織策略，否則一概忍痛拒絕。幸運的是，團隊因此找到一群熱烈投入的贊助者，他們願意提供不設限制的資金，讓組織進行必要投資，建立起強大的平臺。

當我們專注在短期交付的成果，而排除長期規模和轉型時，我們可能就此陷入無止盡的循環，一遍又一遍為同樣的問題貼上ＯＫ繃，永遠治標不治本。

先鋒差距

二〇一二年，「監看集團」（Monitor Group）的開創性報告〈從藍圖到規模：影響力投資慈善事業案例〉（From Blueprint to Scale: The Case for Philanthropy in Impact Investing）中首次創造「先鋒差距」（pioneer gap）一詞，藉以形容扶助貧困的兼容性企業（Inclusive Business）於早期階段缺乏資金的窘境。報告指出這種差距主要出現在企業發展四階段中的前兩個階段：藍圖規畫與驗證。[2]

如今包括創新基金在內，許多競賽、獎項、黑客松工作坊等各種強化影響力的組織與活動也相當活躍，對於描繪創新想法的藍圖階段大有助益，卻仍和驗證階段存在巨大的差距。我認為這正是開發成功解決方案所需要的九九％努力，也是精實影響力的核心所在。

「科比亞全球」前任執行長克里斯平．穆里拉也說過：「提出新想法或已達到規模化的解決方案都能爭取大筆資金。但是兩者之間的籌備工作卻難以募款。」為早期創意找到資金比較容易，一來是因為所需資金不多，而且新鮮的創意容易吸引注意力。相較之下，關鍵的驗證工作可就沒那麼吸引人了，而且極需耐心。許多組織就是陷在這道鴻溝裡苦苦掙扎。要是提不出明確的專案，贊助者往往也不願捐款。於是成功與募款甚至形成逆相關（Inverse Correlation），必須先期實驗成功足以說出個好故事，贊助者才會被眼前閃閃發亮的好東西所吸引。但其實真正的工作才要開始啊！

時機問題

對於基金會、企業和政府機關來說，光是做出撥款的決策也許就是一段漫長的過程，可能需要一整年甚至更長時間。至於批准與否則受到策略轉變、內部政治角力、採購機制和董事會意見種種因素的影響。

然而對於一些依賴小額捐款的小規模組織來說，這可是個大問題。各位不妨想像，申請一筆創新補助來測試某個不錯的新點子，可是一年後才收到兩萬美元補助。到那時各位要不是已經找到了其他資金，要不就是倒閉了吧。就算勉強撐過來，或許原先的提案也在技術或其他因素變化下淪為過期產物。這種悲慘故事我實在看多了。

我必須承認，儘管人們盡了最大的努力，連美國國際開發署實驗室的「發展創新創投」（DIV）基金也曾經掉入這道陷阱。受益者雖一致稱讚我們支持創新的靈活度，但其間調度所花費的時間又是另當別論。我們的團隊像搖滾明星一樣勇往直前、動作敏捷，卻仍受制於預算週期、內部官僚化和採購限制等多重阻礙。於是出於「發展創新創投」基金的成功誕生了「全球創新基金」（GIF），這是一家任務性質類似的獨立非營利組織，其眾多好處之一就是得以擺脫政府官僚機構的層層限制，快速展開行動。

報告與法令遵循

創新的最後一道障礙，是和多種募資形式有關的行政負擔（Administrative Burden）。倘若組織要接受政府撥款，可能需要另外雇用一名專門處理法令遵循和報告要求的員工。例如美國國際開發署某項撥款內容即設置八十四頁的標準法令遵循條款，從審查供應商以至於是否涉及恐怖組織等嚴格標準，簡直無所不包。更糟糕的是，每一名贊助者對於報告內容、格式和頻率通常也各有要求。要履行所有的義務不僅需要花上大把時間，而且半點也不能疏忽，如此一來反而影響了真正的工作。

困難還不止於此。聯邦政府撥款時，對於償還設施與一般管理費用等項目上設有協議，所有核銷都須通過嚴格的會計流程，因而限縮組織為不同客戶策略為產品和服務訂價的能力。管理公共與私人贊助者的捐款也可能變成一場噩夢。例如全球發展非營利組織「FHI 360」獲得聯邦政府補助大量資金後遇上非常大的挑戰，甚至因此決定分拆部門成立一家子公司，讓組織和基金會、企業、州政府及地方政府展開不同的合作，面對各種政策及條件限制時，也能保有彈性十足的運作空間。

堅守使命

倘若現行募款機制讓創新步履維艱，我們又該怎麼做？也許只能竭盡全力爭取空間，萬一行不通就走人。我知道這麼說聽起來很瘋狂，但畢竟拿到贊助才能繼續下去，沒拿到就得裁員。我並非意指這是個容易的選擇，或說捐款必定要和你肩負的使命百分百契合。但與其選擇接受限制、走向無法達成任務甚至陷入資金匱乏的循環，還不如為了爭取更多調度空間而冒險進行談判。說不定贊助者還會欣賞你大膽而直率的見解。

「和諧健康」一向致力傾聽住民們的心聲，因此團隊的募款提案是：第一步是詢問社區想要什麼。這就是它的計畫內容，只有這樣而已。當然並非所有贊助者都願意接受這種提案，所以「和諧健康」對於仍得到許多民眾的正面回饋感到十分驚喜。一些贊助者對此很放心。長期以來「和諧健康」皆堅定立場，絕不推動社區不想進行的計畫，並因此廣受民眾敬重。

許多為了配合贊助者而變更計畫的組織後來都備感後悔，因為委曲求全會妨礙組織完成使命。所以一旦獲得更多可支配的財務空間，就會放棄那些理念並非強烈一致或不願放棄限制條件的捐款。我在書中介紹了許多很棒的非營利組織，包括「健康領導」、「手機醫療」、「生活用品」、「一畝田基金」、「照護通訊」、「照亮」和「視力春天」等等，而後也漸漸轉向條件靈活或符合策略的募資來源。我從幾個案例中也看出這樣的轉變的確事出有因。要是愈來愈多組織不再屈從於不適當的限制，也許贊助者會察覺改變態度方為上策。

請各位務必謹記，愈大不一定愈好。我們容易因為公益組織沒有可供比較的獲利數字，就將更多專案、更多員工、募得更多資金視為衡量成功的指標。然而一個規模較小卻更富效率、財務可持續性佳，也能帶來明顯差異化價值主張的組織，有時反而做得更好。

創新的窗口

我任職於美慈組織時，艾瑞克・萊斯造訪我們的團隊，針對運用《精實創業》的原則進行討論。我們提問，若捐款提案早已預做規畫，在這種狀況下該如何為創新騰出空間。他建議我們先在標準提案中列出一個「創新窗口」（innovation window）項目，即可預留測試更佳方案的空間。這個窗口可能只占撥款的一小部分，比如五％；但要是因此找到更好的替代方案，則成本效益、影響力或規模將多出一〇％，那麼一來好處遠超過付出的代價。

我後來發現，美慈組織開拓衣索比亞市場、促進畜牧區恢復地力的「PRIME」專案就包含如此構想。這個由美國國際開發署贊助五年、總計六千兩百萬美元的專案計畫中，大部分是直接干預的工作項目；另外保留五百萬美元做為創新與投資基金，尋找可促進持續成長的新方案或商業創投活動。

當然，大多數捐款比起這個額度可能微不足道。但若我們堅持從小規模做起的精實影響力原則，實驗就不需要過於高昂的費用，接下來只要堅守承諾、保持好奇心，毫不懈怠的發揮影響力。頂峰公學決定徹底改變授課模式時，幾乎沒有資金，也不知道如何迭代改良。團隊沒有預算聘請諮詢顧問，於是用心研讀《精實創業》。他們也獲得幾位Google員工的無償指導，又和臉書工程師合作建立技術平臺，成功蒐集數據資料驅動回饋循環。

哈佛大學和麻省理工學院創設的「mPower社會企業」（mPower Social Enterprises）

成功與美國國際開發署談判，納入幾個階段的創新窗口。美國國際開發署的「農業推廣支持活動」預計在孟加拉十二個地區，運用數位技術提升農民獲取物資、技術與資金的機會。由於專案推展前難以確定哪些項目會奏效，「mPower」也透過協商爭取到失敗的空間。第一年，組織進行一連串快速實驗，總共部署、測試十四個原型，進而篩選出五、六個繼續推進。美國國際開發署一般來說絕非靈活的贊助者，幸虧一位官員支持「mPower」的協議，由他協助說服機構其他部門共同採行這種更為靈活的方案。

擬定贊助提案或談判贊助協議時，必須事先考慮創新窗口的設置，可以從預定工作項目中撥出一小部分，或爭取一段時間進行實驗，直到找出最好的前進方式。某些贊助者想必樂意接受，有些人則會打退堂鼓。但如此一來，我們才更可能獲得發揮最大影響力與規模所需的靈活度。

靈活的資金來源

一旦捐款受到限制，即使設有創新窗口並處於有利情勢，資金的運用還是有其附加條件。最理想的狀況是，資金完全不受限制，僅根據績效目標加以問責，或分成數階段撥付款項。如此一來，組織即能自由實驗、學習，透過加倍努力研究擬定最佳解決方案。只不過現今還沒達到那樣的境界。

當你找到靈活的資金來源強化傳統型捐款，就能拓寬激盪新點子的空間，進行現有計畫的測試。有時我們可以找到一些直接支持創新的前瞻贊助者，例如DRK基金會、綠色回聲（Echoing Green）、奧米迪亞網路（Omidyar Network）、愛默生集團（Emerson Collective）、思高基金會、穆拉葛基金會和全球創新基金。此外，來自慈善家、個人捐款、募資眾籌或企業獲利等資金來源，也可以為你創造靈活調度。

一種常見的策略是尋找高資產淨值人士進行捐贈，因為他們很清楚創新對於發揮長期影響力的重要性。美國矽谷創造出大量的財富，如今科技產業的慈善家已經成為眾人追逐的目標。我住在舊金山，有時覺得自己更像名導遊，許多國際非營利組織前來尋找機會，希望向科技專業人士募款。但我的建議是，不必帶那些訴求傳統基金會或政府機構的活動來矽谷推銷！科技慈善家對於大規模、具變革性影響力的顛覆性創新更有興趣。「公開影響力」（Open Impact）公司發布的調查報告（捐贈密碼）（The Giving Code），就曾針對矽谷贊助者的心態給予寶貴意見。[3]

我在第八章提到的「美國程式」找來各種政府資源，持續提供加州糧食券登記服務營運資金。然而，政府不會出錢支持你尋找客戶、測試原型或建立網站等活動。因此若想研究開發，就要依靠科技社群人脈找來慈善家支援，例如領英（LinkedIn）的聯合創辦人兼常務主席雷德．霍夫曼（Reid Hoffman）。

倘若是非營利宗教組織，比如天主教救濟服務（CRS）就募得許多個人大量捐助且不設限制的資金，而這正是投資創新的好機會。天主教救濟服務每年會撥出四百萬美元做為內部創新資金。它一向認為創新始於最接近問題的地方，並鼓勵員工提交關於流程、業務或營運理念的簡易創新提案，而該筆基金即用於測試解決方案效益，驗證並確定能否擴大規模。

分段募款

追逐許許多多的資金來源教人筋疲力竭。很多執行長和常務董事對我說，他們半數以上的時間都在想辦法籌錢，根本不是為實現核心使命而拚命，有辦法解決這樣的困境嗎？

「危機簡訊熱線」（Crisis Text Line）提供全天候簡訊服務，讓美國各地遭遇苦難的民眾可以即時諮詢訓練有素的危機顧問。「危機簡訊熱線」雖是非營利組織，但團隊一向自詡為科技企業。所以他們一開始就排除那些負擔較重且限制繁多的傳統資金來源。通訊總監麗絲・愛迪（Liz Eddy）解釋道：「因為他們會希望你五年後做的事和五年前完全一樣。但我們現在做的事就和六個月前不一樣，而那都是根據數據資料判斷成效後所進行的調整。」

要是老在想方設法籌錢，任務使命難免嚴重失焦。「危機簡訊熱線」師法科技新創公司的做法，將募款分成幾回合。階段性大型募資活動結束後，團隊成員可以利用一整年甚至更長時間埋首工作，全心投入任務即可；第二輪募資時，「危機簡訊熱線」整理一份僅僅四頁的簡易募資說明書，強調這是運用科技與數據資料行善的好機會，同時列出成長預期、成本預估、所需資金和最低捐款額度等資訊。說明書載明三年期預算編列，專案內容盡可能公開透明。起初設定目標為募集兩千萬美元，最後超額募得兩千三百八十萬美元，所有款項來自個人贊助者和支持精實方法的基金會，而且是不設限制條件的捐款。

募款回合的想法也不限於科技界。「視力春天」的喬丹．卡沙羅曾經為營利事業籌措資金，後來也為他創辦的非營利組織募款，對於兩種組織的差異他感到相當驚訝。以營利事業來說，金主最關注的無非是創始團隊、市場規模和價值主張等，但他們不會期望公司進行特定的活動；要是非營利組織，贊助方也許會指定地理區域或特定族群活動，而這可能和「視力春天」原本設定的任務並不一致。幾年之後，卡沙羅專心招募起那些不設限制的資金。為了讓組織更上一層樓，他採取類似「危機簡訊熱線」的做法，在募款說明書上匯整建構團隊與系統升級所需的資源，最後募得五百萬美元。

混合結構

「綠色回聲」在辨識和培養領袖上擁有超過三十年的經驗，以及鳥瞰時代社會的變革願景。團隊長年推動「綠色回聲獎勵金」專案，為胸懷抱負的社會企業家提供不設限制的種子階段資金與領導力發展輔導，獎勵成員至今將近八百位，其中包括「為美國而教」（Teach For America）、「城市之年」（City Year）和「一畝田基金」的創辦人。

最初的二十年，綠色回聲的獎勵成員幾乎都是透過提案成立非營利組織來解決社會問題。但長期下來，成員運作模式逐漸多樣化。二〇〇六年，申請成立營利性社會企業者僅一五％，到了二〇一八年這個比例已經穩步上升至近五〇％。我也有同樣的體驗。現今社會企業如雨後春筍，而最有趣的是其中有些混合體，它們在法律上的界限愈發模糊。這是個挑戰，卻也是個機會。

愈來愈多營利性社會企業先運用捐款來驗證商業模式和降低風險，然後再導入私人投資。我們透過美國國際開發署的「發展創新創投」專案提供不少這方面的捐款，包括攜手「電網外用電」和其他即用即付太陽能企業的合作案。

部分組織會建立多個實體單位，以掌握不同的資金流。例如在美國由非營利組織爭取慈善捐款，於專案所在國又設立營利性企業，兩相配合維繫工作正常運行；也有些人同時創建營利性與非營利性姊妹組織，以籌募投資資金來發展核心業務，同時運用慈善資金宣傳、輔導最弱勢族群提升能力以解決市場及政策失靈。

顯然在籌募資金上，並沒有一體適用、一勞永逸的方法。現行制度的建立背景是在法律結構趨於兩極化，創新也少與社會公益產生交集的時代。一些先驅社會企業家和贊助者正率先探路，摸索兩者之間的灰色地帶，但還需要更多根本上的轉變才能充分釋放社會創新的潛力。

第十二章

給贊助者的訊息

本書內容大多是給予社會企業家的指引，無論他們身處非營利組織、社會企業、混合企業（hybrid company）或是公司組織。然而其中的經驗法則，對於基金會、慈善家、政府機關、影響力投資人、企業社會責任（CSR）部門和部分個人贊助者也同樣重要，甚至可能更重要。如同我在第十一章的第一部分所提到，不恰當的資金誘因和限制是採行精實方法的最大障礙，亦即手段阻礙了目的。

現今社會公益的募款模式正需要一場變革。黃木投資集團（Yellowwoods）執行長妮可拉．加羅碧（Nicola Galombik）曾描述一種令人不解的分歧現象：同一群人「在私部門時敢追大象，在社會部門卻只敢追老鼠」。不同於敢於承擔風險、追求成長與影響力的投資人；慈善投資通常傾向規避風險，總在原地打轉、一味採行那些人們早已知道的解決方案。此外也不敢擴大規模，因而難以從根本上徹底解決問題。

贊助者可以給予企業家力量，催生他們的雄心壯志，也讓他們謙恭省思自身的工作，勇於實現更大的社會公益。要做到這一點，贊助者必須改變捐款的資金架構，從過往要求團隊執行預定的工作事項轉為押寶團隊，由團隊自行決定想要達到的成果。雄心壯志才能激發永不停歇的堅強意志，尋求更好的解決方案，企圖做得更多，達到更遠大的目標。謙恭省思即是承認我們手中尚未掌握所有的解答，需要透過一次又一次的嘗試和學習取得更好的答案。

這一章不僅僅是給贊助機構的訊息，慈善家甚至是個人贊助者也可能是社會機制失靈的原因。你是否只注意社會企業的經常性開支費用比率，而不是它過去如何學習與改進？你是否考量自身利益設定捐款限制，而不相信公益團隊會做出最好的選擇實現使命？你是否依據活動和背景故事精采與否，而非可持續的結果來衡量成功？你是否根據人際關係來做決策，而不是考量成本效益的影響力？以上若有任何一個問題說中了，那麼本章正適合你。

新的關係

我們必須重新思考募款雙方之間的關係，並由過往的懷疑和微觀管理轉變為信任與鼓勵。各方面都需要改變。贊助者要先建立明確目標，然後釋出些許控制權，審慎挑選並授權團隊，讓他們成為真正的合作夥伴。非營利組織和社會企業則需要承擔更多風險，對結果負起責任，執行能力之外，也要培養加速學習所需的技能和判斷力。

查克・史洛特（Chuck Slaughter）是成功的企業家、私募股權投資人和社會企業家，對此提出多重視角的觀察：「基金會的撥款決策中，九〇%依據策略決定，一〇%視對象而定；創投家則是平均分配，各占一半。」在此我想更進一步說明，許多情況下，基金會所謂的「策略」在自身改變理論中不過只是短期干預。

假使將贊助聚焦在預定的計畫上，雙方協議自然會格外專注在執行面，在活動、預算、人力和經常開支費用等具體細節上亦步亦趨；相較之下，倘若賦予團隊更大的力量，攜手追求共同目標，雙方的對話內容也將轉變為建議指導、建構能力和共同學習。我們過去學習的領導原則早就告訴我們這個教訓：巨細靡遺的微觀管理是行不通的！唯有被賦予力量的團隊才最有效率、也最富創造力。

洛克菲勒慈善顧問（Rockefeller Philanthropy Advisors）組織在二〇一七年〈改變體系的擴大解決方案〉（Scaling Solutions Toward Shifting Systems）報告中提出五項建議，第一項就是給予信任和尊重，以開放的態度改變權力結構，充分授權給接受贊助的組織。允許團隊犯錯，讓它們從中學習和調整，如此一來即可創造出優良的工作環境，促使團隊專注於擴展和長期改變體系的任務。[1]

理想上，這種關係不僅讓贊助結構更富彈性，建議指導和制度設計的合作也將更為緊密協調。在美國國際開發署，我們將聽來官腔十足的「廣泛機構公告」（Broad Agency Announcement, BAA）系統擴充解釋，用以取代採購機制；當最佳方案尚不明確時，它允許公共和民間團體協同合作找答案。有興趣參與的各界人士可以透過「廣泛機構公告」提交簡單的意向書，被選中的廠商或組織即可加入開發行列，並由審查小組進行評估。這種關係模式更加開放，募款雙方可以溝通想法，成為策略夥伴，而且完全不同於原先向美國國際開發署提交申請捐助、並由其下指導棋的專案設計。

不設限制的資金

盡可能排除運用捐款的限制和規定，是建立信任的關鍵第一步。當領導者能運用不受限制的資金支持公益組織營運費用，就能在營運的短期戰術需求和長期使命投資之間取得平衡。研發才能帶來變革，基礎設施完善才能提升產能、加速回饋，培訓人員才能注入新技術。

當然，若要贊助者放寬限制，得先取得他們的信任，讓他們願意對受捐助組織釋出權力。事實上，現今愈來愈多基金會認識到，樂於授權的健全社會機構長遠來看有機會發揮更大的社會影響力。美國艾麥克基金會（Edna McConnell Clark Foundation, EMCF）在這方面一直處於領先地位，它的使命是幫助經濟上處於弱勢的青年族群。基金會在千禧年後改變策略，過去它尋找非營利組織來執行艾麥克的願景和變革體系的想法，而今則是資助最好的組織，增強其實力，讓它們進而實現願景，發揮更大的影響力。艾麥克樂於提供靈活的資金，允許受捐助的組織創新和轉向，不再要求明確的計畫方案。艾麥克的投資也承諾讓組織專注執行自己的商業計畫，不受募款或贊助者要求所干擾。

基於受贊助者的回饋，福特基金會（Ford Foundation）也在二〇一五年主動改變贊助策略，總裁達倫·渥克（Darren Walker）表示：「基金會將誓死支持非營利組織的專案項目。」[2]他察覺以捐款支持營運費用，對於公益組織的長期投資項目和計畫非常關鍵。之後福特將專案撥款的經常開支費用比率提高一倍，並宣布投入十億美元推動「機構與網路建設」（BUILD）專案，各界皆備感振奮。BUILD專案另行投資五年不設條件限制的營運費用補貼社會公益組織，提升團隊能量及續航力，也做為強化機構的附帶支持。《史丹佛社會創新評論》（*Stanford Social Innovation Review*）報導指出，福特專案執行副總裁希拉蕊·潘妮頓（Hilary Pennington）提出一個非常重要的問題：「要如何擺脫像我們這樣沉迷於募款活動本身、而非致力於發揮影響力的情況？更別說受捐助方也是如此。」[3]

好消息是人們愈來愈清楚資金不設限的重要性。根據美國非營利組織「基金會中心」（Foundation Center）二〇一四年出版的《美國基金會關鍵事實》（*Key Facts on U.S. Foundations*）指出，如今基金會撥款中二三%用於營運開銷。[4]雖然這個比例距離常態標準還相差很遠，但比起二〇〇六年的一九%顯然增加不少。[5]近來新成立的基金會和慈善家，尤其是那些關心創新與創業的慈善家，皆致力於擴大這個趨勢。

儘管如此，我認為無論處在何種狀況，捐款幾乎不該任意設下限制。讓公益團隊保有決策權、賦予其創新的敏捷度，並非意味著疏於問責或承擔。我們要求公益組織端出成果，而不是一一指導他們該做些什麼。我們可以透過設定階段性目標、劃分層級或依據階段成效撥款等具建設性的方法，來鼓勵團隊達成目標。

分級贊助

鼓勵私部門創新的有效機制之一是運用分級資金，矽谷的創投可能是最好的例子。科技業新創公司通常分成幾回融資；先從親朋好友或創業加速器（accelerator）取得種子資金，再來是擁有雄厚資產的天使投資人，最後才是創投中稱為「A輪」、「B輪」等幾輪融資。愈早期的投資風險愈高，但投入金額愈小。等新創企業足以證明自身技術的可行性和市場需求能量，風險就會下降，融資金額也隨之增加。但要是無法證明自己的實力呢？這家新創企業可能再也籌不到錢，坐等破產倒閉。

新創企業一路上單打獨鬥，沒有人從旁盯著微觀管理。雖然擁有各式各樣的支援體系，但他們的成敗交由自己決定。企業生存與否全在一念之間，沒人敢鬆懈怠慢。他們知道要盡快解答哪些問題、必須展現哪些優勢，才能在下一輪募資時說服投資人。可以說正是這樣的體系造就全球欽羨的創新步伐，催生出當代最具變革性也最成功的公司。

社會公益部門在許多面向上和私部門並不相同，但前述的模式也能成功應用於公益事業，不僅止於獲利層面。美國國際開發署「發展創新創投」的計畫靈感即來自於這種創投基金的融資方式。「發展創新創投」基金分成三階段：大致為十萬美元、一百萬美元和五百萬美元，每個階段皆根據專案成熟度和影響力指標加以撥付。所有人都知道官方機構最討厭風險，因此第一階段撥付金額不大，投石問路後才敢押注更大的風險和額度。基於「發展創新創投」計畫的成功，我們又籌組「全球創新基金」，這也是根據類似的分層模型（tiered model）所設立的獨立機構；外加其他贊助合作夥伴和一些募資工具，例如運用債務和股權。

「發展創新創投」和「全球創新基金」皆採行開放式創新方法，接受跨部門、地域和議題領域申請。它們的目標都是支持公益組織開發最具成本效益的解決方案，發揮社會影響力。另一方面，其他持開放創新態度的贊助者則可以專注在特定發展階段。例如DRK基金會和綠色回聲都支持開創階段的社會企業家，思高基金會則關注已取得一定規模的成熟社會企業；類似矽谷的創業加速器組織也參與其中，為萌芽的社會企業提供種子資金並施加指導、建立人脈和培養技能，例如「快轉」（Fast Forward）專注在科技型非營利組織，「一九九六」處理政府主導的市場，而著名的科技加速組織「Y孵化器」現在每一個分部都納入非營利組織。

相較於開放式創新，定向創新（directed innovation）則瞄準現行方案解決不了的問題，努力招募人才、提升關注和參與度。這種夥伴間同心協力的例子，最突出的就是「全球大挑戰」（Global Grand Challenges），最早是由比爾及梅琳達・蓋茲基金會為「全球健康」（Global Health）組織發起的「大挑戰」專案，後來擴展成由蓋茲夫婦、美國國際開發署、「加拿大大挑戰」及多名區域夥伴合作。這方面的募款大多採用某種形式的分級資金，一開始運用小額捐款廣泛蒐集新想法，篩選可能擴展規模的方案再加倍投入。美國國際開發署的「大挑戰」專案涵蓋項目相當廣泛，包括兒童識字、人道主義危機、母嬰死亡率、農家清潔能源、擴大電網外的太陽能系統，以及對付茲卡病毒與伊波拉危機。

在早期開發階段，後續資金決策就要將創新和學習指標納入考量，而非接觸多少人次這類的虛榮指標。採用正確指標，才能衡量組織在價值、成長和影響力等成功標準上取得的進展。實驗和試行可以改進重要的驅動因素，例如客戶滿意度、成本基礎和採用率等。倘若尚未達到必要門檻，但學習速度很快、新轉向看起來也有希望，那麼同一階段也許值得考慮另一輪募款。

分級贊助在早期階段格外有價值。早期階段的風險較高、而且報酬低，組織若想進行傳統形式的私人融資並不容易。透過分級贊助，贊助者計算過須承擔的風險，而且是只限於與發展階段相稱的風險；受款人拿到資金後即可展開測試，但他們必須找出亮點才能獲得下一筆資金。整體而言，這些都是高風險的賭注，預計僅其中一小部分會成功。

不過就大多數贊助者來說，分別進行大量小額捐款，光是行政開銷也許就是個障礙。降低撥款成本的一個方法是：大額贊助案依進展標準分級撥付。我們在美國國際開發署的「糧食用水大挑戰」就是這麼進行，先為階段撥款設下嚴格標準，因為預期只有一小部分受款人會成功，而我們的預算也只夠支持其中幾位。於是我們省下每一次費時耗錢的審核流程，同時保留選擇和有益的成果。事實上，部分分級撥付的組織沒有多餘人力來處理這些事，會將挑選對象和撥款工作完全外包給第三方進行。

各位若想一面促進創新、同時控管風險，分級贊助是最好的方法之一；另一個有效的解決方案是按成果撥款。

按成果撥款

分級贊助是在工作開展前撥款，成果型贊助則相反，通常是事後根據完成狀況支付。但不管是分級贊助或按成果撥款，兩種方式的重點都是從預先指定活動轉為鼓勵實際結果。不過就成果型贊助來說，失敗風險須由受款方或融資人自行承擔，贊助者概不承受。

這一類贊助像是鼓勵特殊成就的有獎競賽，以一定的報酬刺激人們投入新發明。比如「太空船一號」（SpaceShipOne）贏得一千萬美元的「安薩里X獎」（Ansari X），它是第一個在兩星期內將可重複使用的載人太空船兩度送進太空的非政府組織；另一方面也有各種形式的成果型捐款合約，內容是持續補助達成特定成果的實際案例，這又像是業務員領取銷售佣金的做法。

我由衷認為成果型資助是公益界的聖杯！這種方式可以讓贊助者、受款者和受益者三方的利益完全達成一致。受款方獲得更大的靈活度和動力，嘗試更具成本效益且擴大規模的解決方案；贊助者則可有效配置資金，只在預期進度達成時撥款；而這樣的激勵也將最大化受益者所獲得的正面影響。從某方面來說，這是建立在社會公益領域的開放式競爭市場。

當然，理想世界的前方仍橫亙著巨大的障礙，很多有利社會的行動難以個別或單獨評估，也很難根據績效表現給予資金。就算是定義明確的結果，執行可靠監測的成本和各項負擔也可能很高。現今部分實體組織欠缺必要的技能、經驗，也並未設計出足以處理這類結構上改變的適當流程。特別是非營利組織，至今要找出為前期投資提供資金和吸收風險的機制仍顯得相當困難。

儘管要扭轉結構、完全轉為按成果贊助仍是遙遠的未來，但如今已有許多足以令人信服的優勢，人們也樂意持續推動這個理想。但畢竟現實世界存在許許多多的挑戰，所以也別過於理想化。目前出現許多結合傳統捐款和分級贊助及成果撥款的做法，相較之下或許較為務實。

接下來我們要繼續探索按成果贊助的常用工具：獎金、先進市場承諾（Advance

Market Commitment, AMC）和影響力債券（impact bonds），以及其他成果導向的激勵措施。

獎金

獎金鼓勵已是存在數世紀之久的形式。「X獎基金會」（X Prize Foundation）或許是現代最受矚目的獎金鼓勵，吸引許多人投入，成為拓展科技解決方案的有效工具。基金會發布指定發明所需的性能，參賽團隊要是做出滿足條件的成果，即可獲得贊助者頒發的獎金。這些滿足社會公益的成果可以是能力或成本上的突破，並且擴大影響潛力。而種種和獎勵相關的宣傳也會吸引更多人才參與，提升公益進步所需的投資規模。

當然，現今多數獎項的範圍和規模都遠遠小於「X獎」，不過彼此間仍保有許多相似特徵。直到二〇一〇年，美國政府通過《美國競爭再授權法》（America COMPETES Reauthorization Act），拋出「透過研究發展投資創新，提升美國的競爭力」的理念，投身提供獎金鼓勵創新的行列；諸多條款中還明文指出允許政府機關贊助競賽項目，最高提供五千萬美元的巨額獎金，而大多數競賽獎金額度可比這個數字小得多。如今「政府挑戰」網站（Challenge.gov）列出多達八百多項官方挑戰項目，鼓勵有志民眾努力實踐創新。

在社會部門，面對挑戰和獲得獎金之間的界線可能還略顯模糊。挑戰通常要確定眼前的問題，再找出可能解決問題的辦法；獎金則設定了優勝者須達到的績效量化標準。理論上，「挑戰」的結構需要分級贊助，獎金則是成功時才支付。只不過使命型組織大多欠缺資源自行負擔競賽的前期成本，所以獎項競賽通常會提供一定額度的研發資金。

我們在美國國際開發署時曾舉辦「迪薩獎」（Desal Prize）鼓勵鹹水淡化的創新，為全球水資源短缺地區解決飲用水和農業用水等問題。我們的目標是利用再生能源進行淡化，至少要達到八五%淡水再生，這是目前業界逆滲透（reverse osmosis）系統標準的兩倍。總共來自二十九個國家地區的六十八個團隊參賽，隨後由評選小組選出五個團隊進入決選，決選團隊都可以獲得一筆種子資金來進行測試和開發設備。決賽來到新墨西哥州美國墾務局的國家地下水淡化研究設施，最終由麻省理工學院和耆那教灌溉組織（Jain Irrigation）的聯合團隊運用太陽能光電驅動電滲析逆轉系統（electrodialysis reversal system）贏得十四萬美元的大獎。優勝者還可申請四十萬美元的捐款，偕同當地小農共同測試這套方法。

白宮科技政策辦公室科技創新處前副主任湯姆・卡利爾（Tom Kalil）觀察指出，美國政府曾經承諾提供超過四兆美元資金支持「失敗」。這指的是美國政府為部分貸款融資提供擔保，萬一債務人無力清償即由政府承擔債務。既然對「失敗」都能挺得如此慷慨，我們難道不該投資更多成功（例如提供獎金）來取個平衡？與其壞事發生時才亡羊補牢承擔損失，不如在可能創造突破時為成功**投入**更多活水！

先進市場承諾

「先進市場承諾」是目前還不常見卻很有意思的贊助工具。它結合了公開競賽獎金與持續交付成果的撥款條件，由贊助者明訂契約保證，一旦產品開發出來就大量採購，為創新的成果開闢市場。「先進市場承諾」通常由政府或大型贊助者採行，鼓勵企業投入需大量前期投資但報酬並不明確的產品。

二〇〇七年，五個國家向比爾及梅琳達・蓋茲基金會承諾採購數百萬劑安全有效的肺炎鏈球菌疫苗，這是第一次採行、也是最著名的「先進市場承諾」案例。肺炎鏈球菌會引發肺炎和腦膜炎，全球每年死亡人數逾一百六十萬人。當年成立一個獨立評選會，根據預定的產品最低規格，包括功效、安全性和每劑成本等條件來挑選合格製造商。到了二〇一六年十二月已從葛蘭素史克（GlaxoSmithKline）和輝瑞（Pfizer）兩大藥廠採購達一億六千四百萬劑，隔年再增購一億六千萬劑。

為了擴大公益所需，在這種情況下使用「先進市場承諾」來解決市場問題確實可行。再加上葛蘭素史克和輝瑞都是大企業，擁有足夠的財務資源，收到撥款前即能開始研發和製程。但實際情況是，非營利組織和社會企業大多財力有限，採取同樣做法肯定受挫。因此分階段達成里程碑後撥款，才能幫助這些團隊實現遠大目標。

績效型創新贊助機制一直是由全球衛生醫療界打前鋒，這些創新雖具有很高的社會報酬，但財務收益並不明朗。這些技術也非常值得考慮引入公開競爭，推動其他領域的社會發展。

影響力債券

社會影響力債券（Social Impact Bonds, SIBs）可能是和成果型贊助最密切相關的機制，並且已應用在多種公益目的，包括降低犯罪再犯率、兒童寄養人數、青年失業和特殊教育需求。社會影響力債券可說是最純粹的成果贊助承諾。政府只有當取得協議成果時才會撥款給服務的提供者，但非營利組織往往沒錢從事活動或承擔風險，所以交由私人投資者以債券形式提供團隊前期資金。投資人只能在達成預期成果時才會得到約定的報酬率，因此須承擔起失敗的風險。最後由獨立人員評核成果，並確定付款。中間人或專案發起人常需在這些實體組織或運作過程及互動間來往協調（見圖12.1）。

二〇一〇年，非營利組織「社會金融」（Social Finance）率先在英國採用影響力債券，目標是降低初次犯罪者的再犯率，降低英格蘭彼得自治市的獄囚人數。針對這個目標，官方並未選擇難以評估效益的更生人輔導計畫，而是根據累犯減少人數與監獄省下的經費，撥款給專案發起人「萬恩服務」組織（One Service）執行。萬恩服務找來幾名服務提供者協調後展開合作，支援更生人出獄後的住房、就業等生活需求。也

圖12.1　影響力債券的結構

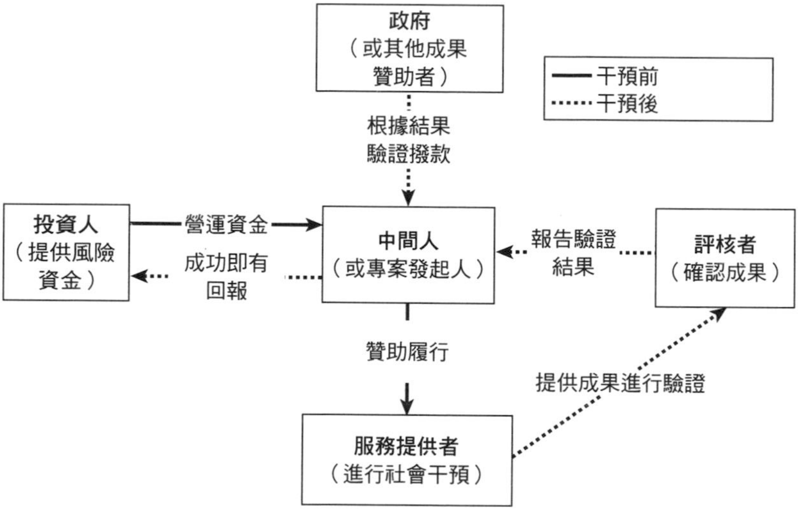

有些個人投資者會購買社會影響力債券來承擔風險，若取得預期成果，即可獲得不錯的報酬。最終評核報告指出，再犯率的確降低九%，投資人獲得全額回報。

社會影響力債券運用民間資金造福社會公益的潛力，引發極大的關注和振奮。可惜的是，現實上並沒有太多人跟進。直到二〇一八年初，全球只簽約發行一百零八種社會影響力債券。[6]民間融資主要作用還是在於緩衝風險，現行的捐款或政府撥款主要仍放在干預措施和大部分設計及交易成本。要建立社會影響力債券系統並有效運作，需要複雜的多方參與，因此成本昂貴又耗時，難以擴大規模。

社會影響力債券雖然不是萬靈丹，但它刺激人們嘗試以更精確的方式評估結果，提升對成本效益的關注，也讓贊助者多方採納成果導向的思維模式。這些重要的特點都是未來發展更簡易成果型贊助機制的基礎，最近已有幾件贊助案試圖簡化這個流程。

做為社會影響力債券的近親，「發展影響力債券」（development impact bonds, DIBs）則大相逕庭，限定開發中國家使用，由慈善機構或基金會贊助成果，而非來自政府。最近「鄉村企業」（Village Enterprise）發行一種發展影響力債券，在東非地區幫助社區創辦微型企業以擺脫貧困。這筆預算總額超過五百萬美元，是迄今為止最大的發展影響力債券之一。

有趣的是，經過一些結構調整後，鄉村企業發展影響力債券比起過往更簡易、低廉，也更加靈活。事實上，你可能會說這根本算不上影響力債券！畢竟整個交易中並未對民間投資人發行任何債券，而是由實施的非營利組織鄉村企業來承擔風險，自行爭取財源。但這也排除了撥款人、投資人和服務提供者之間多方參與的複雜性。此外也設立一筆成果基金，後續新贊助者和服務提供者可隨時加入，不必個別重新談判參與模式。專案發起人「英斯特葛利歐」（Instiglio）認為這是邁向成果型挑戰基金的一大步，帶來更高效率的市場，交易成本也更低廉。

按成果激勵

站在公益的角度，成果型贊助在理論上儘管極具吸引力，卻也可能稍顯不切實際。倘若一開始就沒有餘裕採取一些測試性質的行動，要怎麼朝向與成果型激勵一致的方向前進？但以成果做為標準，未必是全有或全無二選一的局面。成果導向贊助還是可以劃分出不同層次施作，諸如運用獎金、先進市場承諾和極端應用的社會影響力債券。

在此須提出的關鍵問題是：哪些方法可以創造誘因，提升更好的成果？要是現在無法依據成果提供一〇〇％贊助，那麼做得到一〇％、甚至一％嗎？一％聽來微不足道，但既是不設條件限制的獎金，對於一般營運資金有限的非營利組織來說依舊相當寶貴。而且這麼一來也對人們釋出簡單明瞭的訊息：成果最重要。許多非營利組織無法承擔百分百成果贊助的財務風險，但要是有部分比例的浮動撥款可以直接支付經常性支出費用，那就可以接受。

除了現行贊助的協議之外，未來的贊助機會也是強而有力的誘因。人們能夠意識到彼此的關聯性，但概念上仍相當模糊。可以透過預先公布後續獎勵的明確績效標準來改變風險／報酬比例，公益組織也會樂意投資以提升成果。至於達標之後是保證贊助、可能贊助，或僅僅取得申請贊助的資格，這當中同樣可操作的空間很大。就某種意義上來說，這可以看做分級贊助的變形。

「第三部門資本合夥」（Third Sector Capital Partners）是專為成果型贊助策略提供諮詢服務的非營利顧問公司，它和華盛頓州金恩郡的合作即運用這兩種技術，讓身心病患者及藥物濫用者即時就醫接受治療。郡政府和二十三家醫療院所合作，為收治和轉診量身訂作績效標準，並修改現行合約，提撥二％獎金鼓勵達成更高目標的醫療院所。這就是獎勵大家向前衝的胡蘿蔔；另一頭則舉起懲罰的棍子，宣示視成果來決定二〇二〇年能否撥下更多款項，未達績效目標的醫療院所也將難以再參與競逐。採用分階段的成果支付辦法，「第三部門」的啟動時程比起其他類似專案，光是時間就節省下一半。

其實這類型成果贊助的創新，都希望繼續簡化結構，引領相關部門投入更廣泛的應用。我們愈是讓贊助導向成果而非活動，就愈可能激勵創新，發揮影響力。

混合型贊助

在混合型資助（Blended Finance）方面，公共資金或慈善資金可以透過貸款擔保、次級債務或股權、保險、貨幣避險和技術援助等機制，運用更多的民間投資。根據歷史經驗，混合型贊助主要用於能源、水資源和交通等基礎設施專案的公私合作夥伴關係（Public-Private Partnership, PPP），但這些工具在現代愈來愈實用且符合需求，還能贊助社會創新。

隨著社會企業的商業模式漸趨多元和混合化，贊助來源也需要更多的變化。「奧米迪亞網路」的調查報告「報酬連續體總覽」（Across the Return Continuum）中，描述從純商業到純公益事業之間的各種變化層次。[7] 現今許多使命型組織都能創造一定的收益，倘若只靠捐款，募款額度限制會連帶壓抑組織的成長；但光是仰賴收費服務或民間投資，可能也會漸漸走向低風險、高利潤的市場，到頭來反而放棄追求影響力的目的。對於大多數投資來說，捐款是百分之百有去無回，這和預期風險調整後市場收益率達到五％甚至更高的情況，簡直有如天壤之別（見圖14.1）。能夠融合兩者的贊助機制，才是橫跨兩個世界的社會企業的最佳選擇。

未經證實的模型或市場要是被認為風險太高、預期報酬可能無法打平，早期階段的贊助就顯得格外寶貴。我在第八章談到美國國際開發署「發展創新創投」贊助「電網外用電」的案例即是如此，團隊運用捐款來驗證向貧困農家銷售的新商業模式。像這類主要應用於低利潤市場的創新，進行融資時可能會遇上許多困難，即便影響力投資人也可能傾向考慮保本為上。然而，一旦市場大放異彩，民間投資人就會樂於跟進。

捐款也可以鼓勵大企業進入它們原本忽視的市場。二〇〇二年，英國國際發展部（DFID）向電信公司沃達豐（Vodafone）提供一百萬英鎊配套捐款，開發償還小額貸款的簡訊系統。後來開發出的「M-Pesa」系統成為肯亞最重要的金融服務，使用人口涵蓋肯亞四分之三以上的成年人，交易總額甚至達到國內生產毛額五〇％以上。

即使社會企業成功籌募到民間資金，依舊需要激勵措施促使其敢於挑戰最艱困的市場，例如提供服務至窮鄉僻壤。否則有增無減的市場壓力，必定將資金導向獲利更高的機會。當坦尚尼亞的市場漸趨蓬勃後，家用太陽能燈具的銷售增幅每年遞減二五％，英國國際發展部因此捐款做為績效獎勵，鼓勵經銷商加強投資，為大湖地區偏鄉提供服務。對於「電網外用電」和其他供應商來說，這個補貼正是他們需要的，讓他們得以進入經濟上不可行的市場。

贊助者的合作

如同混合型贊助，贊助者也可以參與合作，實現共同目標。而團結起來的成果很可能遠遠大於各自登山的總和。對於接受捐款一方而言，聯合贊助可以減少提案、回報結果、優先項目的分歧和繁瑣的互動聯繫，並釋放更多資源投入更具效益的工作上；贊助者看來則是透過共同努力、協調策略，讓專案發揮更大影響力，同時提升效率。這是社會公益的雙贏。當然，彼此都必須放棄部分控制權。

「民事婚姻合作組織」（Civil Marriage Collaborative, CMC）是我在美國的婚姻平權議題上，有幸參與最成功的贊助者聯盟之一。由幾家基金會於二〇〇四年組成，主要任務是匯整資源、策略性調節捐款，共同為推動婚姻平權努力。成立十一年以來，民事婚姻合作組織在各州和全國部署兩千萬美元捐款用於公共教育和宣傳，也從廣大合作夥伴募得一億三千三百萬美元支持數千人投入相關活動，終於在二〇一五年結下婚姻平權的果實。

攜手合作的贊助夥伴若獨立分配捐款，很可能在缺乏深入分析組織性質、策略重點和成果潛力等因素之下，做出不同的決策。民事婚姻合作組織則是匯聚所有資金，採取「十／十／十／二十」策略分配投入：贊助有效組織在十個州先達成婚姻平權；在另外十個州推動民權聯盟，達到有限的民權保護；最後在剩餘二十個州推動不同程度的組織行動，讓全國民意早日達到質變臨界點。至於哪些州要進行哪些活動，也依循嚴格標準擬定，包括民意支持度、州級組織能量和立法環境與展望等因素。

贊助者有時也會主動加入，就像民事婚姻合作組織的夥伴一樣。或是由某個強大的公益受款方，努力將眾人拉在一起。孟加拉非營利組織BRAC逐漸擴大規模後，必須投入更多心力滿足贊助者針對報告、審查與會議提出的不同需求，負擔愈發沉重。BRAC在幾個論壇上禮貌地表達憂慮後，終於從一九八九年的「農村發展計畫」開始，透過一些大型專案將贊助者組織起來。身為贊助方的金主財團最終同意只提供單一預算和標準化的報告、審查及評估，並在此條件下提供長期資金，為實現更大公益而犧牲一定程度的控制與自主權。[8]隨之而來的靈活度與長期規畫，正是日後BRAC成功的重要原因。

令人振奮的是，團結合作確實大有可為，贊助者的合作仍在增加當中。第八章曾談到兩個最強大的機構都是贊助聯盟：推廣疫苗接種的全球疫苗暨免疫聯盟（Gavi），以及為美國貧困青年尋找大規模解決方案的藍經合夥基金。此外，「合作影響力」（Co-Impact）也是最近啟動的全球合作組織，邀集慈善家致力於大規模解決社會問題，參與者包括洛克菲勒基金會和「捐贈宣言」（Giving Pledge）的簽署者，包括比爾及梅琳達．蓋茲基金會，共同投資低收入國家的貧困人民，期許帶來體制上的改變。[9]我衷心希望今後贊助者持續加大合作力道。

行動呼籲

比爾和梅琳達．蓋茲在二〇一八年公開信函中，敘述他們透過慈善事業「測試前瞻性創新，蒐集、分析數據資料，讓企業和政府擴大公益規模並維持有效的做法。我們就像是創業的孵化器，目標是提升公共政策的思考品質，並引導資金流向最具影響力的想法。」他們接著說：「要是這當中沒試出一些失敗的想法，我們就是沒盡到自己的本分。」[10]

即使是世界上最大的基金會也得承認，和大企業或政府的支出相比起來，它們的實力依舊微不足道。無論加入基金會、慈善家甚至外國援助資源，在滿足全世界的需求上也永遠嫌不夠。然而當報酬太低，難以形成市場，而且風險過高、政府不欲介入的狀況下，只能憑靠公益團體推動變革性創新，發揮巨大力量。

要發揮影響力，必須先擁有新思維和新工具。首先我們要認識到，當前的干預措施不足以實現目標，並且渴望設計出更好的方案來加速進步曲線；其次，唯有贊助者為團隊提供輕鬆友善的激勵措施，創新才能蓬勃發展。這需要全盤調整贊助機制的結構，從過去支持「計畫－執行」的線性模式，轉為「測試－迭代」的連續循環；最後一點，基金會、慈善事業和外國援助可以發揮更有力的驅動作用，匯聚更多資金滿足需求規模。

各位贊助者，你們手上正握著釋放社會變革潛力的鑰匙。

第十三章

堅持下去

各位會閱讀這本書，顯然期待能夠發揮最大影響力，將規模最大化。可是過了今天之後，一天過去，一週、一個月或一年過去，我們能做出什麼？在我們身處的組織規範、習慣和文化重新改造及確立之前，我們該如何從理論走向實踐？

採取創業思維是關鍵的第一步。持續不停的運用創業思維，需要設定明確的目標，以及與目標一致的激勵措施。各位不妨想像，當我們採行健康飲食，勢必要先了解營養的基本原則。儘管對大多數人來說仍是知易行難，畢竟現實生活中總有諸多不便和干擾。等到哪一年健康檢查後，醫生說你膽固醇太高或有糖尿病發作前兆，要是再不調整飲食恐怕後悔莫及。這時你就有了必須相信的目標及維持健康的動力，趕快想辦法降低膽固醇或血糖指數，以免甩不掉這類慢性病，健康日趨惡化。即便如此，我們日常飲食中還是躲不掉許多誘惑和兩難，只能靠親友的關心和鼓勵：大家一起做健康餐點，別再吃垃圾食物！持續的鼓勵與強化信念，才能讓你真正養成好習慣，不再攝取不健康的飲食。

組織要尋求創新，通常必須引入新技能、人才和工具，包括舉辦創新研討會、聘請創新團隊或具備破壞性創新技術的專家。部分基本工具和技術確實可以快速傳授或運用。但，然後呢？倘若依舊以募款多寡或履行活動來評估績效、獎勵員工，這樣傳達出什麼樣的訊息？要是體系沒有能力轉型，新團隊的努力遭致邊緣化而受挫，其他人當然覺得一切照舊就好，什麼都不必改變。

創新的文化來自可評量的目標，提供**激勵**，以及實驗與學習的獎勵誘因，也少不了願意承擔風險的**企業家**。組織重新架構須從核心出發。聽起來似乎令人氣餒，但本章將提供各位啟動轉變的實用工具。

創新的文化障礙

要讓傳統組織變得更靈活，自古以來就是嚴峻的挑戰。在社會部門方面，從擬定捐款提案到執行捐款協議，種種要求形塑出深植於組織血肉的記憶，早已滲透到整個產業文化中。隨著團隊中的人們離開加入新團隊，固有的文化與習慣也沿襲下去，即便取得更多可靈活運用的資金，熟悉的捐款週期依舊占主導地位。

此外，多數的捐款案還是強制要求「瀑布模式」，工作開展前必須將完整方案列在計畫中。一切須精打細算，反覆擘劃推演，讓民眾相信它就是捐款的最佳選擇。因此公益組織習慣在有限的資源內審慎設計，按表操課，全盤照計畫執行，也對「專家」和解決方案深信不疑，畢竟這些都是爭取贊助的競爭優勢。

而我們現在很清楚，這種做法和精實概念恰恰相反。一家非營利組織參加了我主持為期兩天的研討會，其中幾名員工談到他們工作時最大的障礙即是事事規畫的完美主義；無論是發現問題、訪談客戶或部署「最精簡可行產品」，都要確認按原定計畫才敢繼續下一步。然而，「精實影響力」和你申請捐款不一樣，並不是只有一次出擊的機會。實驗或失敗，都是學習過程中極其自然的一部分。社會企業輔導組織「加速改變」總裁彼得．莫瑞（Peter Murray）也指出：「那些早已習慣採用已驗證模型的組織，對於快速實驗備感不快且不適應。就算嘗試後失敗有助於迭代改良，非營利組織也不喜歡失敗。」

再加上大多數非營利組織總是沒錢沒時間，尤其缺乏不設限制的資金，導致捉襟見肘的窘迫感揮之不去。總是有那麼多事要做，手邊卻幾乎沒有可運用的資源。這種狀況下，自然只看得到眼前的短期需求，誰還有餘力追求長期機會。非營利組織「洗澡」（Lava Mae）創辦人兼執行長朵妮絲．山多瓦（Doniece Sandoval）就說：「非營利組織往往缺乏成長心態，因為他們一分一毫的成果都是努力爭取來的。困窘和緊迫扼殺了他們的創造力，也不敢承擔風險。」

從科技產業轉戰社會部門的過程中，我最難適應的一件事就是：沒人敢質疑專家。我要說的不是我想質疑別人，而是人們不會來質疑我。在矽谷的時候，所有人對每個人、每件事都抱持質疑的態度，認為腦力激盪才能激發彼此最好的想法。然而現在我被當做「專家」，就算我犯了錯也很少有人願意告訴我。如此一來，我的想法怎麼會變得更好？

專注全球發展的非營利組織「派特」（Pact）踏上創新之旅時，組織內部設立線上平臺，讓全體成員暢所欲言，分享創新想法。為了找出最佳方案，還讓所有人進行線上投票表示贊成或反對。但團隊很快就發現，出於組織習性，成員們並不喜歡投票公開否定別人的想法。組織的固有文化並非提出尖銳問題或批評同儕，因此到頭來只能放棄向群眾擷取智慧，平臺也轉成共享最佳實務操作的線上資源。

文化因素往往根深柢固，不會在一夜之間改變，表面的行動或倡議很快會臣服於組織的潛規則。唯有從根本上驅動變化，才可能鬆動組織文化，做出相應調整。

文化轉型

文化隨著時間累積形塑，這是激勵措施之下再自然不過的投射，一點一滴形成塑造個人與群體行為的規範體系。倘若僅僅張貼幾張海報鼓勵大家，或宣布一套新的組織價值觀就想完事，依舊撼動不了組織文化。文化來自鼓勵或遏制特定做法的獎勵系統，其中包括正式規定，也有非正式的潛規則。

若想改變組織，我們需要從頭開始、重新建構，反映出一整套新的價值觀和優先事項（見圖13.1）。首先要重新定位**目標**，跨出舒適圈，跳脫照本宣科；然後，組織裡的**激勵誘因**要保持一致，讓團隊樂意接受冒險與實驗，並且根據數據資料進行決策；最後是建立容納各類型**成員**的團隊，而這些人都支持變革。人類的行為由我們提供的激勵誘因所形塑，而這些激勵誘因又反過來強化了目標。接下來讓我們仔細分層探討。

要成功灌輸創新的文化，必須針對這三個層面全面進行改革。若只是找幾個人導入「創新」試圖變革組織，卻未改變形成組織文化的目標和激勵措施，成員即使因此短暫改變行為，也很快會恢復原狀。最終改變可能只是曇花一現，甚至連導入創新的人都完全被同化。

如果你本來就不打算一次改變整個組織、或現實上難以達成，可以透過制定整套不同的規則和獎勵，將同樣的方法應用在各個團隊或部門。我們來看看美國國防部當初如何建立國防高等研究計畫署（DARPA）。一九五七年，蘇聯發射世界第一顆人造衛星史普尼克一號（Sputnik 1），美國軍方因而認識到光靠現有機構無法推進尖端科學研究，必須從頭成立一所敢於在科技領域冒險躍進的新機構，並且預料高失敗率將是它天生DNA的一部分。於是國防高等研究計畫署制定一套全新的運作模式，包括

圖13.1　組織變革的驅動因素

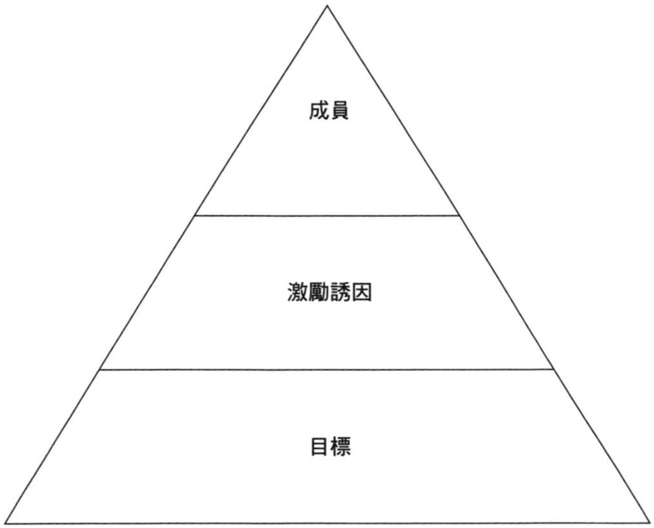

聘用兩年一任的專案經理，短時間內引進更多人才扛起雄心壯志。

現在已經有許多能幫助各位建立創新文化的方法。頂峰公學和「科比亞全球」都是團隊共同研讀《精實創業》這本書，以建立共通框架和常用詞彙；為貧困病友籌募手術費用的「華特西」和為貧窮家庭蓋房子的「新故事」則參與科技加速組織「Y孵化器」；聖地牙哥食品銀行由聖地亞哥基金會贊助，參與「顯著改變」（Moves the Needle）領導的創新訓練營；非營利衛生組織「國際居民服務」（PSI）引入「IDEO.org」團隊擔任顧問；還有許多有志人士和組織從「＋阿克曼」（+Acumen）網站研習線上課程。不同方法有其關注的重點，也會運用不同的工具，但這些都帶來了創新思維。重要的是要讓改變生根，堅持下去。

目標

創新極少出於偶然（比如因實驗的培養皿遭汙染而發現盤尼西林），更多是經歷追求明確目標、無數次艱辛的實驗後才達成。這才是現實中較可能發生的狀況。愛迪生發明燈泡的故事就極富象徵意義，他經歷上千次失敗才成功，當別人做出白熾燈時，他還是想找到壽命更長且成本更低的燈絲。所以愛迪生的目標不僅僅是發明會亮的燈泡，而是要創造出**商業上長久應用**的照明系統。

我們第二章談過設定可評估的大膽目標很重要，不管是送人類上月球抑或撲滅小兒麻痺，遠大的目標可以激勵團隊。而由此鋪展開來的努力非常重要。要是我們一如往常，手一伸就摘下目標，那麼誰也不會相信我們需要冒險嘗試新事物。我平常最愛挑戰我的團隊，詢問大家如何讓效率或規模擴大十倍、甚至一百倍？這是在討論過程中改變漸進式思考的好方法。

設定大膽目標是建立創新文化的基礎。唯有迫切需求，才會讓創新成為組織的必要流程，而非想到才做的自主行動。明確的目標在各個層級都很重要，包括全體組織、各部門，甚至每個成員。各層級的目標也互有關聯，個人目標涉及部門目標成敗，部門目標也將幫助整個組織實現目標。遠大的目標可以讓人們牢記要從大局著眼，個別目標則是獨立活動與自主權衡的指引。

但要小心，切忌將虛榮指標當成目標。我曾和許多肩負令人振奮且大膽使命的組織深談，它們往往汲汲營營於活動接觸人次、籌到多少錢，鎮日忙碌於和轉型變革毫無明確關聯的煩膩瑣事。在團隊和個人層級所設定的目標，特別要以創新指標為核心，總體目標的實現來自個別目標建置，例如提升採用率、淨推薦值或單位經濟效益。

以前在Google，我們採用OKR（Objectives and Key Results，目標及關鍵結果）系統追蹤公司各級目標，並且每季、每年檢討。「目標」（Objective）定義整體目標，「關鍵結果」（Key Result）則將完成目標的時間拆解成可衡量的進展階段。一般來說，優先關注的焦點會縮小至三至五個目標。每季和年度結束時，OKR評分會在零到一之間。這和許多目標管理系統不一樣，預期值未必全部為一。而時常達到目標的人會被鼓勵設定更大膽高遠的目標。當然，數值要是趨近零也不好。平均來說以〇・七最理想，表示你挑戰的目標已確實取得進展；而公司也知道，你愈是努力追求就愈可能遭遇失敗。所以「OKR」並不直接用於績效評等，而是釐清優先順序，讓共同目標的相關努力協調一致。約翰・杜爾（John Doerr）於二〇一八年著作《OKR：做最重要的事》（*Measure What Matters: How Google, Bono, and the Gates Foundation Rock the World with OKRs*）中，記錄「OKR」為各種組織帶來的爆炸性成長。

激勵誘因

激勵誘因是文化建立後隨時間慢慢穩固的基礎。如果你並不滿意現在身處組織的文化，必定要深入理解它所傳遞的各種正式與非正式訊號。你會發現大多數人的行為其實相當理性，都是根據他們接收到的激勵誘因而做出合理的回應。

有些激勵誘因透過目標設定、績效評估，以及獎金、晉升、表揚或招募及解職標準正式制度化。制度化的激勵誘因會產生具體效果，對於驅動行為更有力量；還有一些較細膩的激勵誘因，也許是透過領導、同儕強化、彼此討論鼓勵等方式來傳達。要是各種激勵誘因相互衝突或不一致，就難以預測人們可能出現的反應，比如言行拐彎抹角不坦率，甚至是酸言酸語消極抵抗。

建立創新文化的激勵誘因，必須從原本獎勵專業、執行預定任務和達成虛榮指標，轉變為獎勵學習、採取冒險決策和改善績效。這樣的訊息需要保持一致，透過正式與非正式管道不斷強調，改變才會向下扎根、向上發展。很多組織則是在欠缺充分認識的情況下，傳遞出不少含糊不清的訊息。組織領導者也許知道創新的重要，站在舞臺上大肆宣揚吸睛案例，但真正重要的目標、晉升和種種非正式訊號，卻又繞著籌募資金和執行預定計畫打轉。

我最近主持一場為期兩天的研討會，偕同非營利組織、基金會和企業捐款規畫單位合組的「獨立部門」聯盟（Independent Sector）成員一起研習精實影響力。大家起初對於這些充滿活力的新工具感到十分振奮，到了第二天卻更想知道該怎麼保持這份動力，因為一回到工作崗位，日常的工作壓力又將全部湧現。研習學員擔心時間不夠之餘，也不敢肯定同事們會支持這些不熟悉的工具或行動，例如進行客戶訪談和各種實驗。所幸領導階層表達強力支持，組織營運長維克多・雷諾索（Victor Reinoso）額外提供獎勵，團隊進行採訪和實驗時若達成特定學習目標，就能獲得獎賞。更棒的是，要是三個團隊都成功達標，全體成員將休假一天，鼓勵所有人同心協力建立新的工作方式。

傳統上，受到讚揚和獎勵的成功標準大多是**虛榮指標**，例如捐款幾筆、募款金額多寡、接觸幾名受益對象、發送數量、做到哪些合乎規範的要求等等。但是光看這些數據資料，看不出社福工作的進展程度及公益規模。相較之下，**創新指標**追蹤的是單位層級，例如客戶滿意度、成本或收益，這些特點都能改變公益事業的運作軌跡，推升目標且得以實現。

這些創新指標可能正是我們對於價值、成長和影響力設定的成功標準（見表6.1範例）。顯著提升的淨推薦值反映出客戶滿意度，以及民眾持續參與和口碑相傳的可能性；單位經濟表現出色、成本更低且收益更高，干預措施就能嘉惠更多民眾；至於更高的收益，無論來自收入增加、測試分數提高或是挽救更多生命，都顯示出我們正走在完成使命的道路上。組織、部門和團隊應該要鎖定這些關鍵指標，定期進行追蹤評估，並持續強化目標。

創新指標的提升並不總是呈線性成長，可以透過團隊和個人的學習速度來判斷短期進展。團隊是否進行訪談、做實驗和蒐集數據資料？證明或反駁假設的速度有多快？是否能承擔起足夠的風險，以因應實驗可能迎來的成功與失敗？數據資料顯示特定路徑無法達成預期結果時，是否能迅速轉向？這些都可以設定成目標，並於績效評估時持續強化。也可以在會議上公開表揚，重新定位組織文化。

隨著新文化一步步確立，團隊也將逐步依據明確的數據資料進行決策。這些數據資料都是來自受益人及利害相關人士的訪談、實驗結果或用戶回饋，並非僅僅片面聽取專家建議。價值將從你是誰、你知道什麼，轉變為你對學習的渴望。布里吉國際學院的聯合創辦人認為任何人的意見都不重要，包括他們自身的意見。他們不是根據情感喜好選擇第一所學校的設立地點，而是定出五個成功因素，再比較兩個國家，最終由肯亞勝出。

領導人必須明顯而一致的支持創新文化的價值觀。領導人必須根據數據資料做出決策，公開透明的分享資訊，不分等級用人唯才，鼓勵建設性的冒險，不管成功或失敗只要能從中學習都要讚揚，推動持續改進的理念，並且尊崇行動。隨著時間過去，這些特質將會滲透到組織規範之中，成為新的組織文化。

成員

DRK基金會合夥管理人克麗絲蒂．奇恩（Christy Chin）認為最有前途的社會企業家通常擁有下列特徵：根據數據資料做決策、保持好奇心、極度尊重受益者，以及迫切想解決問題。比起私部門，謙遜尤其是處理異地社區間複雜動態必要的品德。

奠基於精實影響原則的文化不見得適合所有人。要早已習慣社會部門一致節奏的人迎向時時變化的步調，可能會讓他們感到相當不安。布里吉國際學院則因為學校不斷進行實驗和變革，很清楚適應變化和迭代改良正是做為員工的必要條件。但他們工作的地點處在階級森嚴的非洲商務文化環境中，並不容易找到這類人才。

改變現有文化說不定比從頭打造新文化還困難得多。「祖那」（Zoona）是非洲南部服務偏遠社區的金融服務業者，執行長麥克．奎因（Mike Quinn）引入快速原型設計時，就面臨到少數員工的抗拒。有些員工快速學會了新方法，有些員工卻寧可躲在舒適圈不思進取。好不容易，愈來愈多員工適應，同時也招募了更多願意學習的新員工，新文化就此扎根萌芽。麥克認識到，為了讓「祖那」成為最好的工作場所並且加速前進，他必須提高績效和問責標準，包括以同理包容的態度做出艱難的選擇，以及讓表現欠佳的員工離開組織。

任何重大的變化都帶有破壞力，而且不是每一個人都能跟著改變。我聽過許多曾領導非營利組織的企業領導人談起類似狀況，其中一家組織甚至是百年老字號。無論你再怎麼仔細周全，還是會有人離開領導團隊。有些人是因為不滿改變而離去，有些人則是跟不上改變的腳步。他們面臨的挑戰不只是適應新的工作方式，還有那些抬高績效標準的顛覆性解決方案。原本安逸的員工們必須迎頭趕上，否則很快就會遭到淘汰。

創業思維之外，也要為團隊加入多樣化的觀點，拓展其對於未來的思考、觀點和運用方法。基於非營利組織對人與議題的理解，同時結合商業模式與企業界快節奏交出成果的能力，為社會部門帶來更好的協力運作。其他領域和職能專業知識，諸如數位科技、行為科學、行銷、科學研究、人類學等，都可以進一步擴展為社會服務團隊所用的工具。

事實上，史蒂夫・布蘭克和吉姆・宏泰（Jim Hornthal）創辦的精實創新線上平臺「中央啟動臺」（Launchpad Central）發現資料庫裡一萬六千多個團隊中，表現最好的通常也是最多樣化的團隊。所謂多樣化指的是性別、種族和學科專業知識等，例如讓工程師和企管碩士一同作業。吉姆認為若能整合成員不同的經驗，可以提高團隊由訪談、數據資料和調查中識別模式的能力。他說就像玩博格（Boggle）拼字盤，只要將字盤轉九十度，也許就能看出先前沒發現的字彙。因此視角很重要。此外，專案從開始到結束所置身的環境或背景因素也很少一成不變，一個打從起跑就樣樣完美的專業團隊，可能反而難以察覺專業領域之外的轉向機會。

關於失敗的建言

沒有失敗，就沒有創新。只是失敗對於社會部門而言可謂禁忌。我領導美國國際開發署實驗室的時候，有一次前往麻省理工學院對一些胸懷抱負的社會企業家發表演說。我當時邀請臺下團隊分享失敗案例。我原本想告訴大家，失敗在創新的過程相當重要，並提醒一些常見的陷阱。然而我提出邀請後卻得不到回應。我又問了一次，還是沒人分享。經過幾番說明和安撫，團隊們才不太情願的簡略分享；也有人對於在公開活動中發表這些經驗顯得憂心忡忡。各位請注意，這可是開發署設立的創新中心呢！事實上承擔風險和表揚失敗，應該是我們格外需要的經歷。不過即使是現在，人們距離正面接納自己並公開失敗經驗的心態依舊相當遙遠。

另一方面，為了順利募資，許多團隊並不樂見公開失敗經驗。公益組織擔心若過去戰績不完美，恐怕會導致贊助者的疑慮。所以簡單來說，就是不能失敗！萬一失敗了也悶不吭聲。這種厭惡風險又欠缺透明度的表現，恰恰妨礙了精實影響力必要的實驗、學習和轉向。

因此許多組織會特別表揚失敗，就是為了改變這種心態。例如「前進出發」

（MoveOn）是個進步的草根團隊，他們會為失敗的冒險和創意舉行「歡樂葬禮」，鼓勵團隊再接再勵。一旦實驗失敗，不用哀聲嘆氣，只要高喊「沒錯！歡樂葬禮！」，然後向團隊成員分享失敗的經驗和教訓。有一次他們甚至在內部網站設計一座數位墳場，將失敗的專案張貼在墓碑上。「前進出發」認為面對專案失敗的態度是：該停的時候就要喊停！藉以保持敏捷度和相關性，為更棒的點子預留空間。

「失敗慶典」（fail faire）也逐漸成為一項傳統，許多人喜愛參與這項活動，一同在歡樂聲中學習失敗的教訓。還有一些獨立活動，比如偉恩．渥達（Wayan Vota）為全球發展領域舉辦的華府年度「特區失敗節」（Fail Festival DC），讓公益團體的從業人員有機會聚在一起，分享甘苦，感受彼此肩負的共同使命。失敗成了勳章，而非恥辱。此外，各種組織的內部活動諸如定期檢討，歸納經驗法則，建立文化上的包容力。美國國際開發署每年都會舉辦科學、技術、創新與夥伴關係的年度會議，參與者在會議之初都稍嫌安靜，但往往一週下來就變得熱絡，這場定期活動也成為廣受喜愛的聚會。我們邀請知名高層主管分享他們的失敗經驗，為活動氣氛定下基調。而你聽完這些令人欽佩的領導者侃侃而談失敗之後，自然也敢暢所欲言。

但重要的是，清楚區分好的失敗（值得表揚）與壞的失敗（必須避免）。所謂

「好的失敗」是指測試時的確已謹慎評估假設的風險，最後還是失敗。這意味著「最精簡可行產品」的結果與預期不符，我們應該從中學習改良，以期發揮更大的社會影響力。如果總是一帆風順，人們可能更不想冒險或跳出既有的思考框架。好的失敗可以幫助人們避免「壞的失敗」（例如替諾福韋的藥品試驗，或是第六章談到的一畝田基金的百香果試種），這類失敗雖然也可汲取教訓，但相形之下浪費太多資源。要想清楚區分這兩種失敗，有賴於聽取更多人公開分享的失敗經驗，這才是學習中最寶貴的一環。

也許置身於人道主義危機的煎熬中，讓人最不敢冒險。全球規模最大的人道救援非營利組織之一，國際救援委員會（IRC）正透過它的阿爾貝中心（Airbel Center）尋找創新方法。科技雜誌《快公司》（*Fast Company*）近來報導指出：「失敗在矽谷是企業執行長的榮譽勳章，證明他或她的夢想實在太大。但是在人道援助領域，容忍失敗完全是奢侈。例如國際救援委員會這樣的組織，要是碰上失敗可能意味著飢餓、疾病和喪命。然而，一旦國際救援委員會能夠在史無前例的危機中成功找出創新方法，就能證明承擔風險之必要，即使要面對、甚至可說處在一切都不確定的情況之下。」[1]

要是連分享小失敗都很難，要對大失敗採取行動就更不容易。正因如此，極少領導人察覺到某個專案或組織已經無法提出差異化價值，就此當機立斷停止運作；更多是擺出既然資金無虞，工作成效再差也繼續打混下去的。這導致我們將寶貴的資源浪費在價值較低的專案，危及我們可能達成的最佳方案。知道何時該放手或轉向，尤其得同時面對個人強烈的情感依賴，是領導者最艱難的決定之一。

全盤接受冒險或失敗也許很困難，卻是不可或缺的文化轉變過程。以邱吉爾的話來說就是：「跌跌撞撞面對失敗，卻不因此失去熱情，正是成功的開始。」為了讓社會創新發揮大規模影響力，我們需要建立新的思維。未來所追求的不是快速的勝利，而是深刻的文化變革。我們必須重新建構組織，快速行動，承擔風險，永不懈怠敢於追求影響力。

第十四章

影響力的世界

我們正處於社會發展的不凡時刻，愈來愈多慈善組織採用商業模式來擴大規模和影響力；企業也嘗試追求利潤與社會公益之間的平衡。隨著位於光譜兩端的公益與商業愈來愈靠攏，從社會企業到B型企業，從慈善創投到影響力投資，人們逐漸採行新的混合式組織與募資方式。唯有充分駕馭心靈與思考，我們才能創造一個合乎道德、包容和繁榮的世界。

蛋捲冰通訊公司（Cone Communications）研究指出，八九％的美國人更願意購買與慈善事業有關的企業產品，六〇％的美國人投資決策時會注意企業對社會與環境的承諾。[1]千禧世代尤其表現出這種精神，他們更加關注獲利與公益目的結合。他們從事的職業、採購和投資深受社會公益價值影響。蛋捲冰通訊公司也發現，千禧世代（約占總人口五五％）若能在具社會責任感的企業工作，七五％願意接受較低的薪資。[2]隨著大眾對社會責任的要求漸趨複雜，企業光是結合某種公益目的似乎已稍顯不足。愈來愈多消費者、企業職員和投資者不再僅僅期待落實企業社會責任（CSR），而是希望部分商業核心活動就能對社會貢獻有意義的影響力。[3]

這些感受也刺激了更多需求，更多組織、募資和解決方案試圖結合獲利與公益。但除了少數令人驚豔、出乎意料展現「賺錢兼顧公益」的潛力案例，絕大多數組織和募款一如往常陷入獲利與公益二選一的窘境。儘管現代社會中愈來愈多混合型組織，但要找到足夠資金兼顧兩種目標還是相當困難。一些影響力夠大的社會企業卻籌不到足夠資金擴大規模；而那些獲得足夠資金且快速成長的企業通常只發揮了有限的社會影響力。

現行法律結構和資金流的設計並非兼顧獲利與公益，現實狀況就是得二選一。儘管目前為了實現雙重目標，有些人努力敲開融合兩者的大門，但至今仍有巨大的**混合式鴻溝**（hybrid gap）猶待彌合（見圖14.1）。為了充分發揮潛力改善我們生活的世界，我們需要更好的工具、組織實體和財務結構，永遠掌控**各種**可用的資源。企業和投資人應該將貢獻社會視為不容妥協的需求；非營利組織和贊助者應該將可持續的商業模

圖14.1　混合式鴻溝

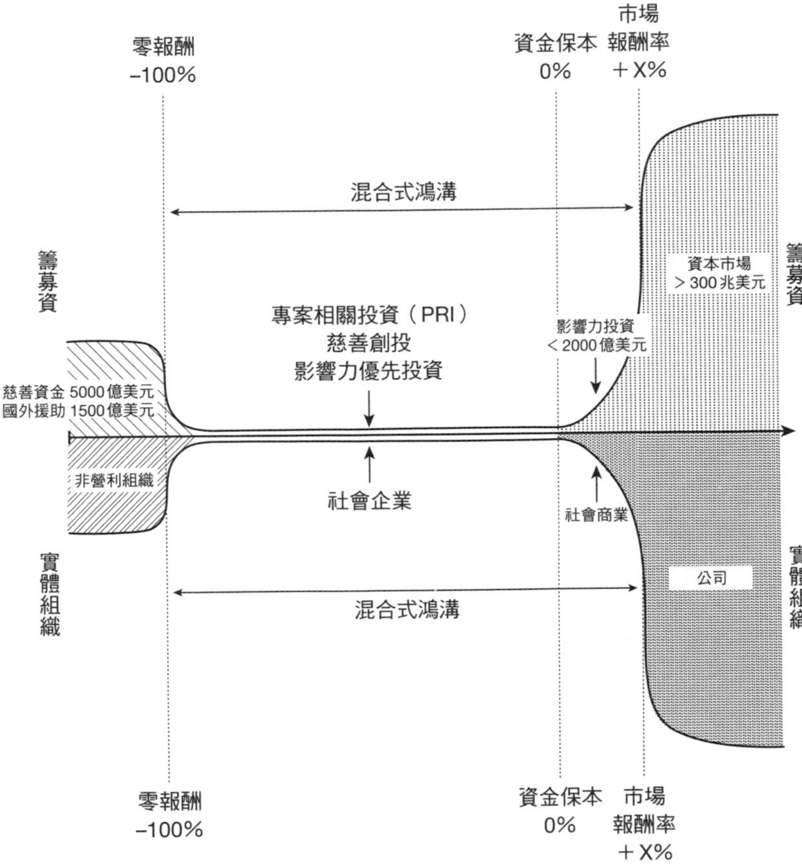

市場
零報酬
–100%
資金保本
0%
報酬率
＋X%
混合式鴻溝
籌募資
資本市場
＞300兆美元
籌募資
專案相關投資（PRI）
慈善創投
影響力優先投資
影響力投資
＜2000億美元
慈善資金 5000億美元
國外援助 1500億美元
非營利組織
社會企業
社會商業
實體組織
公司
實體組織
混合式鴻溝
零報酬
–100%
資金保本
0%
市場
報酬率
＋X%

式視為擴大影響力的必要條件。在自然界的演化之外，我們也需要展開全新的混合式結構變革，從本質上達到商業與公益的兩全其美。

三重效益

貝萊德投資公司（BlackRock）執行長雷利・芬克（Larry Fink）二〇一八年公開向全球大企業執行長呼籲：「社會要求公私部門都要為社會做公益。各家公司若想持續繁榮壯大，不只是端出財務業績，也要展現我們對社會有何正面貢獻。」[4] 這是來自資產管理超過六兆美元、全球最大投資公司的重量級訊息。芬克也毫不保留的表示將運用巨額資金和股東投票來支持公司的期待，並且邀請各界共襄盛舉，一起迎接挑戰。

過去數十年來，愈來愈多投資人、客戶和員工要求他們所投資、惠顧和任職的企業在純粹商業目標之外，也須廣泛貢獻社會。企業社會責任的觀念大幅提升，慈善公益從過往妝點形象，漸漸變成企業界整合核心策略不可或缺的一環。星巴克等企業如今正走在最前端，利用強大的採購實力與就業能量促進咖啡豆的公平交易與永續發展，同時積極聘雇難民和退伍軍人等弱勢族群，也極度關注企業對環境帶來的負面影響，並且盡可能使其降至最低。

這種全面的商業模式又稱做「三重底線」，同時為財務、社會和環境創造價值。直至今日，這種模式還有很大的進步空間，不過傳統企業結構也已經走到了極限。即使是最支持社會責任的進步者，還是會以獲利為主要訴求，透過保護員工、利害相關人士和環境，摒棄短期利益，追求長期成長和永續經營。但要是財務業績受到任何拖累，反彈可能很快到來。聯合利華（Unilever）的執行長保羅・波曼（Paul Polman）長久以來是資本主義社會責任的模範，但是當企業獲利稍顯停滯，他的公益主張馬上遭到公開抨擊。[5]

我們必須要求公司做得更多。但是在法律結構上，企業仍須負起獲利最大化的責任。必須提升足夠的顧客忠誠度，才能抵消更高昂的成本，向生活極端貧困的小農採購咖啡豆。至於那些地理位置更偏遠、普遍缺乏基礎設施或培訓的農民，我們又可以怎麼做？純粹由企業贊助社會影響力，所能達到的成效也有其限度。本章最後會探討如何拉近混合式鴻溝的新結構。

影響力投資

在投資領域方面，類似的社會意識也正在成形。現在多達二十二兆九千億美元的基金樂意承擔社會責任，並將環境、社會與公司治理（ESG）因素納入投資策略，短短兩年內成長二五％，達到資產管理總額二六％。[6]他們通常率先採取「不造成傷害」（do no harm）的消去法，排除掉不符合組織標準的企業。相較之下更積極的是影響力投資基金，這是同時包含創造財務回報、社會及環境影響力的積極投資。「全球影響力投資聯盟」（GIIN）二〇一七年的「影響力投資人年度調查」顯示，全球影響力投資的資產總額至少高達一千一百四十億美元。[7]二〇一七年十月，私募股權投資公司「TPG資本」（TPG Capital）的影響力投資基金「萊斯基金」（Rise Fund）募到破紀錄的二十億美元，知名度大為提升並引來名人關注。雖然目前尚無公認的定義，而且不同等級的運作也有諸般差異，但一般來說，負責任的投資會先排除不符公民意識的企業；影響力投資則篩選出能實現預期社會效益的企業。兩者都是以鈔票當選票，鼓勵企業做出更好的行為。

這些努力都是從資金面為企業創造激勵誘因，吸引企業考慮三重底線的效益，因此應該給予讚揚，並且擴大規模。儘管如此，混合式鴻溝並未因此縮小。根據全球影響力投資聯盟二〇一七年調查指出，要求風險調整後報酬率達到或接近市場水準的影響力投資人仍然多達八四％；[8]其餘投資人也幾乎都提出保本為最低限度的要求，顯示保留給社會與環境發揮最大影響力的財務空間極為有限。

這也導致愈來愈多資金追逐數量有限的高水準交易，這些交易既可帶來豐厚報酬，又能創造有意義的影響力。全球影響力投資聯盟經由年度調查發現，主要挑戰始終在於：「各種風險／報酬範圍內普遍缺乏適當資金」和「欠缺有紀錄可循的高水準投資機會」。[9]這正是優質投資機會太少，以致影響力基金過度競爭，反倒讓其他報酬率不及市場水準的業界陷入資金窘境的結果。

除去市場本身的運作，影響力投資在不犧牲財務目標的情況下，還能帶來哪些「資金增益」（additionality）？在史丹佛大學商學院研究所教授影響力投資課程的法學院前院長保羅・布雷斯特（Paul Brest）質疑，如此龐大的資金投入影響力投資是否能真正產生「投資影響力」？根據他的定義：「發揮影響力就是產生因果關係，所以可以從事實的反面來看：要是沒有這些投資活動，會是何種情況？」「特許投資」（Concessionary Investments）滿足了這個標準，願意接受較低的財務報酬或承擔較高風險。相反的，非特許投資（Non-Concessionary Investments）則希望風險調整後報酬率臻至市場水準，這是吸引一般投資人擴大參與必須先解決的問題。[10]

符合追求獲利的條件下，不管是消極或積極篩選投資，都會鼓勵企業改過遷善、摒除劣跡惡行。但這樣還不足以引領企業前往高風險、低報酬的弱勢偏鄉和市場。那麼我們要如何善加利用這股日益增溫的投資熱度，擴展社會公益？首先，我們要設想出財務投資與實體組織共通適用的混合式機制，以超越過去營利與非營利事業各自為政的傳統運作模式。

銜接財務差距的混合式機制

「萊斯基金」讓報酬率達到市場水準的影響力投資基金名單增加達一倍，顯示出混合式機制正持續成長。我不禁懷疑只靠傳統募款能否滿足各種資金需求。事實上，現今願意接受報酬低於保本的基金大多來自其他慈善來源，例如同樣來自基金會捐款或慈善創投的專案相關投資（PRI），富裕人士的影響力優先投資則是一種更進步的慈善形式。領導全球社會創業領域業界的非營利組織「阿育王」（Ashoka）觀察指出：「現階段的財務差距對於一般基金會和慈善家而言所需金額太多；法人機構投資方又覺得金額太少且風險太高。」[11]

倘若我以自己的財務狀況來對照，出現這樣的分歧其實並不教人意外。為了退休後的生活，我需要存一筆錢，而且這筆錢的財務報酬率必須拉到最高，以免晚景淒涼；但我同時有另一筆錢用於慈善捐款，這筆錢不求回報，只求發揮最大影響力。儘管我相信發揮最大影響力的機會存在於混合式鴻溝中的某一點，我的退休帳戶還是難以接受風險調整後報酬率低於市場水準的情況，就算因此能帶來很棒的社會公益成果。簡單來說，金融界的縮影就是如此。

由此看來，要是報酬較低的一方想吸引更多投資實屬不切實際，我們應該怎麼做，才能引導龐大的民間資金超越報酬誘因造福社會？我還是相信，擴充公益資金源頭並非來自預期報酬的變化，而是要融合投資與慈善日益複雜的形式。如今愈來愈多類似的交易，我也在第十二章介紹過其中一些案例。這些努力為各種社會公益拉近財務差距，包括社會企業、疫苗接種到低收入國家的基礎建設等各種面向。

市場型基金尋覓的是投資報酬足夠吸收失敗風險的機會，高風險、低報酬的機會就需要混合金融機制。導入慈善資金或次級市場工具來降低風險、提高報酬，才會讓那些缺乏誘因的交易變得有利可圖（見圖14.2）。常見的金融機制包括：貸款擔保、技術援助、風險承保、外匯避險和實損實賠（first-loss），以及其他次級債務或股權部位。

然而光靠零星個別交易難以擴張規模，不但交易成本高、部署進度緩慢，還要招募、協調目標與時程皆不一致的參與者，過程複雜極了。杜克大學福夸商學院（Fuqua）社會創業促進中心主任凱西．克拉克也說道：「針對投資工具的交易方式已經進行過許多實驗，但在資金層面比較少。例如我們二〇一七年檢視過社會企業的融資交易結構，發現全球社會企業採用十三種投資工具進行融資。幫助這些工具在資金層面活絡投資，才是影響力投資領域未來五到十年必須面對的重大挑戰。」

現在正是時候。從單筆交易學習成功經驗，為慈善與投資的融合建立系統化機制，擴大填補逐漸拉開的混合式鴻溝。如此一來，不僅能夠善用贊助者的資金，也讓民間資金得以擴大部署發揮重大影響力的機會。

圖14.2　混合金融機制

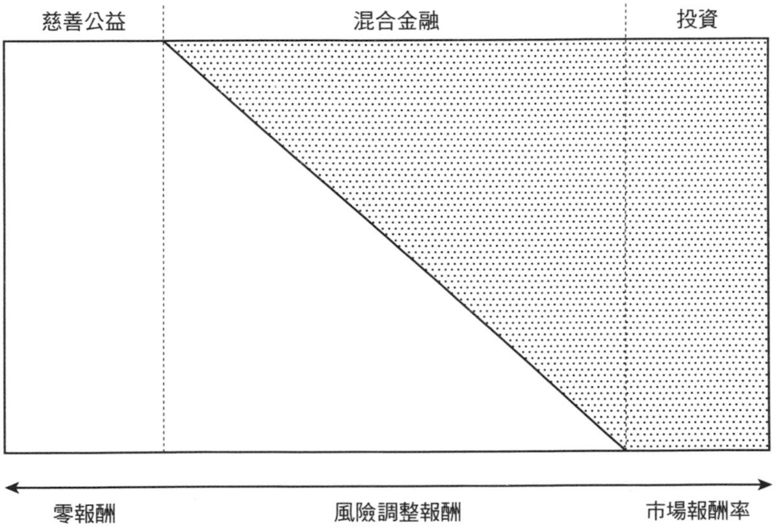

混合式資金

整合多種類型和來源的資金，實現一致目標，正是彌合混合式投資鴻溝的好機會。二〇一六年成立的全球網路組織「聚合」（Convergence）是提供混合金融的交易市場，協助設定混合機制並供給大量數據資料與情報。它認為只要善用公共資金和慈善捐款，即可釋放出超越私部門十倍以上的力量。聚合執行長喬安．勒麗雅（Joan Larrea）將混合募資分成四種原型：

一、**畫分階段**

依據隨時間變化的風險與成熟度進行評估，可以運用不同類型的募款工具，通常從讓益最大的方式例如捐款開始，之後轉向愈來愈趨向市場的工具。

二、**技術援助**

以捐款或其他吸收風險的資金做為輔助，抵消進入邊境市場（Frontier Market）較高的交易成本。

三、**讓益資金**

諸如實損實賠資金、初級股權（junior equity）或債務都是分級募款工具，用於吸收挑戰難度較高的市場風險。

四、風險吸收

將貸款擔保、風險保險或外匯避險等讓益工具結合募款結構一起運用，可以吸收偏遠弱勢市場的風險，或證明新市場的可行性。

對於社會企業家而言，處理多種融資工具間各自的關聯、財務結構、目標和需求，不僅涉及層面複雜也耗費過多時間。每一種資金融合都需要精心規畫，並根據企業特性和可運用來源建置適當的工具。這在一定程度上涉及金融工程，也可能因此分散核心任務的注意力。因此奠基於投資資金而非企業層面上的混合金融，才是長期下來足以拉近市場差距、擴大規模的方式。

「聚合」支持的組織之一，「愛利那視力」（Alina Vision）運用捐款、股權和貸款籌募三億美元設立控股公司，建立和開發眼睛外科醫療中心的網路系統。團隊按階段運用各類型資金，先靠捐款來探索潛在市場，再運用股權操作建立新醫院，並且仰仗貸款擴張日常營運。團隊透過一整套可運用的金融工具，掌握有效服務社會使命所需的靈活度。

美國國際開發署實驗室的「合作加速創業」（PACE）計畫和四十幾個輔導創業的孵化器、加速器和種子期影響力投資人合作，一起推升創業早期階段的民間投資。專注早期階段的加速器兼種子基金「鄉村資本」運用一筆「合作加速創業」捐款，負擔小額投資時成本相對高的盡職調查（due diligence），讓管理費用維持在標準的二%，後來由此籌募到一千五百萬美元的民間資金。[12]「合作加速創業」另外撥出一筆捐款，支持IETP公司（Investisseurs & Partenaires）針對當地企業家的技能與實務操作培訓，擴大爭取西非三個影響力投資基金贊助。[13]在這兩個例子中，捐款資金都用於技術援助，幫助那些原本缺乏服務的市場爭取投資資金。

「全球健康投資基金」（Global Health Investment Fund）即屬社會影響力投資基金，主要贊助研發疫苗與其他醫療干預措施，是結合讓益資金的混合型基金的好例子。該基金由摩根大通和比爾及梅琳達・蓋茲基金會共同設立，總額一億零八百萬美元，並曾表示要為投資人提供五至七%的報酬。為了降低風險，蓋茲夫婦和瑞典國際開發合作署都承諾一旦出現虧損，他們願意彌補前二〇%的損失。

開發署實驗室部分贊助的「全球創新基金」（GIF）是社會部門更廣泛利用的工

具，可以根據公益組織的獨特需求，順應其混合機制投入贊助資金。例如位於奈及利亞的營利企業「巴班高納」（Babban Gona）是一家針對小農終端銷售的連鎖服務。但這家公司表現出更多社會企業的混合型特質，也協助解決像一畝田基金等非營利組織常面對的公益問題。於是「全球創新基金」提供兩百五十萬美元的讓益資金，讓它加以運用，吸收相關風險，而這筆贊助也讓團隊順利取得一千八百多萬美元的新貸款。

這些投資讓「全球創新基金」得以對混合募款進行測試，找出最有價值的作業方式；但它也認識到，倘若能吸引到只求保本或適度報酬的合作夥伴，資金來源想必更加充沛。為了滿足這個市場需求，「全球創新基金」正在探索投資新工具籌募私人資金的潛力，補足其捐款資金。

還有一項令人振奮的進展。愈來愈多高資產人士，尤其在矽谷地區，他們不走傳統基金會模式，而是透過有限責任公司（Limited Liability Company, LLC）的企業結構進行慈善捐款，包括「奧米迪亞網路」、愛默生集團和最近的「陳和祖克柏基金會」（Chan Zuckerberg Initiative）。有限責任公司不提供抵稅，但可以運用捐款、債權、股權和其他工具組合，更加靈活部署資金。例如奧米迪亞網路為每個專案領域分配慈善和投資預算，以求與最富創新能力、也最具影響力的組織合作；無論對象是非營利、營利或介於兩者之間的組織。我希望這些先驅者的做法日後可以成為業界的新常態。就像類似基金會的混合機制已被公認為能夠將慈善影響力最大化；新的法律結構也允許靈活操作的空間，保留和基金會有關的稅務優惠，好進一步推動相關應用。

長期以來，傳統的融資機制趕不上社會企業家的創造力和新商業模式，導致公益影響力難以充分發揮。要是與贊助者合作、匯集更多資金可取得更大的成果，那麼進一步運用私人投資資源，必定能創造更大公益。

成果信用

混合型基金是金融工程中能減少市場摩擦的工具，因此混合型投資交易更為有效、低廉且容易擴張規模。成果信用（Outcomes Credits）則是成果型募款時，應用在交易過程的類似方法。各位不妨想像這是先進市場承諾和社會影響力債券之間更靈活的交叉運用。政府或贊助者預留資金給期望的成果，例如降低青少年懷孕或輟學人口，而非預留給成敗未定的專案或組織實體。只要符合規範標準，任何組織都有資格在成果獲得驗證後得到捐款。

成果信用為非營利組織和企業提供財務「拉力」，不僅有可靠的收入金流運用，更可望達成一系列成果，包括改善健康、提升教育、收入和住房安置。政府和其他贊助者都可以為成果設定比現有成本或預期收益更低的價格點，實現更大公益。比起傳統的捐款方式，也讓服務提供者擁有更大的創新自由度與動力，因為提升價值可以為他們贏得更多客戶，降低成本則有利於收支平衡。

非營利組織「社會金融」中爭取成果捐款的專家們也研究起一種類似成果信用的補貼方式，他們稱之為「成果費率卡」（outcomes rate card）。在他們的規畫中，政府預先為一連串成果設定價格，再根據這套價目表和服務提供者簽訂合約。透過標準化的財務條件，可以更快速、便宜進行更加公開透明的交易。[14]

另一種相關的募資工具是「影響力根基」（Roots of Impact）公司的「社會影響力激勵」（social impact incentives, SIINCs）形式。「社會影響力激勵」直接撥付成果獎金來鼓勵影響力，但整體上還是以風險調整後的報酬率維持業務吸引力。「社會影響力激勵」最早幾筆交易之一，是為墨西哥收入最低的族群提供糖尿病治療和預防服務。[15]要是沒有這筆補貼金流，這些族群很容易就被營利企業忽視。儘管服務這群人是意義重大的善舉，卻也得展現出適當的獲利才能吸引更多資金投入。

預期結果與產品或服務的提供直接相關時，成果信用也可以像發放優惠券，直接支付給目標受益者。這將提供受益者更多選擇，也顧及他們的偏好和尊嚴。舉例來說，希望提升電力使用率時，我們可以提供農村家庭優惠券，補貼經認證的家用太陽能系統、微型電網或一般電網的架設成本。這些優惠券在很多面向上類似糧食券、學校代金券或醫療補貼，都是向符合資格的民眾提供政府出資的代金券或優惠券，由他們自行選擇服務提供者。

組織新實體

如今不只是投資工具趕不上日益複雜的環境，既有的制度結構也漸漸變成阻礙。我認識許多社會企業家在非營利組織或營利組織間難以取捨，有些人甚至決定最好兩者都做，以防閃失。對於非營利組織，現行制度上提供公益抵稅的好處，但在股票投資、遊說或利潤運用上多所限制；另一方面，營利事業的經營活動和投資人皆極富彈性，某些狀況下也能接受捐款。不過企業追求獲利高於公益，尤其當牽涉外部融資的情況更是如此。

所幸「低利潤有限責任公司」（L3C）和B型企業正在填補這塊空白。「低利潤有限責任公司」衍生自有限責任公司的架構，二〇〇八年首次在美國佛蒙特州採用，如今獲得全美十個州的認可。最近根據州政府法律「C型企業」（C-corporation）架構衍生的B型企業，則首見於二〇一〇年的馬里蘭州，現已擴展至三十三州。這兩種混合式結構都在公司章程中同時納入公益目標和財務目標。截至二〇一八年四月，美國已經成立超過一千六百家「低利潤有限責任公司」[16]和多達五千四百家以上的共益企業。[17]傳統的「C型企業」在法律上有義務為股東實現財務業績最大化，除此以外的任何權衡取捨，不管目的為何可能都會面臨問題；假使是B型企業，經理人和董事會就能在社會、環境和財務因素之間取得平衡。

B型企業朝著正確的方向跨出重要的一步。不過，儘管董事和經理人將考量社會公益進行決策，獲利標準依舊相當具體，因此也仍占據主導地位。由非營利性組織「B型實驗室」認證「B型企業」，是更進一步採嚴格標準檢視企業對社會與環境貢獻的績效，授予獨立驗證支持企業的公益目標。這正是向投資人、企業職員和客戶發出明確的積極訊號，因為這些人都希望自己的選擇可以反映社會價值。還是有很多機會可以提高獲利標準，從產生公益影響力提升到發揮最大影響力，有朝一日和傳統企業的利潤最大化相提並論。英國的社區利益公司（Community Interest Companies, CIC）則運用另一種模式，將企業利潤再行投資於社會公益。

如同有限責任公司投入慈善事業，現今民間投資公司也靈活採用新機制，進一步擺脫營利與非營利的二分法。「黃木」是南非擁有深厚傳統的全球民間投資集團，近幾年來培育出許多社會企業，包括哈蘭比青年就業促進會，還有南都連鎖速食（Nando’s）和荷拉保險集團（Hollard Insurance Group）等較傳統的企業。黃木的投資組合中，從影響力優先的非營利社會企業到追求獲利的傳統企業，所有單位都須兼顧收益和公益。這樣的組合也開啟協同合作中相當有趣的可能性。比如南都速食早期是哈蘭比青年的雇主，荷拉保險則是哈蘭比頭一位按績效捐款的影響力債券投資人。

對於身處混合式鴻溝中能夠有效運作的實體組織，我們的探索才剛剛觸及表面而已，未來還需要更多的實驗。然而到頭來也需要新的法律制度和稅務鼓勵，讓新型社會企業家面對營利與非營利贊助者時得以排除阻力，自由運用商業模式和種種成功指標，將規模做到最大，影響力發揮到極致。

更明智的贊助

無論各位是不是專業的社會部門工作者，都可以投入一些時間和金錢給某些組識，為所有人創造更美好的世界。透過這些接觸途徑，我們可以影響、要求這些組織發揮更大規模的影響力。

然而根據慈善顧問組織「坎伯聯合」（Camber Collective）二〇一五年調查報告「公益捐款」指出，美國家庭貢獻慈善事業的捐款儘管占其平均所得三．六％，卻只有九％捐贈方會在捐款前比較各家非營利組織；而且當中大多數僅僅根據知名度、而非影響力做出選擇。[18]因此站在非營利組織的角度，自然會將重心放在提升品牌知名度和節省經常開支費用，而非提升成本效益和發揮影響力。

但也有一個好消息，有跡象顯示這樣的趨勢正在轉變。英國慈善委員會（UK Charity Commission）一項研究發現，英國年輕人超過一半在捐贈前會先比較慈善機構進而做出更明智的選擇，而七十五歲以上的捐贈者只有二九％會這麼做。[19]

各位考慮捐贈時，是否會問公益組織一個簡單的問題：這麼做有效嗎？為了提升社會影響力做過哪些實驗？受益者是否喜歡且需要你們提供的物資？要怎麼達到需求規模？研究過程中你看見了什麼？和前一年比起來，成本效益提高多少？

一如敢於提出尖銳質問、要求企業提供穩健財務報表的投資人，慈善贊助者也要提出尖銳質問，要求非營利組織發揮強大的社會影響力。我們當中要是有足夠多的人願意向致力實現精實影響力的公益組織盡一份心力，我們的聲音就會產生回響，帶來改變。

結論

我們一起承擔責任，對抗不公義，減輕苦難，開放機會，保護環境，創造一個我們引以為豪、稱之為「家」的世界。「精實影響力」從大膽設定目標出發，將矽谷對創新的渴望與嚴謹的科學及商業化議題相互結合。

顛覆性的社會變革極少孤立發生。我們需要跨部門、跨機構合作，才能解決陷入市場與政策失靈危機的社會問題。我們要在傳統的獲利與公益之間架起橋梁，支持邁向社會公益的混合式機制。我們可以全面審視自己的生活，理解到我們無論在工作、採購、投資和捐贈等各方面的選擇都能發揮影響力。

通往「精實影響力」並沒有一條唯一正確的道路。重要的是，我們要讓眼光更長遠，盡可能快速學習，找到所有可能的方法，成就價值、成長和最大的影響力。也就是說：

從大處著眼！但要從小規模做起。努力不懈追求影響力。

利益揭露聲明

書中提到的組織案例都是依據主題關聯性所挑選，筆者並未因此獲得任何報酬。我在書中分享的故事和引述，有些源於自身的採訪和經歷，有些則引自他人的敘述。我也盡力確認相關內容符合事實，並對內文呈現與編輯架構負起全責。

以下是書中談到的機構，我過去或現在曾在其中任職員工或擔任顧問，也曾經從這些單位領取經濟報酬。

Google

美慈組織（Mercy Corps）

美國國際開發署（USAID）

美國國務院（US Department of State）

洛克菲勒基金會（Rockefeller Foundation）

「獨立部門」聯盟（Independent Sector）

英國國際發展部（Department for International Development, DFID）

精實創業公司（Lean Startup Company）

聯合國兒童基金會（UNICEF）

布利吉斯潘集團（Bridgespan Group）

書中提到的幾家組織雖與我有關，但彼此並不涉及任何經濟利益或報酬關係。以下是我曾正式參與董事會或擔任顧問及志工的單位。

BRAC美國分會（BRAC USA）

國際研究與交流委員會（IREX）

PATH國際健康組織（PATH）

布魯金斯學會（Brookings Institution）

致謝

這本書是我八年前從長期任職的科技產業轉向人生後半場，追求社會公益新生涯的最高峰。這一路上，我獲得許多人帶給我的啟發、指導、支持、投資和鼓勵。

我首先要誠摯感謝艾瑞克・萊斯，他的著作《精實創業》遠見卓識，也是《精實影響力》最直接的靈感來源。艾瑞克以通俗易懂的術語捕捉這些重要概念，為二十一世紀的創業建立新模式。我很榮幸有機會將這些概念帶進各種形式和規模的使命型組織。在我考慮美國國際開發署之後下一步行動之際，艾瑞克熱情與堅定的支持給予我莫大動力，讓我毅然放棄一些令人興奮的工作機會，大膽完成出版本書的目標。為了這個新目標，他極為慷慨的擴增品牌、代理、網路、會議、平臺、基礎設施和種種專業服務。其實我十五年前就有幸和艾瑞克同在一家新創企業共事，如今出版這本書，我很高興彼此的努力再次交會。

我要感謝精實創業公司（Lean Startup Company）接納我為團隊的一員，並在工作中採用精實影響力概念。我要特別感謝Heather McGough，她是出色的倡議者，也要感謝Hugh Molotsi、Andy Archer、CJ Legare、Julianne Wotasik和Amber Hinds諸位。我要特別感謝Adam Berk，他一直是我設計和帶領研討會的合作夥伴，並以自身精實創業的背景介紹精實影響力這個新的概念。身處社會創新領域，我們通常傾向單打獨鬥，創辦太多孤立的機構、品牌和措施，而這些機構、品牌和措施只能獨力成就微小的變化，效率低落、造成民眾混淆，甚至不清楚彼此所努力的方向。因此我很高興有機會與大家攜手合作，實現共同的願景。

我誠摯感謝史蒂夫．布蘭克，「精實創業」法站在他的肩膀上繼續發揚光大。「精實影響力」中許多觀點都可以追溯到他最早的見解和理論。我真是非常幸運才能在二〇一七年秋季參與他在加州大學柏克萊分校開創的「精實創業平臺」課程，和Amy Herr、Steve Weinstein及Pete Dailey一起擔任教學團隊的一員，並以此為基礎更上一層樓。

《精實影響力》一書也幸運的站在Leanne Pittsford和Leah Neaderthal的肩膀上，他們和Christie George於二〇一二年開創「精實影響力」運動並推廣社群參與。他們很早就發現業界有此需求，後來更陸續舉辦多場研討會、小型峰會、部落格系列和線上指導。「精實影響力」社群在二〇一六年由精實創業公司收購。

我非常感謝Christy Fletcher和Fletcher and Company只閱讀我所寫下的一段本書概念就給我機會，在出版過程中代表我處理許多事務。我特別感謝Sylvie Greenberg，這是我第一次寫作出版，全靠她耐心睿智的指導，從撰寫出版提案、尋找合適的出版商，以至於應對變幻莫測、常讓我困惑不已的書籍出版產業。

在約翰威立出版公司（John Wiley & Sons），Brian Neill發揮絕對的指導作用，採納我的想法，並且將它們融入現在各位讀到的這本書裡頭。對於我提出的種種粗淺問題，他都給予超棒的回應，幫助我解決出書時所遇上大大小小的問題。我還要感謝約翰威立的責任編輯Vicki Adang，她的寶貴指導、回饋和鼓勵幫助我完成手稿。在此之外，我也要感謝Adrienne Schultz迅速回應手稿的線上編輯，讓內容更加精采可讀。

我要感謝Marcus Gosling對《精實影響力》精美書封的貢獻，《精實創業》和《精實新創之道》的主視覺商標也是由他設計。我還要感謝Anagraph公司的各位，包括Rachel Gepner、Indhi Rojas和Alma Alvila，書裡所有圖表都來自他們的創作。

當然這段時間以來，很多人都是將精實概念和創新方法引入社會創新領域的開路先鋒。我很榮幸能和其中最棒的優秀人才一同學習、合作，包括Tom Kalil、Kevin Starr、Sonal Shah、Jocelyn Wyatt、Buddy Harlan、Caroline Whistler、Sasha Dichter、Christy Chin、Dennis Whittle、Thane Kleiner和Cathy Clark。他們提出的許多絕妙想法與見解都收在這本書裡頭。

這本書的核心談到了社會企業家、非營利組織、企業、基金會、投資人及其顧問等諸多鼓舞人心的故事，他們為社會創新領域開闢出許多不同的道路，讓我們跟隨向前。我也接受兩百多個組織和三百多位先進慷慨義助，自願為本書的採訪提供許多時間、經驗和教訓，令我受寵若驚。但是非常抱歉，要感謝的人和組織實在太多，無法一一列舉，我只能在此真心誠意向每一位致上衷心感謝。要從這許多精采的故事中做出取捨，實在是非常痛苦的任務，而且各位要知道，儘管有些故事到最後並未收進書中，依舊提點了整本書的創作與架構。我尤其感謝哈蘭比青年就業促進會和「BRAC」組織的每一位成員，謝謝他們溫馨接待我的長期訪談。

我現在學到寫一本書也涉及「寫作－測量－學習」的回饋循環。非常感謝所有慷慨撥冗研讀早期手稿並誠實提供回饋的各位，你們的回饋為本書從概念架構到錯別字校正得以進行巨細靡遺的改進。非常感謝Chris Kirschkoff、Anna Chilchuk、

Graham Gottlieb、Anne Healy、Steve Weinstein、Sarah Revi Sterling、Caroline Whistler、Alicia Philips-Mandaville、David DeFerrenti、Kristin Lord、Cindy Huang、Lona Stoll、Cathy Clark、Sheila Herrling、Sonal Shah、Cynthia Martin、Stephanie Krmpotic、Andrea Kress、Fang Yuan、Elliot Susel、Marilyn Gorman、Adam Berk、艾瑞克・萊斯和Heather McGough。儘管平常忙碌於經營五億美元的非營利組織，Patrick Fine還是針對編務提供詳細而全面的回饋建議，我很幸運借助他無與倫比的眼光，釐清許多重要概念。

感謝布魯金斯學會George Ingram對我的熱情支持，並且主持兩次專家圓桌會議討論本書的關鍵元素。我還要感謝所有讓人尊敬的參與者，他們閱讀最開頭的幾章，提供專業知識和熱烈討論，讓所有辛勤的工作變得更有價值。

除了成書前諸多寶貴的回饋，實務研討會也給予本書內容和架構重要的靈感。我要感謝TEDGlobal、Skoll World Forum、CCIC、「獨立部門」聯盟、英國國際發展部、洛克菲勒基金會和InterAction提供許多測試各種研討形式的機會。

就我個人來說，我過去的職涯投身於矽谷，現在則渴盼透過有意義的方式來解決全球貧困問題，要在過去和現在之間找到一條道路可一點也不容易。我非常感謝Anne-Marie Slaughter、Melanne Verveer和Neal Keny-Guyer很早就看好我的潛力，給我許多學習和奉獻的絕佳機會。要是沒有他們堅定的贊助和支持，我現在也不會從事社會工作並寫下這本書。

我特別感謝有機會參與美國國際開發署，擔任我夢寐以求的職務。特別感謝Jennifer Anastasoff發現這個機會，Jim Watson讓它實現，還有Raj Shah對實驗室的大膽願景，Gayle Smith出色的能力與支持，Michele Sumilas則為我排除許多障礙，讓我一直走在正確的道路上，最後是實驗室令人備感振奮的團隊，直至今日仍為改變全球發展而努力不懈。我永遠感謝Lona Stoll，她教會我政府部門的運作模式，並在我搞砸時告訴我應變對策，而且她對實驗室、美國國際開發署、管理和創新等一切事物宛如百科全書般擁有全方位的知識。表面上她是我的副手，但我照她的話做而非反其道而行時，情況往往變得更好。

最後由衷感謝我的母親和所有好朋友，我這一生和寫作這本書的過程中受到你們堅定不移的支持和鼓勵。最後要感謝Barb Voss和Jan Zivic分享的寶貴工具和技巧，不然整個出版過程不會這麼順利。

注釋

前言

1 “Ayeyarwaddy Region: A Snapshot of Child Wellbeing,” UNICEF, n.d., accessed April 25, 2018, https://www.unicef.org/myanmar/Ayeyarwaddy_Region_Profile_Final.pdf.

2 Eric Ries, *The Lean Startup: How Today's Entrepreneurs Use Continuous Innovation to Create Radically Successful Businesses* (New York: Crown Business, 2011).

3 Eric Ries, *The Startup Way: How Modern Companies Use Entrepreneurial Management to Transform Culture & Drive Long-Term Growth* (New York: Currency, 2017).

4 Nihi Sahni, Laura Lanzerotti, Amira Bliss, and Daniel Pike, “Is Your Nonprofit Built for Sustained Innovation?” *Stanford Social Innovation Review*, August 1, 2017, https://ssir.org/articles/entry/is_your_nonprofit_built_for_sustained_innovation.

Jos Verbeek and Israel Osorio Rodarte, “Increasingly, Inequality Within, not Across, Countries Is Rising,” World Bank *Let's Talk Development* blog, October 2, 2015, https://blogs.worldbank.org/developmenttalk/increasingly-inequality-within-notacross-countries-rising.

5 Adrian Edwards, “Forced Displacement Worldwide at Its Highest in Decades,” UNHCR, June 19, 2017, http://www.unhcr.org/afr/news/stories/2017/6/5941561f4/forced-displacement-worldwide-its-highest-decades.html.

第11章

1 Astro Teller, “Google X Head on Moonshots: 10X Is Easier Than 10 Percent,” *Wired*, February 11, 2013, https://www.wired.com/2013/02/moonshots-matterheres-how-to-make-them-happen.

2 "Asia's Appetite for Endangered Species Is Relentless," *The Economist*, April 19, 2018.

第三章

1 Winnie Sun, "A Professor and His Students' Journey to Transform a Village,"+Acumen blog, January 6, 2015, http://www.plusacumen.org/journal/professor-and-his-students-journey-transform-village.

2 Alexander Osterwalder, Yves Pigneur, Greg Bernarda, Alan Smith, and Patricia Papadakos, *Value Proposition Design* (Hoboken, NJ: Wiley, 2014).

第五章

1 Eric Ries, *The Lean Startup* (New York: Crown Business, 2011). 本章以這本書提到的諸多概念為基礎。

2 Steve Blank, *The Four Steps to the Epiphany: Successful Strategies for Products that Win* (Pescadero, CA: K&S Ranch Press, 2005).

3 Department of Higher Education and Training, Republic of South Africa, *Fact Sheet on "NEETs,"* February 2017, http://www.dhet.gov.za/Planning%20Monitoring%20and%20Evaluation%20Coordination/Fact-sheet-on-NEETs-Final-Version-7-Jan-2017.pdf.

4 Andrew Chambers, "Africa's not-so-magic roundabout," *The Guardian*, November 24, 2009, https://www.theguardian.com/commentisfree/2009/nov/24/africa-charitywater-pumps-roundabouts.

5 Bruce Wydick, Elizabeth Katz, Flor Calvo, Felipe Gutierrez, and Brendan Janet, "Shoeing the Children: The Impact of the TOMS Shoe Donation Program in Rural El Salvador," World Bank, September 2016, https://openknowledge.worldbank.org/handle/10986/25133.

6 Eric Ries, *The Startup Way: How Modern Companies Use Entrepreneurial Management to Transform Culture & Drive Long-Term Growth* (New York: Currency, 2017).

第六章

1 World Bank, "No Poverty," *Atlas of Sustainable Development Goals 2018*, accessed July 23, 2018, http://datatopics.worldbank.org/sdgatlas/SDG-01-no-poverty.html.

2 Abhijit J. Banerjee and Esther Duflo, *Poor Economics: A Radical Rethinking of the Way to Fight Global Poverty* (New York: Perseus Books Group, 2011).

3 Helen Rees, "Results of the FACTS 001 Tenofovir Gel Study," AVAC Webinar, March 9, 2015, https://www.avac.org/sites/default/files/u3/after_facts.pdf.

第七章

1 Richard H. Thaler and Cass R. Sunstein, *Nudge: Improving Decisions about Health, Wealth, and Happiness* (New Haven, CT: Yale University Press, 2008).

第八章

1 charity: water, *2016 Annual Report*, charity: water (2016), 38.

2 Mark Tomlinson, Mary Jane Rotheram-Borus, Leslie Swartz, and Alexander C. Tsai, "Scaling Up mHealth: Where Is the Evidence?" *PLoS Medicine* 10, no. 2 (2013): e1001382, https://doi.org/10.1371/journal.pmed.1001382.

3 Carol Adelman, Brian Schwartz, and Elias Riskin, *Index of Global Philanthropy and Remittances 2016*, Hudson Institute (February 15, 2017): 5–6, https://www.hudson.org/research/13314-index-of-global-philanthropy-and-remittances-2016.

4 Daniel F. Runde and Conor M. Savoy, *Domestic Resource Mobilization: Tax System Reform*, Center for Strategic & International Studies, August 16, 2016, https://www.csis.org/analysis/domestic-resource-mobilization-tax-system-reform.

5 *Public-Private Partnerships in Foreign Aid: Leveraging Taxpayer Dollars for Greater Impact and Sustainability, Before the Senate Subcommittee on State Department and USAID Management, International Operations and Bilateral International*

Development (July 12, 2016) (testimony of Eric G. Postel, Associate Administrator of USAID), https://www.usaid.gov/news-information/congressional-testimony/jul12-2016-eric-g-postel-aa-public-private-partnerships-foreign-aid.

6 Michael Tanner, *The American Welfare State: How We Spend Nearly $1 Trillion a Year Fighting Poverty—and Fail*, Cato Institute Policy Analysis No. 694 (2012), https://ssrn.com/abstract=2226525.

7 Peter Kim and Jeffrey Bradach, "Why More Nonprofits Are Getting Bigger," *Stanford Social Innovation Review*, Spring 2012, https://ssir.org/articles/entry/why_more_nonprofits_are_getting_bigger.

8 G. Scott Thomas, "Governments Employ 20 Percent or More of Workers in Nine States," Business Journals, May 14, 2012, https://www.bizjournals.com/bizjournals/on-numbers/scott-thomas/2012/05/governments-employ-20-percent-of.html.

9 Khan Academy, *2017 Annual Report*, Khan Academy, accessed July 15, 2018, http://khanacademyannualreport.org.

第九章

1 Ina Kota, "Microfinance: Banking for the Poor," *Finance and Development* 44, no. 2 (June 2007), http://www.imf.org/external/pubs/ft/fandd/2007/06/basics.htm.

2 Abhijit Banerjee, Dean Karlan, and Jonathan Zinman, "Six Randomized Evaluations of Microcredit: Introduction and Further Steps," *American Economic Journal: Applied Economics* 7, no. 1 (January 2015): 1–21, http://dx.doi.org/10.1257/app.20140287.

3 Hristos Doucouliagos and Martin Paldam, "The Aid Effectiveness Literature: The Sad Results of 40 Years of Research," *Journal of Economic Surveys* 23, no. 3 (July 2009): 433–461, https://doi.org/10.1111/j.1467-6419.2008.00568.x.

4 Matthew G Springer, Brooks A. Rosenquist, and Walker A. Swain, "Monetary and Nonmonetary Student Incentives for Tutoring Services: A Randomized Controlled Trial," *Journal of Research on Educational Effectiveness* 8, no. 4 (2015): 453–474, https://doi.org/10.1080/19345747.2015.1017679.

5 Neil Buddy Shah, Paul Wang, Andrew Fraker, and Daniel Gastfriend, "Evaluations with Impact: Decision-focused Impact Evaluation as a Practical Policymaking Tool," 3ie Working Paper 25 (September 2015): 22, http://www.3ieimpact.org/media/

filer_public/2015/10/01/wp25-evaluations_with_impact.pdf.

6 IDinsight, *Measuring Community-level Point ITN Distribution Dynamics and the Impact of CHW Hang-up in Rural Rufunsa District*, IDinsight, July 15, 2014, http://idinsight.org/wp-content/uploads/2015/02/ITN-distribution-and-hang-updynamics-3DE-Technical-Report.pdf.

7 Eric Ries, *The Startup Way: How Modern Companies Use Entrepreneurial Management to Transform Culture & Drive Long-Term Growth* (New York: Currency, 2017), 147–155.

8 Fazle Hasan Abed, "Address at the Hangzhou International Congress" (transcript of the address as delivered, UNESCO International Congress, Hangzhou, China, May 15–17, 2013), http://www.unesco.org/new/fileadmin/MULTIMEDIA/HQ/CLT/images/sir_fazle_abed_transcript_final.pdf.

9 A. Mushtaque, R. Chowdhury, and Richard A. Cash, *A Simple Solution* (Dhaka, Bangladesh: University Press, 1996).

10 Abed, "Address."

11 Brian Beachkofski, "Evidence-based, Innovative, and Accountable," Third Sector Capital Partners blog, January 24, 2018, https://www.thirdsectorcap.org/blog/evidence-based-innovative-and-accountable.

12 Shah, Wang, Fraker, and Gastfriend, "Evaluations with Impact."

第十章

1 Alliance for Affordable Internet, *Ghana drops import tax on smartphones following advocacy by A4AI-Ghana Coalition*, last modified November 20, 2014, http://a4ai.org/ghana-drops-import-tax-on-smartphones-following-advocacy-by-a4ai-ghanacoalition/.

2 Deloitte, *Digital Inclusion and Mobile Sector Taxation in Ghana*, Deloitte, February 2015, https://www.gsma.com/publicpolicy/wp-content/uploads/2016/09/GSMA2015_Report_DigitalInclusionAndMobileSectorTaxationInGhana.pdf.

3 Pew Research Center, *Changing Attitudes on Gay Marriage*, last modified June 26, 2017, http://www.pewforum.org/fact-sheet/

changing-attitudes-on-gay-marriage.

4 Mark Green, "USAID Administrator Mark Green Delivers Remarks at the Opening Session of Global Innovation Week," USAID, September 28, 2017, https://www.usaid.gov/news-information/press-releases/sep-28-2017-usaidadministrator-mark-green-delivers-remarks-opening-session.

第十一章

1 Michael Etzel and Hilary Pennington, "Time to Reboot Grantmaking," *Stanford Social Innovation Review*, June 27, 2017, https://ssir.org/articles/entry/time_to_reboot_grantmaking.

2 Harvey Koh, Ashish Karamchandani, and Robert Katz, *From Blueprint to Scale: The Case for Philanthropy in Impact Investing*, Monitor Group, April 2012, https://acumen.org/wp-content/uploads/2017/09/From-Blueprint-to-Scale-Case-forPhilanthropy-in-Impact-Investing_Full-report.pdf.

3 Alexa Cortés Culwell and Heather McLeod Grant, *The Giving Code*, Open Impact, 2016, https://www.openimpact.io/giving-code.

第十二章

1 Rockefeller Philanthropy Advisors, *Scaling Solutions Toward Shifting Systems*, September 2017, http://www.rockpa.org/scaling-solutions.

2 Alex Daniels, "Ford Shifts Grant Making to Focus Entirely on Inequality," *Chronicle of Philanthropy*, June 11, 2015, https://www.philanthropy.com/article/Ford-Shifts-Grant-Making-to/230839.

3 Hilary Pennington, "Focus on Building Strong Organizations," *Stanford Social Innovation Review*, Summer 2016, https://ssir.org/up_for_debate/pay_what_it_takes_philanthropy/hilary_pennington.

4 Foundation Center, *Key Facts on U.S. Foundations: 2014 Edition*, 2014, http://foundationcenter.org/gainknowledge/research/

keyfacts2014/grant-focus-priorities.html.

5 Foundation Center, *Highlights of Foundation Giving Trends: 2008 Edition*, 2008, https://www.issuelab.org/resources/13515/13515.pdf.

6 Emily Gustafsson-Wright and Izzy Boggild-Jones, "Paying for Social Outcomes: A Review of the Global Impact Bond Market in 2017," Brookings Institution, January 17, 2018, https://www.brookings.edu/blog/education-plus-development/2018/01/17/paying-for-social-outcomes-a-review-of-the-global-impact-bond-marketin-2017.

7 Matt Bannick, Paula Goldman, Michael Kubzansky, and Yaesmin Saltuk, *Across the Returns Continuum*, Omidyar Network, November 15, 2016, http://omidyar.com/sites/default/files/file_archive/Across%20the%20Returns%20Continuum.pdf.

8 Dirk-Jan Koch, "A Paris Declaration for NGOs?" *Financing Development 2008: Whose Ownership?* ed. OECD Development Centre (Paris: OECD Publishing, 2008), 62–63, http://dx.doi.org/10.1787/9789264045590-en.

9 Olivia Leland, "A New Model of Collaborative Philanthropy," *Stanford Social Innovation Review*, November 15, 2017, https://ssir.org/articles/entry/a_new_model_of_collaborative_philanthropy.

10 Bill Gates and Melinda Gates, "Our 2018 Annual Letter," *gatesnotes*, February 13, 2018, https://www.gatesnotes.com/2018-Annual-Letter.

第十三章

1 Matthew Shaer, "Inside the IRC: How A Visionary Aid Organization Is Using Technology to Help Refugees," *Fast Company*, November 21, 2016, https://www.fastcompany.com/3065447/how-a-visionary-aid-organization-is-using-technologyto-help-refugees.

第十四章

1 Cone Communications, *2013 Cone Communications Social Impact Study*, 2013, http://www.conecomm.com/research-blog/2013-

cone-communications-socialimpact-study.

2 Cone Communications, *2016 Cone Communications Millennial Employee Engagement Study*, 2016, http://www.conecomm.com/research-blog/2016-illennialemployee-engagement-study.

3 Cone Communications, *2013 Cone Communications Social Impact Study*.

4 Larry Fink, "A Sense of Purpose," BlackRock, accessed April 22, 2018, https://www.blackrock.com/corporate/en-us/investor-relations/larry-fink-ceo-letter.

5 Tom Borelli, "Unilever and the Failure of Corporate Social Responsibility," *Forbes*, March 15, 2017, https://www.forbes.com/sites/econostats/2017/03/15/unileverand-the-ailure-of-corporate-social-responsibility.

6 Global Sustainable Investment Alliance, *2016 Global Sustainable Investment Review*, 2016, http://www.gsi-alliance.org/wp-content/uploads/2017/03/GSIR_Review2016.F.pdf.

7 Abhilash Mudaliar, Hannah Schiff, Rachel Bass, and Hannah Dithrich, *Annual Impact Investor Survey 2017*, Global Impact Investing Network, May 17, 2017, https://thegiin.org/research/publication/annualsurvey2017.

8 Mudaliar et al., *Annual Impact Investor Survey 2017*, 46.

9 Abhilash Mudaliar, Aliana Pineiro, and Rachel Bass, *Impact Investing Trends: Evidence of a Growing Industry, Global Impact Investing Network*, December 7, 2016, https://thegiin.org/research/publication/impact-investing-trends.

10 Brest and Kelly Born, "Unpacking the Impact in Impact Investing," *Stanford Social Innovation Review*, August 14, 2013, https://ssir.org/articles/entry/unpacking_the_impact_in_impact_investing.

11 Caroline Le Viet-Clarke, "Unlocking Blended Finance for Social Entrepreneurs," Ashoka, September 28, 2016, https://www.ashoka.org/en/story/unlocking-blendedfinance-social-entrepreneurs.

12 USAID, "Village Capital: Democratizing Investments," USAID Partnering to Accelerate Entrepreneurship, accessed April 22, 2018, https://www.usaid.gov/sites/default/files/documents/15396/2017_PACE_Village_Capital_final.pdf.

13 USAID, "I&P: Expanding Impact Investing in West Africa," USAID Partnering to Accelerate Entrepreneurship, accessed April

22, 2018, https://www.usaid.gov/sites/default/files/documents/15396/2017_PACE_IP_final.pdf.
14 "Outcomes Rate Cards," Social Finance, accessed April 22, 2018, http://socialfinance.org/how-pay-for-success-works/outcomes-rate-card.
15 "Social Impact Incentives (SIINC)," Roots of Impact, accessed April 22, 2018, http://www.roots-of-impact.org/siinc.
16 "What Is an L3C" and "Latest L3C Tally," interSector Partners, April 1, 2018, https://www.intersectorl3c.com/l3c.
17 "Find a Benefit Corp," B Lab, accessed May 1, 2018, http://benefitcorp.net/businesses/find-a-benefit-corp.
18 "Money for Good 2015," Camber Collective, 2015, http://www.cambercollective.com/moneyforgood.
19 Charity Commission for England and Wales, "Young People Are Savvier and More Generous When Giving to Charity at Christmas," December 18, 2017, https://www.gov.uk/government/news/young-people-are-savvier-and-moregenerous-when-giving-to-charity-at-christmas.

國家圖書館出版品預行編目(CIP)資料

精實影響力：非營利組織的創新 / 張安梅著；陳重亨譯.
-- 第一版. -- 臺北市：遠見天下文化出版股份有限公司,
2022.03
416面；14.8 x 21公分. -- (財經企管；BCB766)
譯自：Lean impact : how to innovate for radically greater social good

ISBN 978-986-525-508-4(平裝)

1.CST: 非營利組織 2.CST: 企業社會學 3.CST: 企業管理

546.7 111002762

財經企管 BCB766

精實影響力

非營利組織的創新

Lean Impact: How to Innovate for Radically Greater Social Good

作者 — 張安梅 Ann Mei Chang
譯者 — 陳重亨

總編輯 — 吳佩穎
書系副總監 — 蘇鵬元
責任編輯 — 賴虹伶
編輯協力 — 周奕君
封面設計 — 萬勝安

出版者 — 遠見天下文化出版股份有限公司
創辦人 — 高希均、王力行
遠見・天下文化　事業群董事長 — 高希均
事業群發行人／CEO — 王力行
天下文化社長 — 林天來
天下文化總經理 — 林芳燕
國際事務開發部兼版權中心總監 — 潘欣
法律顧問 — 理律法律事務所陳長文律師
著作權顧問 — 魏啟翔律師
社址 — 台北市 104 松江路 93 巷 1 號
讀者服務專線 —（02）2662-0012 ｜傳真 —（02）2662-0007；2662-0009
電子郵件信箱 — cwpc@cwgv.com.tw
直接郵撥帳號 — 1326703-6 號　遠見天下文化出版股份有限公司

電腦排版 — 立全電腦印前排版有限公司
製版廠 — 中原造像股份有限公司
印刷廠 — 中原造像股份有限公司
裝訂廠 — 中原造像股份有限公司
登記證 — 局版台業字第 2517 號
總經銷 — 大和書報圖書股份有限公司｜電話 — (02)8990-2588
出版日期 — 2022 年 3 月 31 日第一版第 1 次印行

定 價 — NT 500 元
ISBN — 978-986-525-508-4
EISBN — 978-986-525-510-7 (EPUB)；978-986-525-511-4 (PDF)
書 號 — BCB766
天下文化官網 — bookzone.cwgv.com.tw

天下文化

BELIEVE IN READING